# 知的所有権の人類学

現代インドの生物資源をめぐる科学と在来知

中空 萌
moe NAKAZORA



世界思想社

『知的所有権の人類学』目次

【凡例】

1　本書では、プロジェクトメンバー、政治家、そのほかその出版物が本書にとって重要な役割を果たす科学者やNGO関係者については実名を用いている。また「伝統的知識デジタルライブラリー（Traditional Knowledge Digital Library）」、「人々の生物多様性登録（People's Biodiversity Register）」などのプロジェクト名や「森林研究所（Forest Research Institute）」などの組織名についても同様である。それ以外のケースでは文化人類学の慣例に従い、科学者、NGO関係者、農民の人々、農村名、団体名に対して仮名を用いるものとする。

2　プロジェクトの議事録や植物標本などで公刊されていないものは、責任者の許可を得て複写のうえ、本書のデータとして用いている。

3　ヒンディー語（H）の表記にあたっては、人名と地名を除いて、初出の際に、弁別記号つきのローマ字を付記した。ローマ字表記については、サンスクリット語（Skt.）に準じた標準の表記法を採用した。ただし固有名詞（人名、地名、政府機関名、その他の団体名）や行政用語については、当事者による表記や一般的な表記に従った（例：Śiva ではなく Shiva, pañcāyat ではなく Panchayat）。

4　植物名に関しては、原則として「現地名／学名」を記す。ただし学名が特定されていないものについては、現地名のみ表記する。現地名にはヒンディー語（H）、サンスクリット語（Skt.）、ガルワール方言（G）の区別を記す。
（例：[G] *atis* / *Aconitum heterophylum*）

5　事例中の傍線強調は特に断りのない限り、筆者によるものである。

6　二〇〇九年から二〇一一年の長期フィールド調査期間中は、一ルピーが約一・六円であった。

# 序章　「誰かのもの」としての知識

マダガスカルの人々は、蔓性ニチニチソウという薬草を古くから糖尿病の治療に用いてきた。一八世紀になると、フランス人の探検家がヨーロッパにこの薬草を持ち帰り、のどの痛み、胸膜炎、赤痢、糖尿病の治療に用いた。一九五〇年代から は、米国の国立癌研究所と製薬会社イーライ・リリーが研究材料として用いた。この研究で、科学者たちは八〇種類以上のアルカロイドを分離した。その中には糖尿病に効く成分は見つからなかったが、ビンクリスチンとビンブラスチンという二種類の抗がん作用を持つアルカロイドが見つかった。ビンクリスチンは白血病の治療薬として、ビンブラスチンはホジキン病の治療薬として用いられている。イーライ・リリーは、これら二剤で毎年一〇億ドル近くの利益を得ていた時期があったという。しかし、医薬品はごく微量で使われるので、マダガスカルからのニチニチソウの輸出量は、年間一〇トン程度に過ぎない。結局、この薬草を昔から使ってきたマダガスカルの人々は、ほとんど利益を得ていないことになる。

（生物多様性条約草案パンフレットより［高倉　2002：121］）

南アフリカのカラハリ砂漠に暮らす先住民サンが、狩猟採集中の飢えを満たすために口にする薬効サボテン、フーディア。インドの人たちが古くからその葉や実を心臓病、糖尿病、関節炎などあらゆる病気の治療に役立ててきた、「インドの薬局」ニームの木。一九八〇年代以降、こうした不思議な力を持つ植物や生物資源が製薬会社の注目を集めるようになった。「伝統医療」の中で使われる薬草や「第三世界」の農民の開発種をもとに薬を開発していこうという動きが盛んになったのだ。

生物資源の豊富な地域に暮らす人々の知識をもとに薬やそのほかの商品を開発する、ということ自体は何も目新しいことではない。たとえばコロンブスによるタバコの「発見」は、南北アメリカ先住民が煙草を栽培し、その葉を巻いてくゆらせているのを観察し、模倣したにすぎない。一方で近年こうした古い手法がふたたび脚光を集める過程で新しかったのは、現地の人々の「知的財産」が問題化されたことである。

従来このような生物資源をめぐる人々の知識は、特許法の中では「公共」の領域に属するもの、すなわち誰もが自由に使えるものだった。それを利用した企業が莫大な利益を得る一方、知識の供給源の人々に利益が還元されることはなかったのだ。それは、不平等なのではないか。科学者が自身の発明物に対して権利を持つのと同じように、薬草資源を維持し、その効用を見いだしてきたコミュニティの人たちも、自らの「知識」に対して権利を持つべきではないか。八〇年代以降、こうした声が世界各地のＮＧＯや先住民の人たちから次々と上げられ始めた。そして、知識に対する人々の権利を「知的所有権」の枠組みの中で保護しようとする試みが、さまざまな問題や矛盾を含みながらもみられるようになった。一九九二年に結ばれた生物多様性条約はその代表的な例である。

本書は、こうしたグローバルな動きをめぐる、インドを舞台としたエスノグラフィーである。その記述の多くは、二〇〇〇年に独立州となった北部の山岳州ウッタラーカンドで、私が試行錯誤を繰り返しながら二年間かけて行なった人類学的なフィールドワークに基づいている。州内の貴重な薬草や人々の知識を記録し、その知識は誰のものなのかを明確にしようとする現地の科学者や政府関係者たち。そうした実践の影響を受けて、知識や植物を含めた周囲の環境との関係を新たに作り直していく、ヴァイディヤ（伝統医療アーユルヴェーダ[3]の民間の治療師）やその他の農民の人たち。雄大なヒマーラヤの自然をバックにこうした多様な人々が織りなす諸実践を通して、本書は一つの問いに迫ろうとする——知識はどのようにして誰かのものになるのだろうか。

つまり本書は、生物資源と知的所有権という特定の現代的事象をテーマとし、さらにはインドの新州ウッタラーカンドを生きる人々の具体的な経験と知的営みに導かれつつも、知識の「所有」という根源的な問いに挑んでみようという試みである。知識の「所有」をめぐってはもちろん、法学、経済学、政治思想、哲学などさまざまな分野の論者たちがさまざまな議論を提出してきた。本文を始める前に、なぜこの大きな問題に文化人類学者として取り組むようになったのか、私の短い研究遍歴に触れておきたい。それは、単なる個人的経験のように見えて、現代人類学の中でこの問題を考えるうえで鍵となるいくつかの視点を示している。

## 奪われた私のフィールドノート——アボリジニの知識は誰のものか

舞台はインドの山岳地帯から、オーストラリア北部の砂漠へと切り替わる。

私が知識の所有というテーマ、そして文化人類学という学問と出会ったのは、交換留学生としてオーストラリアのメルボルン大学に留学したときのことであった。北部特別州・北東アーネムランドに居住するアボリジニのグループ、ヨルングの人々を取り巻く政治的・文化的状況について学ぶクラスを受講した私は、初めてフィールドワークなるものを経験した。それは、今や国際的な注目を集める、彼らの年次儀礼であるガーマ祭に、数週間ボランティアとして参加するというものであった。

そこで目にした、父系出自集団（クラン）ごとに異なる色鮮やかなフェイスペイント、シロアリに食われたユーカリの木をそのまま利用するという、世界一シンプルな楽器でありながら、宇宙の真理を打ち抜くような深い音色を紡ぎ出すディジュリドゥ、そしてドリーミング[4]と呼ばれる神話的過去を表現した点描画……そういったものはすぐに私を魅了した。それと同時に、「伝統と近代の融合」とも言うべき、アボリジナル・ロック、ヒップホップの振り付けを取り入れたダンスなどの迫力にも圧倒された。そういった要素は当初私を含めた観客から「伝統の喪失」と嘆かれたが、著名なディジュリドゥ奏者であるジャルーの言葉はそうした批判を一掃してしまったのだ。

彼はまず、ガーマという概念の本来の意味——異なるものが交わる中で、パフォーマンスを通して差異と同一性が表現され、新しいものが生成する場所(5)——について説明したうえで、次のように語った。

ヨルングは昔から異なる文化との接触を通して独自の文化を発展させてきました。誰かが私たちのドアを叩いたら、ドアを開けて握手をするのです。そうして彼らがもたらした新しい贈り物を自分たちの文化の中に取り入れる。そして彼らに「何が欲しいのか」と聞き、欲しいものを与える。異なる文化間のバランスをとり、新しいものを生み出す。変わっていく部分と変わらない部分がある。そのようにして私たちの社会は成り立っている。そこに私たちの文化の原点があるのです。

このように独自の世界観を持つと同時に、その独自性の中にレヴィ=ストロースが神話分析において「他者を迎え入れるための空洞」[cf. 出口 2011]と呼んだ、異文化を柔軟に取り入れるためのスペースを含むヨルングの文化世界に私はすっかり魅きつけられた。

数日経って、灼熱の太陽の下でセレモニーの様子をただ録画するというボランティアの仕事に飽き足らなくなった私は、ヨルングの人々のテントの間を歩き回り、いろいろな話を聞き始めた。特に私の母親世代の女性たちは、外国人である私に興味を示し、ベイニーというアボリジニ名をつけて可愛がってくれた。当時の彼女たちが語ってくれた、ドリーミングについての物語の圧倒的な魅力と、夫のアルコール中毒、ドメスティック・バイオレンスといった彼女たちが当時置かれていた状況の救いのなさ、そして両者を脈絡なく行き来する(と当時の私には感じられた)語り口の不思議さは今でも強く印象に残っている。私は、そのときの経験について、持っていたノートにたくさんメモをとった。

しかし、そうした私の行動は「問題行動」とされ、クラスのコーディネーターの一人であった先住民活動家のマーシャ・ラングトンは私のノートを没収した。ドリーミングの神話的知識に基づくアボリジニと土地の結びつきの正統性を証明することで、アボリジニの土地の所有権を取り戻す活動を続けてきたマーシャは、そのとき私に次のように言った。「アボリジニの知識はアボリジニの所有物（property）である」。また彼女は続けて次のようにも言った。「アボリジニのことはアボリジニが、アイヌのことはアイヌが研究しなければならない」。実際、同化政策から自己決定政策へという国家の先住民政策の変更を反映して、当時のメルボルン大学の先住民研究プログラムの講師のほとんどが先住民出自の学者、活動家、アーティスト、作家であったのだ。また当時、アボリジナル・アートや音楽がグローバルな芸術市場の注目を集め始めていた。そうしたなか、アボリジニの知識が外部者によって流用され、新たな文脈で搾取されることを、マーシャのような活動家たちは問題と見ていた。

このときの経験こそが、私の文化人類学的探究の出発点である。文化人類学とは、自社会から遠い社会に暮らす人々の文化を知るための、異文化理解の学問だというイメージは一般にもそれなりに共有されているだろう。しかし私にとって、他者の文化や思想の偉大さに圧倒されるという最初の文化人類学的経験は、「所有」という論理によってそれを知ることから排除される経験とセットになっていたのだ。当時の割り切れない思いは忘れることができない。一方で、ヨルングの世界観、ドリーミングは、「他者を迎え入れるための空洞」をその根源的な哲学のなかに含む、きわめて融合的・生成的な神話世界であったはずだ。しかし、「所有」という論理は、そうした哲学を帳消しにしてしまう、強力な包摂と排除の装置となって、現在のアボリジニを取り囲む政治的・文化的状況を規定している。ただし、これまでアボリジニの人たちが経験してきた抑圧と排除の歴史を考えると、そのことを単純に批判することもできない。きわめて視野の狭かった私は、「アボリジニのことはアボリジニが研究するべきだ」というマーシャの言葉によって、フィールドを失った気がしたが、それでもこのとき得た「知識は誰のものか」という問いをなんらかのかたちで追究したくて大学院に進学した。

## 知的所有権の人類学

フィールドをいったん失った私の頭にあったのは、他者の問題としてだけでなく、より一般的な問題として知識の所有という問いを考えることだった。

留学先のオーストラリアの大学では、レポートを書くうえで剽窃にならないよう、日本の大学以上に徹底した指導がなされた。他人のアイディアをさも自分のものであるかのように語ってはいけないと叩き込まれ、大学生といえども著作者の権利を侵害してはいけないのだと実感したものである。同じ頃日本では、有名な歌手が書き下ろした歌詞が他の作詞家や漫画原作者の作品の盗用であるという訴えが立て続けに起こっていた。現在でもインターネット上の音楽や動画の「違法」コピーは常に問題になっている。

著作権と比べて一般の人たちの生活にとって身近ではないが、技術的創造物に対する権利である特許権もニュースなどで話題となっている。それは、よりラディカルなかたちで私たちの生存基盤を揺るがす可能性を秘めているからだ。

特許の世界的な拡張の動きを牽引しているのは、プロパテント政策（知的所有権の保護強化政策）と呼ばれる、アメリカの一連の国内・国際政策である。一九八〇年代にアメリカでは、「石油を分解するバクテリア」に特許を認めたチャクラバルティ判決をきっかけとして、「人間によって作られた、太陽の下にあるすべてのもの」を特許の保護対象と見なすにいたった。こうしたアメリカの基準は、TRIPS（知的所有権の貿易関連の側面に関する協定）を通して、今や世界中に広まりつつある。一九九〇年に患者の脾臓細胞の学術使用をめぐってイギリスで起こった、ムーア訴訟はその象徴である。そこでは、実験のために細胞を提供したジョン・ムーアと、それを体内から取り出し、加工し、操作可能なものとした研究者との間で、細胞の「所有権」が争われたのだ。

著作者の権利はどこまで認められるのか。身体は所有の対象としてよいのか。近年さまざまな問題を提起している知的所有権（あるいはより根源的には、知識の「所有」というテーマ）に対して、それぞれの学問分野はどう切り込んできたのだろうか。実定法学は条文の意味内容や解釈の検討を通じて、現行法の問題点を指摘し、あるべき制度を提案してきた。経済学は、知的所有権制度の徹底が経済活動に与える影響、すなわち科学的発明へのインセンティブ効果を分析してきた。一方で哲学では、知識の「(私的) 所有」をいかに思想的に基礎づけられるのか、正当化や規範の問題が議論されてきた。

こうした権利の所在（知識は誰のものか）や制度・規範のあり方（知識は誰のものであるべきか）に焦点を合わせる他分野の研究に対し、私の人類学者としての関心は別のところにあった。それは、新たな対象に知的所有権が持ち込まれたときに何が起こるのか、実際に人々の活動や経験、そして人とものの関係はどう変わっていくのかということであった。つまり私は、「知識は誰のものであるべきか」という規範的な問いではなく、「知識はどのようにして誰かのものになるのか」という経験的な問いを発したいと思ったのだ。折しも私が進学した研究室では、一九八〇年代以降の文化人類学におけるさまざまな自己批判[6]を経て、科学技術社会論などの学際的領域や現代思想と対話しながら、「現代的」領域にフィールドを拡大するためのさまざまな「実験」に多くの学生が惹きつけられていた。

先住民のコミュニティではなく、病院、市場、科学者の実験室でフィールドワークを行ない、そこで実際に何が行なわれているのかを調べること。現代的な領域や制度をフィールドとすることは、ただ単に文化人類学的手法を適用できる地理的・空間的範囲を拡大する、ということにとどまらないと私は考えている。それは、文化人類学とは何か、その思想的本質を新しい角度から問い直すこと、新しい文脈の中で翻訳し直すことなのではないか。たとえば科学人類学者のブルーノ・ラトゥールは、実験室の科学者の日常的実践を丹念に調べ上げた。それは、特別な知的活動ではなく、器具を扱ったり、顕微鏡の中を覗き込んだり、グラフの数値を読み取ったり、といったありきたりなものである。そしてラトゥールは、科学活動とは人間がモノに対して働きかけるのみならず、さまざまな道具、図、微生物、といった非人間が人間に対して働きかける過程であると主張した。このことは、ただ単に現実としての科学的実践がそうなっているという記述以上の思想的意味を持っている。

それは、人間という主体/モノという客体、能動的な文化/受動的な自然、という前提を当たり前のものと見なしている、「西洋近代の」読者の日常的な感覚に働きかけるものなのだ。近代の最終地点であるような最先端の科学の現場であっても、よく観察すると、人とモノが不分離のまま相互作用しているような、まるで呪術世界のようなありようが立ち現われてくる。だからこそラトゥールは高らかに宣言する、「われわれは一度たりとも近代を生きたことなどない」、と[Latour 2007]。

すなわち、度胆を抜かれるような他者であろうと、われわれの身の回りにあるありきたりな実践であろうと、その日常の細部を丹念に追っていくと、われわれが常識だと思い込んでいること、普遍的だと決めつけていることとは、別の世界が、われわれの眼前に現われてくる。文化人類学とは自分にとっての常識を疑うことだ、常識を疑って世界の見え方をずらした先に「解放」がある、と私は学部時代から繰り返し教えられてきた。たとえ現代的な領域や制度を対象にしていても、文化人類学の根本は、緻密なフィールドワークを通して、「今ここ」の世界とは異なる、ありうべき別の可能性を提示することではないか。

だからこそ本書でも、薬草や生物資源の領域に知的所有権という考え方が新たに持ち込まれたときに何が起こるのか、特定の科学プロジェクトを対象に、科学者や行政官、伝統治療師や農民にいたるまでさまざまな人たちの実践の細部を追っていく。知的所有権という概念が現地の科学、法、伝統医療と結びつくことによってどう変えられ、またそれらをどう変化させるのか。その過程で何が包摂され、また何が排除されていくのか。そのようにして知的所有権という現代的な制度がつくられる技術的細部を観察することによって見えてくるのは、やはり知識の「所有」についての今までとは異なるものの見方なのだ。

## インド・ウッタラーカンドへ――翻訳から生まれるもの

ふたたび話を本書の舞台であるインドへ戻そう。

私がインドでフィールドワークをしようと最初に考えたのは、生物資源と知的所有権をめぐる問題のなかでのインドのユニークな位置によるものだ。まず近年インドの社会運動団体は、ニームやターメリック、バスマティ米などの「インドの生物資源」あるいは「インドの人々の知識」を許可なく使用した製薬特許を無効化しようとする運動を頻繁に起こしている。インドは、薬草資源が豊富であり、またアーユルヴェーダをはじめとする伝統医療がさまざまなレベルで実施される「資源国」なのだ。その一方で、新自由主義的なプロパテント政策が推進されるなか、インド国内の科学者による生物資源探索活動や伝統医療の商品化が加速しているという事実もある。生物資源の「所有」をめぐっては通常、「資源を収奪する先進国（の研究機関や製薬会社）」対「資源を守ろうとする途上国（の国家やコミュニティ）」という、「南北問題」の枠組みで議論されることが多い。それに対して、資源国であると同時に科学先進国でもあるというインドの位置は特殊であり、上記のように一国内に矛盾する複数の動きが存在している。よって、多様な立場の人たちが折衝するなか、生物資源をめぐって「知識が誰かのものになる」複雑な動きを見るのにふさわしいと考えた。

数か月間首都デリーで文献調査やインタビュー調査を続けたのち、結局私は、NGOでも製薬会社でもなく、「国家」の動きを追うことに決めた。二〇〇二年に生物多様性条約の国内法である国家生物多様性法が作られて以降、国内の価値ある生物資源や人々の知識をデータベース化し、それが誰のものなのか、所有権の主体を登録する活動が国家主導で進められていたのだ。インドの資源への不正な特許取得を予防しようとするこの取り組みは、国内外で大きな注目を集めていた。私はとりわけ北部のウッタラーカンド州政府の「人々の生物多様性登録」プロジェクトの過程を参与観察することになった。そこでプロジェクトにかかわる科学者や行政官、ヴァイディヤや農民たちの間を文字どおり往復しながら――ウッタラーカンド地方の標高は、二四〇メートルから七八一六メートルまでの開きがあり、州政府機関が集中する平原地帯とヴァイディヤたちが暮らす山岳地帯の往復は、私のフィールドワークのハイライトの一つである――、二年間にわたって調査を続けることになった。

このように書くと、きわめて計画的にフィールドワークを進めてきたようだが、実際には私のインドでの調査は他の人類学者と同様、いやおそらくそれ以上にさまざまな偶然と幸運に助けられてきた。まず修士論文を提出してわずか一週間後に、文部科学省の海外留学支援プログラムの申請締め切りがあったことをよく覚えている。その間に必要なTOEFLの試験を受け、健康診断書、推薦書など必要書類をかき集め、研究計画書をなんとか執筆した。そして書類選考を通過し、面接でも「歴史の勉強が足りない」と怒られつつもなんとか合格した私は、普通はありえないことだが、インドに一度も行くことなしにインドをフィールドにすることを決めてしまった。「南アジア研究は研究者の層が厚いから、博士課程からそこに飛び込むのは難しい」「調査ヴィザを取得するのに時間がかかる」「そもそもインドで暮らせる自信があるのか」などといった先人たちの忠告も、一度決断してしまうとなかなか耳に入らなかった。

このようにインドに飛び込んだのも勢いなら、ウッタラーカンドの州政府のプロジェクトへのアクセスも偶然によってもたらされた。私がウッタラーカンド州を最初に訪れたのは二〇〇九年四月、『バイオパイラシー』などの著書を持つ環境活動家ヴァンダナ・シヴァが運営するNGO、ナヴダーンヤーを訪問するためだった。ウッタラーカンド州の州都デーヘラードゥーンへ向かう特急列車の車内、三人席の真ん中の席で、私は論文を読んでいた。それは、州内の民族植物学的調査についての簡潔な論文であった。すると窓際の席に座っていた男性が、「あなたも薬草に興味があるの？ 具体的にはどの薬草を探しているの？」と話しかけてきた。デーヘラードゥーンの新興工業団地で、オーガニック農薬を扱う会社を経営しているこのムスリム男性は、シード・アリと名乗った。私は自然科学者ではなく社会科学者であり、特定の薬草を探しているのではなく、それをめぐる政治的状況、特に知的所有権の問題に関心があると伝えた。すると彼は、「ちょうど僕の隣人がそういうソーシャルワークをやっているよ」と言って、その場で州政府薬草研究機構のチョウハーンとローハーニーに電話をかけてくれた。チョウハーンらは「人々の生物多様性登録」プロジェクトの主要メンバーだったのだ。

アレンジメントに感謝する私に、シード・アリはそのとき次のように言った。「ちょっと考えてほしい。彼らはたしかにリスペクトすべき意味のある活動をしているよ。インドの農民の権利を守るために、とても重要なことだ。でも本当は知的所有権なんて発想、インドにそぐわないんだ。たとえばわれわれの会社は有機農薬を作っているけど、それは利益を上げるためだけじゃなく、農民のために、そして人類のために働くことなんだ。インドでは農民たちだって、ヴァイディヤの人たちだって、自分たちの知識を独占したいなんて思っていないはずさ」。私のもう一つの隣の席に座っていた男性も同調して、こう言った。「知識を持っているなら分け与える、他の人のために使うというのが基本だよ。インドでは皆、神を信じているからね。あなたも仏教徒なら来世を信じるだろう。たとえば彼は今あなたを助けたし、私もあなたを助けた。海外からのゲストは特に大切にしたいと思っているのさ」。宿泊先を決めていなかった私のためにホテルを予約してくれ、また「少女が一人では危ないから」と言って（私はそのときすでに二〇代半ばだったのだが）送り届けてくれた彼は、しかし同時に次のようにも言った。「でもモンサントをはじめとする製薬会社はインドの権利を侵害している。われわれは立ち上がるべきだ。知識はわれわれインド人のものなのだから」[7]。

この偶然の出会いから数か月、もろもろのインドの官僚制度との格闘を経て無事にプロジェクトでのフィールドワークを許可された後も、私はこのときの会話を折に触れて思い出した。プロジェクトを通して知的所有権という発想はウッタラーカンドのさまざまな人々の実践に影響を与えていた。しかし、その発想が使われる局面においてそのつど提起されたのは、外部から持ち込まれた知的所有権の前提とは異なる、ローカルな場に「存在するはずの」知識や所有についてのなんらかの考え方だった。そうした考え方は、植物分類学者が薬草を分類するとき、NGO関係者が利益配分についての書類を作成するとき、知的（文化的）所有権という発想で囲い込まれた知識をヴァイディヤが治療に取り入れるとき、農民たちが特定の薬草を「コミュニティ」で栽培するとき、それぞれの文脈において異なる実践と結びつきながら別様に提起される。そして人々は、そこで提起された、慈悲、治療、薬草栽培をめぐるさまざまな「ローカルな」発想と、「西洋起源の」知的所有権概念を比較・翻訳し、両者の間に部分的なつながりを見いだすことで、プロジェクトを前に進めようとしていた。

このプロジェクトの具体的な実践のなかでなされる部分的で柔軟な翻訳こそ、知識や所有主体についての新たな認識がまさに生み出される契機だったのである。私にとって、インドの生物資源の領域に知的所有権概念が移管されるプロセスを追うということは、現地の多様な人々の「翻訳」によるさりげない創発の契機をつかむこと、そしてそれを通して知識の「所有」のあり方について、願わくはより希望に満ちた、新たな視点を見いだすことだった。

## 本書の章立て

最後に本書の道筋をここに記しておこう。

理論的考察である第Ⅰ部は、まず第1章において、知的所有権というテーマを人類学における所有研究のなかに位置づける。特に一九八〇年代以降の研究を整理し、権利概念に依拠した既存の研究の問題点を乗り越えるものとして、マリリン・ストラザーンの議論に注目する。そして、所有の主体やその対象物の存在を自明視せず、それらが作り出されるプロセスを考察するという視点を示す。第2章では、このプロセスを生物資源と知的所有権をめぐる問題、とりわけ現代インドにおけるフィールドワークを通して分析するうえで鍵となる「翻訳」という概念についてまとめる。

続く第Ⅱ部では、本章で生物資源の「所有」をめぐるグローバルな動きとの関連のなかに位置づけた本書の対象を、インドの国内的文脈のなかでとらえ直す。第3章では、独立後のインドにおけるアーユルヴェーダと他の知識制度の接触史のなかに、現代の薬草と知的所有権をめぐる動きを位置づける。第4章では、本書の対象である「人々の生物多様性登録」プロジェクトが、ウッタラーカンド州の「自然」を媒介とした近現代史といかに交わるかに焦点を合わせる。

第Ⅲ部では、「人々の生物多様性登録」プロジェクトにおける参与観察結果をもとに、プロジェクトのなかでいかなる関心が翻訳され、また排除されるのかを考察する。第5章は何を知識ととらえるのか、なかでも薬草と分類をめぐる政治的関係に焦点を絞り、第6章は誰を知識の所有者と見なすのか、知的所有権をめぐるドキュメンテーションの過程を扱う。

第Ⅳ部では、より深く「人々」を巻き込んだプロジェクトのフェーズに焦点を合わせながら、「所有主体になる」とはどのようなことかを考察する。第7章では、「文化的所有権」という発想のもとに土着の医療体系を取り出そうとする試み、第8章では薬草の集合的栽培を通して「コミュニティ」を生成しようとする計画に注目する。そこでプロジェクト側の計画からはみ出した「(もともとの所有者である)ヴァイディヤ」や「(新しい所有者となることが期待される)アロマ栽培者」の人々の経験を描きながら、知識の所有という考え方の基盤となる知識観、人間(主体)観を問い直す。

終章では、ウッタラーカンドの人たちの知的営みと経験、そして翻訳のなかで生み出されたものを、人類学における所有研究の成果やジョン・ロックをはじめとする西洋思想と突き合わせ、私自身が翻訳しながら、より未来へ拓かれた所有概念を未来へ向けた可能性として投げかけたい。

第Ⅰ部

# 知識が誰かのものになるとき

第1章

# 所有主体の生成をめぐる民族誌

所有は、ものを一時的に所有者のもとに寄せ集める。そうすることにより、ものの意味の拡張を制限すると同時に、所有者のアイデンティティを決定する。

[Strathern 1996b: 30]

序章で述べたように、本書が試みるのは、インドのウッタラーカンド州を生きる人たちの生物資源をめぐる知的営みと経験をとおして、知識の「所有」という大きな問題を考えることだ。[1] しかし、この大きな問題に具体的にどう迫ればよいのか。本章では、これまでの人類学における所有研究の蓄積を批判的に振り返る。そうすることで、現代社会における「所有」をめぐる諸現象をよりよく理解するための新たな視点を見いだしたい。[2]

## 1　文化人類学における「所有」というテーマ

「所有」は私たちの社会生活の法的、経済的、政治的、文化的次元にかかわる根源的な問題である。これまでロックやマルクスをはじめとする多くの論者が「所有とは何か」という問いに取り組んできた。

文化人類学の草創期にも、「所有」はその中心的な主題と認識されていた［モルガン 1958］。しかし、交換、生産、消費などと比べて、「所有」という主題にはまとまった考察が少ない［Carrier 1998; Hann 1998］。その理由としてよく指摘されるのは、人類学の細分化により、法人類学、経済人類学、政治人類学の領域を横断する「所有」のようなテーマは研究されなくなった点である［Hann 1998; Verdery 2003］。しかしそれ以上に、「所有」の人類学に固有の困難が指摘できる。それは、「所有」という概念自体が、（所有される）もの、個人とものの関係、ものを媒介とした社会関係、抽象的な権利の束など、さまざまに定義されることである［Verdery 2003; Verdery & Humphrey 2004］。それゆえ、何を「所有」として記述するかが個々の分析者に委ねられることとなり、研究は拡散しがちであった。

しかし一九九〇年代以降、「所有」をテーマとした論集が数多く出版されるようになった［cf. Hann 1998; 杉島 1999; Strathern 1999; Verdery & Humphrey 2004］。これらの論集は、人類学のこれまでの分散した研究蓄積の整理を行ない、個別事例の比較のための適切な理論的枠組みを見いだすことを目的としている。こうした試みが始まった背景には、人類学の対象社会における新たな「所有」をめぐる現象があった。

その一つが、旧ソ連邦の崩壊により、私的所有パラダイムの及ぶ領域が地理的に拡大したことである。その後さまざまな地域で展開した新自由主義政策は、「国家所有」を廃止あるいは縮小し、「私的所有」を確立することによって、個人への経済的インセンティブ付与による経済成長の実現をめざした。しかし、実際の国有財産の私有化の過程においては、私的所有の形態が容易に根づかず、一種の集団所有が存続したり、新たに作られたりしている。そのような私的所有権制度の移管によるフィールドの混乱、「曖昧な所有形態」［Verdery 2003］の創出という事態は、多くの文化人類学者の注目を集めた。

また生物医療の進歩と法制度の改定により身体情報など新たな「もの」が私的所有の対象となったことも、人類学者の関心を惹きつけている［Parry 2004］。近年のバイオテクノロジーの発達により、遺伝病患者のDNAやアマゾンの人々が用いる薬草など、新たな材料が科学の対象物となった。そしてその動きは、そうした材料をもとにした発明に対する独占権である知的所有権制度が、国際的に拡大していく過程でもあった。アメリカで特許の保護対象が遺伝子組み換え技術によって作られた「新しい生物種」に拡大したこと、そしてその基準が知的所有権の貿易関連の側面に関する協定（TRIPS）などの国際条約によって一元化していったことは、人類学の対象社会の人々の生活にも無縁ではない。世界中の先住民の人々の遺伝子や血液、あるいは彼らが用いる薬草や開発種などが国際的なプロジェクトや私企業によって集められ、彼ら自身が知らないところで商品化・特許化される可能性が出てきたのである。このような事態に対して、従来先住民の権利運動にかかわってきた応用人類学者たちが、国際シンポジウムを開催し、問題の解決を志向した論集の出版を行なっている［Brush & Stanbinsky 1996; Greaves 1994; Posey & Dutfield 1996; Roy & Harris 2000］。

このように、一九八〇年代以降人類学において「所有」が改めて主題化されてきた背景には、新たな地域や対象への私的所有パラダイムの拡張という現象と、そのことに対する危機感がある。この問題化のあり方自体が、西洋中心主義批判としての人類学の姿勢を表わしている。次節以降述べるように、人類学的所有研究は、「個人」が自らの「身体＝労働」を投下した「もの」に対して「所有権」を持つというロック以来の西洋的な所有観を相対化することを目的としてきた。だからこそ今、「所有」をめぐる新たな現象をどうとらえるのか、そして人類学としてどのように批判を行ない、また働きかけるのか、新たな議論の形式を多くの人類学者が模索し始めたと言えよう。

以下ではまず、一九八〇年代以降の人類学的「所有」研究を、西洋的な所有観への批判のあり方をめぐって「権利の束」と「ローカルな所有モデル」に分類して整理する。そのうえで、それらの問題点を乗り越えるために、ストラザーンの議論に注目する。そして、所有の主体やその対象物の存在を自明視せず、それらが作り出されるプロセスを考察するという新たな視点を提案する。

## 2 一九八〇年代以降の「所有」の人類学

### 「権利の束」という考え方

西洋の政治経済思想では、「Property」という語は一般に、「個人」が排他的な権利を有する「もの」を指し示す。この定義の哲学的基礎は、ロックの「身体＝労働の自己所有」［立岩 1997: 26］という考え方である。われわれは身体が自己の所有物であることを知っている。よって、その身体の延長としての「労働」が投下される土地などの財産も自己の所有物となる。こうした考え方により、個人と特定のものの間の絶対的な関係を「所有権（ownership）」という言葉で表わすようになったのである［ロック 2010: 32–33］。

始祖モーガンの時代から一貫して、人類学的所有研究は、この規範的な私的所有権パラダイムを相対化することを目的としてきた。この目的のために、初期の研究は、モーガンが「原始共産制」と呼ぶ共同所有形態を狩猟採集民社会に見いだした。しかしマリノフスキーは、具体的なフィールドデータをもとに、特定社会の所有形態を「私有制」「原始共産制」などの一元的表現で単純化できないことを明らかにした［マリノフスキー 2010(1967)］。マリノフスキー以降、多くの研究が「私的所有」対「共同所有」の二項対立に回収されない、対象社会の「所有者を拘束する相互関係の合計」［マリノフスキー 2010(1967): 30］の記述に従事している。

そうした記述を行なう際、多くの論者が参照点とするのは、古代法学者、メインの「権利の束（bundle of rights）」という概念である。その基本的な考え方は、以下の三点である［von Benda-Beckmann 1999; Hann 1998］[3]。

第一に、「所有権」と一口に言っても、そこには「ものを使う権利」「他人に移譲する権利」「販売する権利」など複数の権利が含まれている。すなわち、ロックの所有論が想定するような、特定の「もの」に対応する単一の「所有権」は存在しない。第二に、同一の「もの」に対する複数の権利は、実際の社会生活の中で、異なる個人や集団に配分される。たとえば、多くの農耕社会において、個人や世帯は農地を「使う」権利を持つが、それを自由に販売・処分する権利は持っていない。またわれわれの社会において、個人が自由に車を販売・処分することができるが、車を使う（運転する）権利は特定の条件のもとで国家から与えられる公的な権利である［Novak 1996: 90-95］。第三に、そうした複合的な権利の配分は、正規の国家法のみならず、親族関係や民族の政治構造、成文化されない社会規範など、インフォーマルな慣習法に規定される。その意味で、所有は「社会に埋め込まれている」［Hann 1998］。以上を踏まえると、「現実の所有形態」に注目する人類学者の仕事は、「使用権」「処分権」など、一つのものに対する多様な権利の配分がいかに社会・文化的要素によって決定されるかを記述することだと言える。

「権利の束」概念を人類学のなかで最初に用いたのは、イギリスによる植民地支配の下にあるアフリカで調査を行なった、グラックマンであった［Gluckman 1965; 1968］。グラックマンは、アフリカの部族社会において土地が高度に個人化されたやり方で耕される一方、さまざまなレベルの管理のもとに置かれていることを示した。たとえば、北ローデシアのバローツェ社会において、土地は各世帯の需要に即して部族長から世帯主に割り当てられる。しかしそれは西洋的な意味での「所有権の移譲」を意味しない。なぜなら、各世帯で使用されなくなった場合、それを部族長へ返還することが義務づけられているからである。こうした返還は、最高位の指導者、ローツェ王に対してなされることもある。ただし、ローツェ王も土地を商品として販売する権利を持たず、また彼の一族に多くの土地を割り当てる特権を有しているわけでもないという。

グラックマンの枠組みをダイレクトに踏襲したのは、ハンフリー［Humphrey 1983］であった。ハンフリーは、ソ連邦のコルホーズ（集団農場）において、成文化されない規範や親族関係を通して、土地が重層的に管理されることを示した。またグディ［Goody 1962］は、文化実践を共有するが、動産の相続システムを異にするロダッガ族の二つのコミュニティを「権利のヒエラルキー」概念を用いて比較検討した。ケベックのクリー人と国家の所有システムの接触史を扱ったスコット［Scott 1988］は、植民地化以前、一九三〇～一九四〇年代の植民地政府による狩猟地登録期、近年の先住民権利運動期を通して、クリー人の土地や資源に対するすべての権利が消滅したこともなければ、完全なる「束」として持たれたこともないと述べる(4)。

以上の著作は、静的な社会における権利の分配システムを扱ってきた。しかし一九九〇年代に入り、「静的な「レジーム」ではなく「プロセス」としての所有」［Verdery 2003: 13］、すなわち所有制度のダイナミックな変容が多くの人類学者の注目を集めるようになった。こうした変化の背景に、前節で述べたような、旧ソ連邦の崩壊とその後の新自由主義政策の展開という、「フィールド」の政治経済構造の変化があった。

旧ソ連邦崩壊後の新政府が経済改革の中心に位置づけたのは、集団所有の廃止と私的所有権の（再）創造であった［Harloe 1996: 4-5］。彼らは、特定の財に対してすべての権利の束を排他的に有する、「所有する個人」を作り出そうとした。しかし、改革は政策担当者の思惑どおりには進まなかった。実際には、農地などの財に対して、個人的権利やさまざまなレベルの集団的権利が重なりあい、競合しあう「曖昧な所有形態」［Verdery 1999: 54］が作り出されたのである。

たとえば、渡邊［2000］は、社会主義政権下ロシアのブリヤート農村においても、各世帯が私的に使用権を持つ土地が存在した事実に注目する。そのうえで、国有財産の私有化による農村の所有構造の変容を集団所有から個人所有へという変化ではなく、二つの所有形態の社会的布置の変化の問題ととらえた。またヴァーディリー［Verdery 1999, 2003］は、民営化後のルーマニアの農村社会の土地をめぐる混乱を、使用権、処分権の配分を規定する既存の「権利のヒエラルキー」が崩れ、新しく作り出されるまでのコミュニタス状態ととらえる。たとえば、それまで集団が「処分権」を有した穀倉を特定の個人へ譲渡できるかをめぐって、「公共財の維持」という観点から多数の農民の反対が起こった事例を記述している［Verdery 1999: 65-68］。

このように、「権利の束」の枠組みが、集団所有から個人所有へというイデオロギーに還元されない複雑な現実を記述するために、多くの論者に用いられた。

## 「権利」概念への疑いとローカルな所有モデル

ところで、「権利の束としての所有」研究は、ものに対して「権利」を持つ独立した主体（個人、集団）の存在を前提としている。この前提は、「所有」の基礎となる考え方［Hann 1998: 22］とされ、従来それ自体が問題視されることはなかった［Verdery & Humphrey 2004: 5］。

しかし、モースの「ハウ」概念の再評価を通して、「人」と「もの」の個別的で、しばしば分離不可能な関係に注目する交換研究の論者たちは、この考え方が、多くの社会における現実を記述するうえでふさわしくないと主張した［Humphrey 2002; Kopytoff 1986; Myers 1988; Weiner 1992］。彼女らの交換理論を要約すると次のようになる。

贈与交換において交換される「もの」は、それが物理的に移動したとしても、もともとの「所有者」の存在を強く残す。たとえばワイナーによると、トロブリアンド諸島では、手縫いのマントや軟玉でつくられた装飾品などの貴重品が何世代にもわたって交換されているにもかかわらず、本来の所有者のアイデンティティがそれらに残り続ける［Weiner 1992］。彼女は、このような人と「もの」の分離不可能な関係を「譲渡不可能性（inalienability）」という言葉で表わした。また、ワイナーの交換理論を発展させた、消費文化研究の論者たちによると、市場交換で取引される「商品」ですら、それが一度購入され、「個別化」されると、所有者のアイデンティティが付与された唯一無二の「もの」となる［Appadurai 1986; Kopytoff 1986］。このような人と「もの」の物理的な相互作用を通して構築される切り離しがたい関係は、「人が「もの」に対して「権利」を持つ」という言語で切り取ることができない［Kopytoff 1986: 71］。

この考え方は、「所有」研究の論者に強い影響を与えた。かくして、人や集団と文化的な「もの」の間の相互構成的な関係や、土地と集団との間の霊的な結びつきを記述する「所有研究」が近年多く登場している。

たとえば、ハンフリー［Humphrey 2002］は、「権利の束」概念に依拠した自身の著作［Humphrey 1983］を、人とものの関係に注目しつつ再解釈した。ハンフリーによると、一九八〇年代に社会主義政権下のモンゴルにおいてみられた「死の儀礼」は、死者の所有物をめぐる諸「権利」を相続者の間に分配する機会としてとらえられるべきではない。それは、死者と「もの」との間の個人的な紐帯を切断する儀礼なのである。また、オーストラリアのアボリジニ社会において「不朽」を象徴する「もの」に注目したメイヤース［Myers 1988］は、それらの「もの」にアイデンティティを投影することによって、氏族は結合性を高めていると指摘する。同種の指摘は、フェリーの議論［Ferry 2002］においてもみられる。そこでは、メキシコの鉱山労働者グループが、「銀」を「商品」であると同時に、譲渡不可能な「世襲財産」と見なすことにより親族の紐帯を強める様子が記述されている。

このような視点は、土地の「所有」の記述にも適用されている。ポヴィネリによると、オーストラリアやローマでは土地は人間（先祖）の一部として知覚される。彼女は、オーストラリアにおける土地と人々の分離不可能な関係を、「儀礼で流された汗が神聖な土地の地下深くに潜り込み、人々を土地に縛りつける」［Povinelli 2002: 22］と描いている。メイヤースによれば、アボリジニはこのような関係性を「われわれが土地を所有するのではなく、土地がわれわれを所有する」［Myers 1988: 54］という語りで表現するという。同様にアンダーソン［Anderson 1998］は、シベリアのトナカイ遊牧民エヴェンキ人は、過酷な環境の中で狩猟を行なう技術、環境についての知識を獲得することを通じて土地と堅密に結びつくと述べる。よって、エヴェンキ社会において、土地を「知る」という動詞が「所有する」に匹敵する言葉だという。

以上の記述から明らかなように、「人と「もの」のローカルな関係」に注目して「所有」を記述する議論の範疇はきわめて広い。彼らは権利概念から離脱することにより、人と「もの」の間の多様な関係行為、霊的な結びつきをすべて「所有」の中に入れてしまうのである。そうすると、何を「所有」と見なすのかが分析者に委ねられることとなり、「所有」の文化的多様性をめぐる粗雑な分類論が展開されるようになる［杉島 1999］(5)。

## なお残された課題

以上、一九八〇年代以降の「所有」についての人類学的研究を、西洋中心主義批判のあり方をめぐって二つに区分して整理した。それぞれの研究の功績と問題点を、次のように指摘できる。

主流派は、メインの「権利の束」概念を援用し、一つの「もの」に対する複数の権利が異なる個人や集団に与えられていることを示した。彼らの研究の功績は、「個人」と結びつく包括的な「所有権」の存在を相対化しつつ、所有をめぐるさまざまな現象に適用可能な、汎用性の高い記述枠組みを提案したことである。その結果、共同所有から私的所有へというイデオロギーには還元できない、フィールドにおける政治経済構造の変化を記述することが可能になった。しかしその一方で、依然として「権利」という法のパラダイムに依拠しており、「もの」に対して独立した主体の存在という、西洋的な設定を逃れえないという問題点を持つ。そもそも、本章の冒頭で挙げたような新たな地域や現象に対して私的所有パラダイムが拡張した際に起こる混乱とは、諸権利の配分をめぐる混乱なのだろうか。それは、たとえば「身体情報は所有できるのか」［cf. 立岩 1997; シヴァ 1997, 2002; Parry 2004］といった、特定の「もの」と人との関係性を「権利」という言葉に矮小化してしまうことへの抵抗ではないのか。「権利の束」という考え方ではこの点が把握できない。

他方、「人」と「もの」との個別的で分離不可能な関係に注目する論者たちは、権利概念に依拠する論者たちの自明の前提を正しく批判した。それにより、よりラディカルなかたちで西洋中心主義的な所有モデルを相対化した。しかし、「人」と「もの」とのローカルな関係モデル、文化固有の概念を記述することに終始することで、研究の個別分散化を招いている［杉島 1999: 24; Verdery & Humphrey 2004: 19］。彼らの主張は所有概念の文化的多様性であり、土着の所有概念（「権利」概念を経由しない土着の「所有」のあり方）と「西洋の」私的所有概念あるいはその他の地域の「所有」概念との相容れなさである。しかしこのことは、（そうした差異にもかかわらず）フィールドや具体的な現象の中ですでに「私的所有」という考え方が導入される過程、すなわち「所有」をめぐってグローバルなつながりの中で今まさに展開している現象をとらえるのを難しくしてしまう。

以上を踏まえると、「所有」をめぐる人類学的研究に残された課題は、「諸権利が配分され直す」という限定的な理解を超えて、文化的に多様な人と「もの」との関係性の中に「（私的）所有」という考え方が新たに適用されたとき何が起こるのか、変化をとらえる視点を見いだすことであると言えよう。

## 3　所有主体の設定をめぐって——ストラザーンの所有論を通して

ここでは、ストラザーンが「所有」について展開した一連の論考［Strathern 1988, 1996a, 1996b, 1999, 2003］を検討することにより、この問題を考えてみたい(6)。

ストラザーンは前節で紹介したワイナーと同様、モースの再解釈を通して「所有権」や「権利の束」概念を「西洋の土着の概念にすぎない」［Strathern 1988: 104］と批判する。彼女は、「物質としてのもの＝モノ」に注目したワイナーと異なり、「人」概念の再考を通してそれを行なった。彼女によると、メラネシアのハーゲン社会における「所有者」は、自身が労働を投下した対象に対して「権利」を持つ「個人」ではなく、他者の眼前において一時的に「可視化」される要素の一つにすぎない。この議論のなかで注目すべきは、ストラザーンが普遍的な所有者の想定を正当に拒否しながらも、関係性のなかで「所有の主体」が一時的に抽出される点に注目していることである。ここに、単に権利概念を拒否し、所有の「ローカルなモデル」を記述した、前節で挙げた論者たちとの差異がみられる。ストラザーンは近年、その考え方をもとに、知的所有権をはじめとする新しい「所有」をめぐる問題に独自の視点を提供している。

## ハーゲン社会における「所有者」

まず、ストラザーンが『贈与のジェンダー』[Strathern 1988] で描き出した、ハーゲン社会の「所有」モデルを見ていこう。

ストラザーンによると、ハーゲン社会における人格は、西洋の「個人 (individual)」、すなわち常に同一のユニークな「核」ではなく、複数の潜在的な要素 (クランの代表者、姉妹の夫、豚の所有者など) を抱えている(7)。よって、「個人」を基礎とした西洋の「所有」概念——「個人」が自己の身体を所有し、身体の延長としての労働を投下した対象に対して本源的な「権利」を有する——を無批判にハーゲン社会に適用すべきではないと主張した [Strathern 1988: Chap. 5, 6](8)。また、「人類学における所有権についてのフレキシブルな理解」[Strathern 1988: 104] と彼女が呼ぶところの「権利の束」概念も同様に普遍的な枠組みではないと述べる。なぜなら、「統一のアイデンティティを持った主体の存在が自明視されており」、「権利を持つ／持たない」単一の存在のみを創出する概念であるからだ [Strathern 1988: 105]。

しかし、彼女の議論は権利概念批判にとどまらない。彼女が注目したのは、ハーゲン社会が贈与交換によって成立している以上、少なくとも交換の局面においては、特定の「もの」の所有者からそれを持たない者へという「もの」の流れが必要とされるという点である。言い換えれば、「もの」に対して普遍的権利を持つ主体は存在しないが、交換において一時的にであっても、「所有者とは誰か」が想定される必要があるのだ。それでは、ハーゲン社会の交換関係において、「所有者」はどのように作られ、また知覚（to elicit）されるのだろうか。

ストラザーンによると、人を構成する複数の要素（先述のように「豚の所有者」はその一つである）は、それぞれ物質の共有で結ばれる過去の関係の帰結である。たとえば、ある人が「豚の所有者」となるとき、その豚は彼と（豚の飼育を担う）彼の妻の結婚関係、あるいは彼と他の男性との交換関係に由来している。ただし、その人の「豚の所有者」としての要素は他の潜在的な要素（クランの代表者、姉妹の夫など）と同様、ふだんは「隠された可能性」としてのみ存在している。それは、やはり（交換）関係のなかで、すなわち他の人の目を通して固定化、遂行的に「可視化（makes it visible）」されるものである［Strathern 1988: Chap. 5］。

たとえば、AがBに豚を譲るように説得する場面がある。「豚の所有者」としてのBの要素は、豚を存在せしめた過去の社会関係に由来するが、それをBから引き離そうとする（新しい社会関係を生み出そうとする）Aとの関係によって初めて明るみに出るのである。言い換えれば、ハーゲン社会において、「所有者」としての人の要素、また人の「所有物」は、他の人との関係において「抽出」される［Strathern 1988: 176–182］。

以上の「所有」をめぐるストラザーンの議論は、一見しごく特殊であり、「ハーゲン社会」独自のものと考えられる。しかし、彼女の描く「人格／所有モデル」は、「ハーゲン社会」の経験的な事実に基づいて抽出された「土着の概念」というよりは、そうした民族誌的詳細と彼女自身の視点の間で生み出された、関係的なモデルである［Graeber 2001; 中空・田口 2016］[9]。彼女は近年、この成果をもとに、現代社会で「所有」をめぐって観察されるさまざまな現象に対し、独自の視点を提供している。知的所有権はその一つである。

## メラネシアから知的所有権へ

多くの論者が指摘するように、知的所有権は、「ゼロから単独で知的創造を行なう天才」がその知的生産物に対して権利を持つというオーサーシップ概念に依拠している [Aoki 1998; Boyle 1996; Coombe 1998]。ここに、「個人」が（知的）労働を投下した対象に本源的な権利を有するという、ロックの思想が投影されている。

しかし、近年の科学社会学が明らかにしたように、実際の「知識」は、科学者個人の才によって生み出されるのではなく、社会関係、あるいは人とモノのネットワーク [cf. Latour 2007] の中で作られる。ストラザーンは、複数の著作のなかで、ものを関係性の帰結と見なす、メラネシアとのアナロジーにおいてこれらの議論を取り上げている [Strathern 1996a, 1996b, 1999, 2003]。そのうえで、ストラザーンは、そうした関係性が近年ますます「引き延ばされている」と主張する [Strathern 2003: 165]。たとえば、生物医学はますます大規模化、共同化し、その論文においては著作者が列挙されている。また環境運動など他の社会活動と密接なかかわりを持ち始めた科学の分野もみられる。すなわち、このような状況においては、知識の生産者＝所有者を特定の「個人」や「集団」にアプリオリに設定できない。「個人」（あるいは集団）がみずからの知的創造物に対して本源的な権利を有するというオーサーシップの概念は成り立たないのである。しかし、科学的発明がビジネスに利用されるとき、あるいは著作が出版されるとき（すなわちハーゲン社会の交換の局面と同様、誰かがその成果を受け取り、違う文脈に移管するとき）、誰がその「恩恵を受ける」かを明確に定める必要性が生まれる。ストラザーンによれば、知的所有権の本来の機能はこの点にある。知的所有権とは、特定の主体に本源的に備わる権利ではなく、科学とは別の商業的基準＝利用可能性によって、一時的に「知識」とは何かを決定し、また誰が（発明の経済的恩恵を受ける）所有者として含まれ、誰が排除されるかを決定するものなのである [Strathern 1996a: 522]。

たとえば、序章でも取り上げた、ムーア訴訟の事例を考えてみたい [cf. Boyle 1996; Strathern 1996a]。一九九〇年、ジョン・ムーアはみずからの体内から取り出された細胞の学術使用に対して（知的）所有権を主張した。すなわち、細胞の発明に関するネットワークは、患者であるムーアにまで引き延ばされている。しかし、裁決は、細胞はそれを加工し、操作可能なものとした研究者による「発明」であるとし、ムーアは敗訴した。ここに、物質的利益が生じる発明に対してのみ権利を付与する、知的所有権の「選択的な性質」［Strathern 1996b: 23］によって、ムーアは「所有者」としての認定から排除されたのである［Strathern 1996a: 525］。

以上の議論をまとめると以下のようになる。知識の生産においても、オーサーシップ概念が自明の前提とするような「知識の生産者＝所有権の主体」がアプリオリに想定できるわけではない。知識は、個人や境界化された集団の産物ではなく、果てしなく引き延ばされていく関係性のなかで作られるものである。「知識の所有者」とは、科学とは別の商業的基準により、一時的に境界の内部に置かれた対象である。この「境界づけ」のロジックに、他者との関係性において一時的な「所有者」としてのアイデンティティが「抽出」される、ハーゲン社会のモデルが創造的に翻訳されているのである。

## 「所有」概念と境界づけ

さらに、ストラザーンは、知的所有権という正規の法律だけでなく、「知的所有」がイディオムとして新たに持ち込まれる［Strathern 1996b］現場にも焦点を合わせ、同様の分析を行なっている。たとえば、近年の生殖医療の発達にともなう親族関係の拡張という現象がある。カリフォルニア上訴裁判所における一九九八年の判例は、匿名のドナーから提供され、報償と引き換えに代理母によって妊娠された胚から生まれた子どもの親権をめぐっての裁判であった［Strathern 1996b, 2003］。そこでは、潜在的に子どもの親となる可能性のある者が六人（ドナーの男女、代理母とその夫、依頼者である夫婦）いた。まさに、生殖医療の発達が親族関係を「引き延ばした」事例と言える［Strathern

1996b: 20]。

ストラザーンが注目するのは、親権の決定に「知的所有」のロジックが用いられ、子どもという「概念」の「制作者」であった依頼者夫婦へ権利が付与された点である［Strathern 1996b: 21］。すなわち、生殖医療の現場に「知的所有」概念が参入することにより、誰が「子どもの親＝概念の制作者」として含まれ、誰が排除されるかの境界づけが行なわれたのである。ストラザーンによると、このように知的所有概念は今やさまざまな文脈に移管されるようになっている。第三世界の農民や先住民の人々の知識を「知的所有」概念によって保護しようとする、本書で扱う現象はそのうちの一つである［Strathern 1996b: 21–22］。

以上のようにストラザーンが提起したのは、権利という言葉を当てはめるのが適切でない状況を前提としたうえで、「人はいつ、どのように所有主体になるのか」という問いである。彼女は、ものに対する普遍的な権利の主体が存在しないことを前提としつつも、あらゆる交換の局面――特定のものを持つ者からそれを持たない者へという「もの」の流れが必要とされる文脈――において、一時的に「(もともとの) 所有者は誰か」が想定される必要があるということを明確にした。そして、そのようにして「所有者」が交換関係のなかで一時的に可視化される仕組みを、「境界づけ」「取り込み」「排除」などの概念を用いて描いた。

この議論を発展させて考えると、新しい地域や現象に「所有」の概念が持ち込まれるときに生じる問題とは、すでにある主体にどのように権利が配分されるかではなく、所有の主体がどのように設定されるのか、ということになる。それは、所有者として誰が含まれ、また誰が排除されるのかの境界づけをめぐる政治的過程である。ストラザーンの議論は、一見特殊で抽象的な思考実験のようでいて、「所有」をめぐる新しい現象について何を観察したらよいのか、プラグマティックな視点や問いを与えてくれるものである。

本書でもこの視点を参考に、インド・ウッタラーカンドの生物資源の領域に「知的所有」概念が持ち込まれたときに何が起こるのか、人々の活動の微細な変化をとらえていく。次章で詳しく述べるように、フーディアやニームなどの生物資源にもともと「所有者」が存在したわけではないし、また対象となる知識の範囲も確定していたわけではない。しかし知識が製薬開発に利用され、「人々の知的財産」を尊重することが国際的な規範となったとき、誰が知識の所有者であり、また保護の対象となるべき貴重な知識とは何なのかを明確にする必要が生じる。そのような動きのなかで、知識の所有主体や対象となる知識はどのように生成していくのか。その過程で、何（誰）が含まれ、また何（誰）が排除されていくのか。この問いに迫ることにより、「権利」という言葉で切り取ることのできない人と（有形／無形の）「もの」の多様で豊かな結びつきを前提としながら、その中に「所有」という概念が新たに移管されるときに何が起こるのかをめぐる、現代社会に根ざした新しい人類学的批判のあり方を示せるはずだ。

# 第2章

# 在来知と知的所有権のフィールドワーク——翻訳を追いかける

前章では、人類学的な所有研究と向き合いながら、所有の主体やその対象物の存在を自明視せず、それらが作り出されるプロセスを考察することが重要だと主張した。本章では、この視点をもとに私がインドでどのようなフィールドワークを行なったのか、そこで鍵となる「翻訳」という概念とともにまとめておこう。

序章で述べたとおり私がインドをフィールドにしようと思ったのは、生物資源を利用する側の製薬会社の動きと、それに反対する社会運動団体の動きの両方が一国内に並存しているという興味深さがあったためである。しかし私は比較的早い段階で、NGOでも製薬会社でもなく、「国家」のプロジェクトを調査することに切り替えていた。二〇〇二年に国家生物多様性法（National Biodiversity Act）が施行されて以降、国内の価値ある生物資源や人々の知識をデータベース化し、それが誰のものなのかを明確に定めようとする取り組みが政府主導で進められていた。この取り組みに私が注目するきっかけとなったのが、C・R・バーブーとの出会いであった。

二〇一〇年四月、インドのエコフェミニスト、ヴァンダナ・シヴァやスマン・サハーイといった著名な社会運動家との接触にことごとく失敗した私は（彼女たちはインドよりも海外にいることが多かった）、助言を仰ごうと、デリー大学植物学部のC・R・バーブーの研究室をアポなしで訪れた。バーブーは、二〇〇一年に植物学部の傘下に環境システム悪化マネージメントセンターを設立したことで有名な植物学者である。このセンターの設立時には、「ガーンディー主義者」を名乗って、質素な生活を送るバーブーについての特集が多くのメディアで組まれたという。実際彼は常に白のクルタ[1]を着て、六〇歳近かった当時でも学生寮のようなドミトリーに暮らし、一日中大学で仕事をしていた。学生たちは「教師というよりグル[2]のようだ」と言って穏やかな人柄のバーブーを慕った。また彼の研究室にはすでに定年退職した植物学者たちが次から次へと訪れ、植物学から輪廻転生にいたるまでさまざまな話題に花を咲かせていた。

バーブーは私の当時の研究計画書を見て「ヴァンダナ・シヴァ？　彼女は何もしていないよ。国際的な名声に興味があるだけさ。きわめて非科学的だ」と笑い、「最近ではNGOではなく、政府系機関こそが伝統医療の問題に対して実質的な仕事をしている」と言った。そしてその場で彼の元学生であるバールー・スブラマニアンに電話し、私と面会するよう約束を取りつけてしまった。そのスブラマニアンがデータベースの分類作成の責任者を務めていたのが、中央政府の「伝統的知識デジタルライブラリー」プロジェクトである。

スブラマニアンに会いにプロジェクトが行なわれている会場へ出向いた日のことは、今でもはっきり覚えている。デリーの中心部ラージーブ・チョウクから地下鉄で四〇分ほどの駅、アナンドゥ・ヴィハールから、さらにオートリクシャ[3]とバスを乗り継いで三〇分程度の工業団地の一角でそのプロジェクトは行なわれていた。中に入ると、一〇〇名ほどのアーユルヴェーダ、ユーナーニー[4]、シッダ[5]、ヨーガなどの伝統医療の医師たちがデスクトップ型のコンピュータに向かっている。私がぼんやりとその光景を眺めていると、タミルナードゥ出身だというアーユルヴェーダ医の女性が立ち上がって、「原本を見せるわ」と言って別の部屋から一冊の本を取ってきて見せてくれた。それは、アーユルヴェーダ医科大学の教科書として使われている、サンスクリット語で書かれた教典だった。彼女は、「私たちの仕事はこの本をこれに翻訳することよ」と言って、分類体系が映し出されたコンピュータのスクリーンを指差した。ただし言語の翻訳はソフトウェアによって自動的に行なわれる。彼女たちが担当するのは、特許の対象となりそうな薬草や製法を特定すること、すなわちアーユルヴェーダを近代科学や国際法と関連づける、という意味での「翻訳」であるという。

このように、インドの国家プロジェクトで行なわれていたのは、薬草を使った製薬開発でも、またそれに反対する社会運動でもなく、「翻訳」という実践だったのだ。本章ではまず、生物資源の「所有」をめぐる国際的な動きの中でのこのプロジェクトの位置づけを明確にする。そのうえで、科学知と在来知の「翻訳」をめぐる近年の科学人類学的アプローチを参考に、プロジェクトの中で私が行なったフィールドワークについて述べる。

# 1 在来知と知的所有権——生物資源は誰のものか

## 問題の見取り図——所有主体の設定をめぐって

まず、本書の対象である生物資源をめぐるグローバルな動きを、前章で提示した論点との関連のなかでまとめ直しておこう。

近年、生物資源にかんする人々の「知識」がバイオテクノロジーを扱う製薬会社の注目を集めている。「第三世界」の農民の開発種、アーユルヴェーダなどの「伝統医療」で用いられる薬草などをもとに新薬を開発しようとする動きが盛んになったのだ。

このような「在来知」[6]は、従来の特許法のなかでは、誰もが自由に使える「人類共有の財産」とされていた。そのため、それを利用した製薬企業が新薬開発により莫大な利益を得る一方、供給源の人々に利益が還元されることはなかった。この事態をバイオパイラシー（biopiracy：生物資源への海賊行為）(7)であるとして、資源提供国の研究機関やNGOなどが異議申し立てを行なう例が一九九〇年代以降相次いだ。その結果、一九九二年の生物多様性条約のような、「もともとの所有者」へ適切に利益を配分するための国際的ルールが作られるようになった。そして条約のルールに即して、資源収集活動を行なう科学者と「在来知の所有者」との間で利益配分契約が結ばれるようになった。

以上の過程は、在来知の製薬利用が加速するなかで、もともとの「知識の所有者」の権利が問題化され、彼らに対する正当な利益配分がめざされるようになる過程と要約できる。

ところで、この「在来知の所有者への適切な還元」という命題を正当化するロジックは、以下のようなものである。科学者が収集する植物は、単なる「自然」ではなく、そこに何世代にもわたる農民や先住民、治療者の人々の「労働」が織り込まれている。だからこそ、人々は植物や「在来知」から経済的恩恵を受ける「権利」を有する。注目すべきは、このような主張において、特定の資源に対して「(知的)労働を投下してきた＝権利を持つ主体」が、自明のものととらえられている点である。

こうした考え方は、多くの法学者［Boyle 1996］、応用人類学者［Greaves 1994; Posey & Dutfield 1996］にも共有されている。しかし、実際の「在来知」のあり方を分析した人類学の研究は、「在来知」が相互に区分された実体ではなく、時間・空間上の境界を持たない流動的な知識であるという見解を示している［Brown 1998］。つまり、多くの「在来知」は、特定の場を超えて広がる関係性のなかでつくられ続けており、それが帰属する権利主体がもともと定まっているわけではない。

具体的に見ていこう。たとえばコリー・ヘイデンの民族誌は、こうした状況をメキシコ固有の文脈において描いている。彼女が分析対象としたアメリカの製薬開発プロジェクト、ICBGラテンアメリカを率いた植物学者ロバート・バイは、メキシコシティーの市場で売られる植物を収集の対象とした。市場の薬草とそれについての知識は、特定の場を超えた広い商業的ネットワークの中で、さまざまな行為者の手を通して流通している。たとえば、植物の採集者は売り手の指示に従い、需要のある植物を原産地で収集する。彼らは、植物それ自体や生息地についての正確な知識を有する。一方、市場の売り手は根や葉の一部など、「効用ある部位」のみに切り取った植物を販売する。彼らは、薬草の使用法や効用についての知識を顧客や植物学の本から学び、それを別の顧客に伝える。バイのような民族植物学者たちは売り手や採集者の知識を記録する一方、科学的知識を流通経路の中に位置づけようとする。すなわち、市場の植物についての知識は特定の主体に属さず、複数のアクターに分散的に所有されているのである。

このように、メキシコの市場の植物をめぐる知識に対して普遍的な権利を持つ「所有者」がもともと存在したわけではない。一方でICBGラテンアメリカでは生物多様性条約の理念に即し、人々の知的所有権を尊重することが求められていた。こうした状況のなか、誰を「知識の所有者＝利益配分の対象」として設定し、また誰を排除するのか。ヘイデンの民族誌は科学者の柔軟な利益配分戦略を詳細に描いている。興味深いことに彼らは、彼らに対し薬草を直接提供した市場の売り手に対してではなく、採集者を追った先にある植物の原産地、そしてそれに加え、先住民集団による薬草の商品化、伝統治療師集団による植物園の建設など、（収集と直接関係のない）特定の集団のプロジェクトに対して利益配分を行なったという［Hayden 2003: 367］。

こうした記述は、特定の在来知に新しく「知的所有」概念が持ち込まれたときに生じる事態を正確にとらえている。それはストラザーンが言うように、一時的な利益配分契約のなかで「知識の所有者」としての主体があえて作り出される過程なのだ。そして、この過程における科学者の権力とは、誰にどのような権利を認めるのかではなく、どのように主体を設定するのかにかかわっているのである。

## インド「国家」の位置——利益配分から知識の翻訳へ

しかし、ヘイデンがメキシコで調査を行なってから一〇年経った段階で、在来知と知的所有権をめぐって新たな現象が生じてくる。このことが所有主体の生成プロセスを見つめる本書に、新たな理論的展望とフィールドワークの必要性を提起している。

近年、社会運動団体や企業ではなく、生物資源の豊富な資源国の「国家」アクターが、自国の「在来知」のデータベース化、およびその所有の主体の明確化を図ろうとしている。そうした動きを牽引しているのが、インドである[8]。

そもそも生物資源の「所有」は、「資源を収奪しようとする先進国（の研究機関や製薬会社）」と「資源を守ろうとする途上国（の国家やコミュニティ）」といった、「南北問題」の枠組みで議論されることが多い。それに対して、資源国であると同時に科学先進国でもあるというインドの位置は特殊であり、一九九〇年代から一国内に矛盾する複数の動きが存在していた。インドではまず、アーユルヴェーダをはじめとして、シッダ、ユーナーニー、ホメオパシーなどの「伝統医療」がさまざまなレベルで実践されている。一九九〇年から二〇〇〇年までの間にアメリカ特許庁から取得された、薬草由来の七六二の特許のうち、四五%がインドの「伝統医療」で用いられている薬草をもとにしたものだという報告もある［USBB 2010］。そうしたなか、「インドの伝統医療や「農民の生物資源」を多国籍企業による不正な特許取得から守る」社会運動団体の活動が活発である。ただし一方で、一九九〇年以降の新自由主義的なプロパテント政策を反映して、国内の研究機関や企業による伝統医療の商品化、生物資源に基づく製薬開発も加速しつつある[9]。

こうした社会運動団体と企業の対立する動きのなかで見落とされがちなのは、科学産業研究審議会（Council for Scientific and Industrial Research）などの国家機関の活動である。一方で科学産業研究審議会は、ナヴダーンヤーなどの社会運動団体と協働しながら「インドの知識を不当に用いた」製薬特許無効運動を牽引してきた。たとえば、ミシシッピ大学医学部によって取得された、ターメリック粉末創傷医療法に関するアメリカ特許の取消の事例がある。科学産業研究審議会は、ターメリックが数千年に及んで傷および発疹の治療薬として使われてきたことを示すアーユルヴェーダの文献と、一九五三年にインド医学協会が発行した雑誌を先行技術として示し、特許を無効化することに成功した。こうした活動の一方で審議会は、インドの研究機関のなかでもっとも多く製薬分野におけるEU特許、アメリカ特許を取得している。このような国家機関の活動は、二〇〇二年に制定された国家生物多様性法以降、ますます顕著になっている。

国家生物多様性法は、国家主導で既存の在来知をデータベース化することを定めた。この決定には、特許無効運動に莫大な予算と時間が必要であった事実が関連している。それは、ある特許がインドの在来知に基づいていることを証明するために、インドの古典的言語で書かれた膨大な伝統医療の「先行技術」を参照し、その科学的・法的言語への翻訳を逐一行なわなければならなかったためである。こうした状況を踏まえ、審査の段階で特許官がいち早くインドの伝統医療の「先行技術」にアクセスでき、知識の流用を防止できるように、多様な知識をデータベース化しておくことが提案されたのである。

この国家法によると、データベース化されるべき知識は、「インド古来の言語によって記録された知識」と「文書化されておらず、口承で伝えられていた伝統」の両方を含む。この法では中央政府が前者、州政府は後者のデータベース化に責任を持つものとしている。かくして中央政府レベルでは「伝統的知識デジタルライブラリー（Traditional Knowledge Digital Library）」プロジェクトが、各州政府レベルでは「人々の生物多様性登録（People's Biodiversity Register）」プロジェクトがそれぞれ進められることとなった［Brahmi et al. 2004: 660–663］。

こうしたインドにおける展開は、「知識がどのようにして誰かのものになるのか」を捉えようとする本書にとって、新たな理論的展望を示唆するものである。それは、ストラザーンの所有論が示し、あるいはヘイデンが民族誌のなかで具体的に描いたように、植物を集める（欧米の）科学者と、資源国の人々の間で結ばれる利益配分契約の中で一時的に「所有者」とは誰かが決まるという視点ではとらえられない。知識を文書化し、データベース化するという実践は薬草の収集と異なり、知識の内容や関係性の固定化をともなう。以下、このことを具体的なプロジェクトの内容のなかで確認していく。

まず中央政府の伝統的知識デジタルライブラリープロジェクトでは、アーユルヴェーダの国家資格を持つ医師により、五四の既存のアーユルヴェーダの教典をもとに一二〇〇のアーユルヴェーダの製法が選定された。これらの製法は、プロジェクトのなかで生み出された「伝統医療のための分類体系（Traditional Knowledge Resource Classification）」をもとに整理され、データベース化される。この分類体系は、インドの伝統医療を国際特許分類（International Patent Classification）に包摂するためのものである。すなわちそれは、これまで症例や治療法によって分類されてきたアーユルヴェーダを、植物分類学のリンネの分類体系を基礎として組み換えることを目的とした。このようにして完成したデータベースは、あくまでも特許審査への利用という目的で各国特許庁の特許官にのみ公開される[10]。

すなわち、ここで所有主体の生成をめぐって新たな問題、すなわち異なる知識はいかにして通約可能になるのかという「翻訳」をめぐる問題が生じている。それはツィマーマン［Zimmermann 1987］が「論理=詩的（logico-poetic）」[11]と呼んだ、アーユルヴェーダの教典をリンネの分類体系、そして国際法上の分類に置き換えることがはたして可能なのかという問題である。

そもそも、アーユルヴェーダと近代生物学に基づく生物医療[12]は健康についての考え方、その根底にある人間／身体観と病気観が異なる。たとえば、アーユルヴェーダでは健康を心理的／身体的側面の結びついた包括的なものととらえるのに対し、生物医療では両者の領域を明確に区分している。また、生物医療の固定的で境界化された人間／身体観は、周囲の社会的環境や自然環境との絶え間ない相互作用の中で流動するアーユルヴェーダの人間／身体観と対照的である。すなわち、生物医療が病を周囲の環境から切り離された実体と考えるのに対し、アーユルヴェーダは病を身体、気候、社会制度の間の関係の偏り（平衡の乱れ）と見なす［Kakar 1982; Trawick 1991; Zimmermann 1987］。

こうした差異にもかかわらず、独立後のインドにおいてはアーユルヴェーダの制度化の過程において、両者が混交する領域がつくられてきた（第3章）。「伝統的知識デジタルライブラリー」は、アーユルヴェーダをさらに別の科学的知識やグローバルな知的所有権制度と翻訳する取り組みである。

一方で、州政府レベルの「人々の生物多様性登録」プロジェクトでは、「文書化されておらず、口承で伝えられていた伝統」、すなわちアーユルヴェーダの教典ではなく、民間レベルのアーユルヴェーダの治療師「ヴァイディヤ」の知識を対象とした翻訳活動が試みられている。さらにこのプロジェクトは、知識の登録過程と成果への人々の「包摂」や「参加」が一つの鍵となっている。最終的には、パンチャーヤト（Panchayat）[13]レベルで生物多様性管理委員会（Biodiversity Management Committee）を設置することがめざされているという。ここに、科学者や行政官のみならず、ヴァイディヤやその他の農民の人たちなど、多様な立場の人々がいかに折衝し、在来知の翻訳を行なうかをみていく必要が生じている。

すなわち、在来知と知的所有権をめぐる新しい動きを牽引するインドを対象とすることとは、異なる知識の翻訳がなされる長期的過程と、その過程における多様な人々の経験を焦点化することである。植物分類学者や人類学者、行政官やＮＧＯ関係者、そしてヴァイディヤや農民といった多様な人々の織りなす「翻訳」を通して、「在来知」とその所有主体はどのように生成していくのだろうか。次節では、この過程を私がどのようにフィールドワークしたのかを考えるうえで重要となる、科学知と在来知の「翻訳」をめぐる近年の科学人類学の展開をみていこう。

## 2　在来知データベースと知識の翻訳

### これまでの在来知研究の落とし穴

科学知と在来知がどう異なり、またどのような関係にあるのが望ましいのかという問いは、人類学において繰り返されてきた。非西洋社会においても近代科学に匹敵する内的に一貫した体系が存在することを示した民族科学

(ethnoscience) 研究を経て、一九八〇年代以降の人類学は、在来知そのものではなく、科学知と在来知が接触する現実の場面（開発や自然資源管理など）に目を向けるようになっている。こうした文脈において登場したＩＫ（Indigenous Knowledge）研究とＴＥＫ（Traditional Ecological Knowledge）研究は、「在来知」と「科学知」の関係について異なる方向性を提示している。

イギリスの応用人類学・参加型開発論と密接な関係を持つＩＫ研究は、開発プロジェクトにおける科学知と在来知のプラグマティックな接合を志向している。ＩＫ研究者によると、土着の知識は科学よりもそれぞれの地域の生態系に適合的であり、そうした知識を取り込むことなしには開発プロジェクトの成功はありえない。たとえば、参加型開発論の提唱者であるチェンバースは、熱帯アフリカの混合農法を取り上げる。二つの作物を同一の畑に育てる混合農法は、西洋式の農法では非合理的であると見なされてきた。しかし一九七〇年代以降それは土壌の有効利用、害虫対策、労働力の節約などの面で利点があると再評価された。こうした現地に内在する知識を包含することこそが、開発プロジェクトの成功の鍵であるとチェンバースは主張する［チェンバース　1995: 168–171］。

一方で、北極圏の先住民社会と資源管理研究から登場したＴＥＫ研究は、アメリカ人類学の文化相対主義的な土壌のもと、在来知を科学知とは質的に異なる世界理解のパラダイムと見なした。たとえばバークスは、ＴＥＫを「知識、実践、信念の統合された包括的体系」と定義したうえで、それが科学の位置する社会的文脈とはまったく異なる文脈と結びついていると主張する。スコットによると、科学知の体系は自然と人間を分離したものととらえる一方、カナダ北極圏に生活するクリー・インディアンの知識体系は人間と自然を未分離かつ互酬的関係によって結びつくものととらえる［Scott 1996］。このことを踏まえると、ＴＥＫと科学とは同一の基準で測ることなどはできない通約不可能な体系ということになる［Berkes 1998; 大村　2002; Scott 1996］。

このようにＩＫ研究とＴＥＫ研究は、異なる潮流に基づいているものの、科学知と在来知をそれぞれ独立した知識「体系」ととらえる点については共通している［寺戸　2005: 7］。両者を首尾一貫した実体と見なすことは、両者が融合可能か（IK研究）不可能なのか（TEK研究）をめぐる硬直した議論を導きやすい。興味深いことに、こうした二極的な立場は、本書の対象に関連する、アーユルヴェーダと生物医療の折衝をめぐる歴史学的・人類学的研究(14)や在来知のデータベース化をめぐる研究(15)にも見られる。それに対し、近年の科学人類学は、知識を独立した「体系」ではなく、多様な人々の関心や具体的なモノを織り込むことによって成立する人間活動であるという立場をとることで、科学知と在来知の関係に新たな記述の方向性を導いている。

## 科学がつくられるとき——科学人類学的アプローチ

科学を人類学的な探究の対象とする試みは、一九六〇年代以降の科学技術社会論(16)と呼ばれる学際的分野との対話のなかで始まった。なかでもブルーノ・ラトゥールは、科学に対して人類学的アプローチを採ることで、科学と社会の関係を再考しようとした。ラトゥールが試みたのは、科学的実践の基盤である実験室を長期にわたって参与観察し、詳細な記述・分析を行なうことである。ただし実験室は、外部から隔絶された空間として存在するのではなく、また特殊な規範やコミュニケーションの形式を共有する科学者集団の実践の場というわけでもない。科学者の実践を丹念に追っていくと、彼らは実験室を超えて、外部の多様な人々の持つ関心を翻訳し、そのスケールを変更することで、科学的知識を作っていることがわかる。その意味で、科学的知識は科学者以外の人々の持つ知識や関心なしには成り立たない。その一方で、そうした関心はあらかじめ「社会」の中に存在したり、特定のアクターに備わっていたりするものではなく、それらを巻き込み、リスト化しようとする科学者の活動の「結果」として生じるものである。そしてこのようなさまざまな関心を動員し、翻訳する科学者の活動は、ラトゥールが「インスクリプション」と呼んだ、グラフや統計、図表、写真などの多様なモノ＝装置を媒介としてこそ可能になるのである。

具体的に見ていこう。「私の立つ足場を与えてくれたのなら、私は地球を動かそう」と題された論文［Latour 1983］

においてラトゥールは、広く社会の注目を集めた一八八一年のパストゥールの微生物実験に焦点を合わせる。ラトゥールによれば、そうした外部の人々の実験への関心はもともと存在したものではなく、パストゥールによる翻訳と動員の成果である。パストゥールの科学活動を追っていくと、まず彼はフィールドで農民や現地の獣医から家畜の炭疽病についての知識を得ていた。炭疽病は土地ごとに、あるいは動物ごとに特有の症状を持つ土着の疾患として現場では経験されていた。パストゥールは、そうした各地の人々が報告した多様な疾患を一つの病因（炭疽バクテリア）へと翻訳した。彼の実験室では、バクテリアの培養に成功し、ウィルスの強度を自由に変更しながら、フィールドの外で経験された多様な炭疽病を再現することに成功した。すなわち、実験室の外では不可視であった微生物はグラフや図、具体的な数字によって可視化されたことで、具体的な働きかけが可能なスケールへと変更されたのである。ここに、農民や現場の獣医はパストゥールの実験に「関心」を持つようになったのである。さらに、パストゥールは、「この病気はきわめて重大である」「フランス全体に流行している」といった社会的構築物、それを反映した統計の具体的な数字を用いて、広い社会的関心を生み出していった。こうしてパストゥールの実験は「フランス社会全体」を大きく揺るがしたのである。

この一連の記述においてラトゥールが示そうとしたこととは、科学的知識は実験室の外部にいる多様な人々の関心や知識を翻訳することによって初めて成立し、その意味で社会によって「足場」を与えられているということだ。その一方で、そうした翻訳と動員の過程自体が人々の「関心」を生み出し、また最終生産物としての科学的知識は社会の構成を根本的に変えていく。そしてこの双方のプロセスに、多様な物質的装置＝インスクリプションが介入している。すなわち、「科学知／在来知」をそれぞれ独立した関心に基づく知識ととらえる従来の見方に対し、ラトゥールはむしろ両者を翻訳しようとする営み自体がそれぞれの知識と関心を作り出すのだと主張している。

こうしたラトゥールの議論との関連のなかで、どのようにして科学者が、多様なモノに媒介されながら、科学者以外の人々の関心を科学知の中に「翻訳」するのかに焦点を合わせた一連の研究が登場した(17)［Callon 1986; Latour 1987,

2007; Star & Griesemer 1989]。注目すべきは近年、科学と社会の関係を再定義したこれらの研究との対話の中で、ラトゥールが「科学をしない人々（the multitudes who do not do science）」[Latour 1987: 180] と呼んだ「在来知」の側の人々の翻訳活動について、人類学者が論じ始めていることである。

## 在来知がつくられるとき

ラトゥールの議論において、「在来知」は科学知の生成のきわめて重要な一部として描かれている。その一方で、その担い手である「科学をしない人々」の側が科学知との接触の中で新たな知識を生成する可能性について、ラトゥールは明示的なかたちでは描いていない。それに対して近年の文化人類学的研究は、いかに非西洋的な文脈において、「在来知」との遭遇のなかで科学知が翻訳され、変容するのか [Adams 2002; Pigg 2001]、さらにはいかに「在来知」の形式自体が「科学知」を翻訳することによって立ち現われるのか [Choy 2011; Hayden 2003; Lowe 2006; Masco 2006; Verran 2001; Zhan 2009] を明らかにしようとしている。翻訳活動によってこそ成り立つ在来知（と科学知）の局面に焦点を絞るこれらの研究は、「在来知／科学知」の接触状況について、それぞれを独立した一貫した知識体系ととらえる従来の人類学的研究とは異なる視点を提示している。

ここでは、とりわけ本書の対象を考えるうえでも示唆的な、メイ・ツァーンのカリフォルニア／上海における中医学の民族誌、佐塚志保の日本人のネイチャーガイドの民族誌を取り上げよう[18]。両者ともにトランスナショナルな状況下での「科学知」と「在来知」の遭遇と翻訳に焦点を合わせている。

ツァーンの民族誌は、現代のカリフォルニアと上海における中医学の実践と言説が、生物医療との絶え間ない遭遇の中で生成し続けている様子を描いている。ツァーンが焦点を合わせるのは、異なる知識どうしが接触する日常的場面における、中医学の医師たちの翻訳活動である。それは、あらかじめ文脈の定まった知識「体系」間の翻訳ではなく、何をどの観点から比較すべきなのかという比較可能性自体がそのなかで見いだされる、創発的な過程である[Zhan 2009: 2]。

たとえば、上海病院における鍼灸治療科において、ある中医学の医師が外国人学生――彼らは生物医療との「違い」を求めて中医学を学んでいるのである――に神経システムに相当する中医学の概念は何かと聞かれて、以下のように説明する場面がある。

私たち中医学の医師は、神経システムを問題にしないの。経絡（meridian）[19]は神経システムとはまったく違うもの。最近の実験結果はすでに、鍼灸への身体の反応は、神経伝達とはまったく異なる速さを持つことを明らかにしているわ。
[Zhan 2009: 139]

こうした女性医師の言葉のなかにツァーンは、中医学の概念が生物医療のそれに還元できないということ、完全に関連づけられないことを強調することによって、生物医療との関係のなかで中医学の正統性を強調していることを読み取る。すなわち女性医師は、「生物医療を否定することも包括することもなく、相対化したのである」[Zhan 2009: 141]。その一方でツァーンは、生物医療的概念や制度と関連づけられることによって中医学の周辺化がなされる日常的な場面についても描いている。たとえば、「(生物医療の医師と異なり) 奇跡（miracle）を起こすことを期待されている」と語る中医学の医師の語りや、中医学の医科大学において、経線（*jingluo*）など生物医療の概念と明確な関連づけがなされない概念については理解しやすいが、関連づけがなされると中医学への疑問が生じ、混乱するという学生の語りなどが取り上げられている。ツァーンは中医学について体系的に説明することを意図的に避ける一方、こうした日常的な場面のなかで生物医療と中医学を比較し続ける人々の具体的なエピソードを重ねることで、現代のトランスナショナルな空間における「遭遇」のなかでこそ立ち現われる「中医学」を描いている。

また佐塚［Satsuka 2015］は、カナダの「自然」と科学的知識の形式を日本人の観光客のために翻訳する日本人ツアーガイドの日常的実践を民族誌的に描いた。佐塚もあらかじめフォーマット化された「日本人の自然概念」という想定——たとえば「西洋と異なり、日本人は「手つかずの自然」に対して特別な価値を見いださない」［Morris-Suzuki 1998: 53］というような考え方——を否定する。彼女は、「日本人の自然観」というものが脱領域的な遭遇を通して、具体的なガイドの翻訳実践のなかでいかに動態的に作られていくかを示した。

佐塚はとりわけ「西洋」の生態学的知識や国立公園管理の鍵となる概念を日本人ツアーガイドたちがいかに翻訳するかに焦点を合わせている。たとえば、「環境の管理者（environmental stewardship）」という「西洋的な」概念は、自然の意味は物理的景観のなかに埋め込まれており、科学はそうした意味を読み解く普遍的な言語であることを含意する。そうした概念に遭遇した際のガイドたちの戸惑いこそが、「自然」の意味を前もって決まったものではなく、その日ごとの天候や場所も含めた即興的遭遇によって立ち現われるものだとするガイドたちの（「在来の」）自然観を生み出す。またそれと同時に翻訳の曖昧さや不決定性は、もともとの科学的知識に新しい視点をもたらすものでもある。たとえば、生態学における人間の役割の本質的な曖昧さ——周囲の環境の一部でありながら、環境保護を主導する「特別な」存在でもある——は、日本人ガイドの「環境の管理者」という概念の翻訳において初めて明るみに出たのである。

## 3　プロジェクトにおける「翻訳」を追う

以上のように近年、互いに独立した首尾一貫したシステムではなく、翻訳活動のなかで生み出される実践として科学知／在来知をとらえる視点が提案されている。この視点は、本書の対象を考えるうえでどのように生かされるだろうか。

本書においては生物資源をめぐる「所有主体」の生成のプロセスを、インドで展開する新しい動きを通して追究するうえで、異なる知識の翻訳という新しい課題が生じていた。先述の視点を参照すれば、「アーユルヴェーダやその他のインドの「在来知」を、植物分類学や知的所有権の体系に置き換えることがはたして可能か」という、すでにある知識体系どうしの折衝を前提とした問いの立て方から脱することができる。従来の研究にみられたそうした問いは、知識の喪失か存続かをめぐる硬直した二分法的回答を招きがちだった。「在来知」「科学知」「知的所有権」それぞれが常に翻訳の中にこそ成立する不安定な実践であるという前提に立つならば、新しく問われるべきは、「プロジェクトにおける翻訳の過程においていかなる知識が生み出されるのか」である。

さらにそうした翻訳のプロセスは必ずしも科学者をはじめとする専門家だけで担われているわけではない。第1節で述べたように、とりわけ州政府で展開されているプロジェクトは、「人々」の包摂や参加が一つの鍵になっていた。したがって私は、先述のラトゥールらの議論とそれとの対話のなかで生まれた新しい「在来知」研究の双方を参考に、プロジェクトチームが「在来知」やその「所有主体」を文書化・形式化しようとする際の翻訳と、そうした実践との関係のなかで「科学知／在来知」を再定義する「人々」の側の翻訳の両方に焦点を合わせる。それは言葉を変えれば、特定の対象ではなく、プロジェクトが生み出す関係そのもの［cf. Riles 2000］をフィールドワークすることであった。以下、このような視点をもとに具体的にどのような調査をしたのか、みていこう。

## 中央政府「伝統的知識デジタルライブラリー」プロジェクト

私は当初無謀にも、中央政府の「伝統的知識デジタルライブラリー」プロジェクトをフィールドワークの対象にしようとしていた。予想に反して調査許可の取得は容易であった。その理由としては、プロジェクトを牽引する科学産業研究審議会が情報公開法（Freedom of Information Act）のもと、学術的成果のオープンアクセスを主導している機関であることが挙げられる。また「伝統的知識デジタルライブラリー」プロジェクトがメディアに大々的に取り上げられ、国際的な注目を集めていた影響もあるだろう。

しかしいざ調査を始めてみると、誰に何を聞くにもプロジェクト長であるV・K・グプタの許可が必要であった。たとえば「翻訳とデータ入力の過程を見たい」と申し出ると、グプタが指定したアーユルヴェーダ医の付き添いのもとにもろもろの観察ができる、というやり方であった。一度データベースの分類体系について質問すると、一人のアーユルヴェーダ医を呼び出したグプタが「どのような分類があるかの概略は説明してもよいが（You can explain the summary of classifications〔英語〕）、伝統的資源分類そのものの詳細については見せないように（TKRC *as it is mat dikhana*〔ヒンディー語〕）」と言った。[20] プロジェクトについて「知ること」には協力するが、そのやり方はプロジェクト側が指定するといった方針であった。

国の知的財産にかかわる中央政府プロジェクトについて「厚いデータ」を得ることの難しさを痛感した私は、このプロジェクトを主要なフィールドワークの対象にすることをあきらめた。その代わりに二〇〇九年四月から二〇一一年三月[21]の間、断続的にインタビュー調査と文献調査を行ない、プロジェクトの詳細を把握するよう努めた。具体的には、(1)科学産業研究審議会が独立以降刊行してきた『インドの資源（*Wealth of India*）』と、近年の伝統医療の所有権の問題化以降発刊した、『伝統知識研究（*Indian Journal of Traditional Knowledge*）』『薬草・アロマ草抄録（*Abstract of Medicinal and Aromatic Plants*）』の分析、(2)伝統的知識デジタルライブラリープロジェクトをめぐる諸会議の議事録の分析、(3)プロジェクト長のグプタへのインタビュー、(4)プロジェクトにかかわった各専門家約一五名へのインタビューを行なった。

## ウッタラーカンド州政府「人々の生物多様性登録」プロジェクト

二〇一〇年九月以降、私は参与観察の対象を州政府レベルの「人々の生物多様性登録」プロジェクトへと移した。とりわけ、ウッタラーカンド州での取り組みに焦点を合わせた。

ウッタラーカンド州は、二〇〇〇年にウッタル・プラデーシュ州から分離した、インド二七番目の新州である。地域の近現代史と民族誌的詳細については第4章で詳しく論じるため、ここでは事例の代表性にのみ簡単に触れておく。ウッタラーカンド地域の標高は二四〇メートルから七八一六メートルまで開きがあり、植生など多様な生態に恵まれている。この環境や生態条件を媒介として、植民地期以降独自の科学の展開と、国家と「コミュニティ」の関係がみられていた。新州成立後は、新州の政府がハーブ製品や伝統医療など、自然資源の価値付加を産業育成および雇用創出の中心とする、「薬草州（*jadi-buti-pradeś*）」をスローガンにした独自の政策をとることになった。「人々の生物多様性登録」プロジェクトは州内ではその一部と考えられている。こうした自然をめぐる独自の政治的、社会的背景を有するウッタラーカンド州は、薬草の所有をめぐるダイナミックな動きを観察するのにふさわしい事例と言える。

私は、州内の森林研究所／薬草研究機構に所属する科学者やＮＧＯが州内の「ヴァイディヤ」[22]の知識をデータベース化する過程で、いかなる関心を翻訳し、また排除しようとするのか、二〇一〇年九月から二〇一一年九月にかけて、科学人類学的調査を行なった。具体的には、週一度のプロジェクトのミーティングへの参加、データ収集およびドキュメンテーションの過程への参与観察を行なった。

さらに、森林研究所の植物分類学者と薬草研究機構の植物化学者の日常的な実践も追いかけた。前者については、植民地期の植物学者が特定した「道」をたどり直す植物収集や植物標本室における標本の読み込み、後者については、実験室における活動およびソーシャルワークについて、断続的に参与観察を行なった。

## 「人々」の経験をめぐって

先述のように、「人々の生物多様性登録」プロジェクトは、「人々」の参加や包摂が一つの鍵となっている。「もともとの知識の所有者」である「ヴァイディヤ」や「新しい所有者」となることが期待されるその他の人々は、プロジェクトの影響を受けて、いかに知識を再定義し、またどのような主体としてみずからを再構成していくのか。私は、チャモーリー県およびデーヘラードゥーン県における特定農村において調査を行なった。

具体的には、二〇一〇年一〇月から二〇一一年三月、八月、二〇一二年三月、二〇一三年三月、二〇一四年三月の間、チャモーリー県ピパルコーティー周辺の農村部において、「文化的所有権（cultural property）」という発想をもとに文書化が進められつつある、薬草（*jaḍi-būṭi*）による治療とジャード・フーンク（*jhaḍ-phūnk*）と呼ばれる呪術的治療について調査を行なった。一方、デーヘラードゥーン県において、プロジェクトが特定した薬草を農民が栽培し、それを「共同で」精油として販売するのを支援する取り組みを調査した。具体的には、農民の会合、農作業、精油精製作業への参加、農民の社会経済状況に関する半構造化インタビュー、ライフストーリーの聞き取り、農民たちが立ち上げた仲介業者への調査などを集中的に行なった。

このように、本章では、「知識はどのようにして誰かのものになるのか」という問いを、生物資源をめぐるインドの新しい動きを通して検討するうえで鍵となる、在来知と科学知の「翻訳」という課題について考えてきた。とりわけ科学人類学とその成果を取り込んだ在来知研究が、在来知と科学知を互いに独立した知識システムではなく、相互に依存し、翻訳しあいながら生み出される実践ととらえたことに注目した。そして、そうした視点との対話のなかで、私自身がインドで行なったフィールドワークの特徴をとらえた。すなわち私は、プロジェクトチームが在来知やその所有主体を記録しようとする際の翻訳と、プロジェクトとの関係の中で「知識とは何か」を再定義する「人々」の側の翻訳の両方に焦点を合わせ、現代インドの生物資源の領域において知識が誰かのものになる過程に迫ろうとした。つまり私にとっての「フィールド」とは、プロジェクトが生み出す関係そのものであり、こうした多様な人々の翻訳活動の只中に存在するものだ。民族誌の中で具体的にみていくように、私の人類学者としての「翻訳」も常にそうした人々の翻訳を織り込み、またその中にたたみ込まれていた。

具体的な民族誌的記述に移る前に、続く第II部では、アーユルヴェーダをめぐる複雑な翻訳の歴史（第3章）、「自然」が作り出してきたウッタラーカンド地方の近現代史（第4章）についてみていこう。

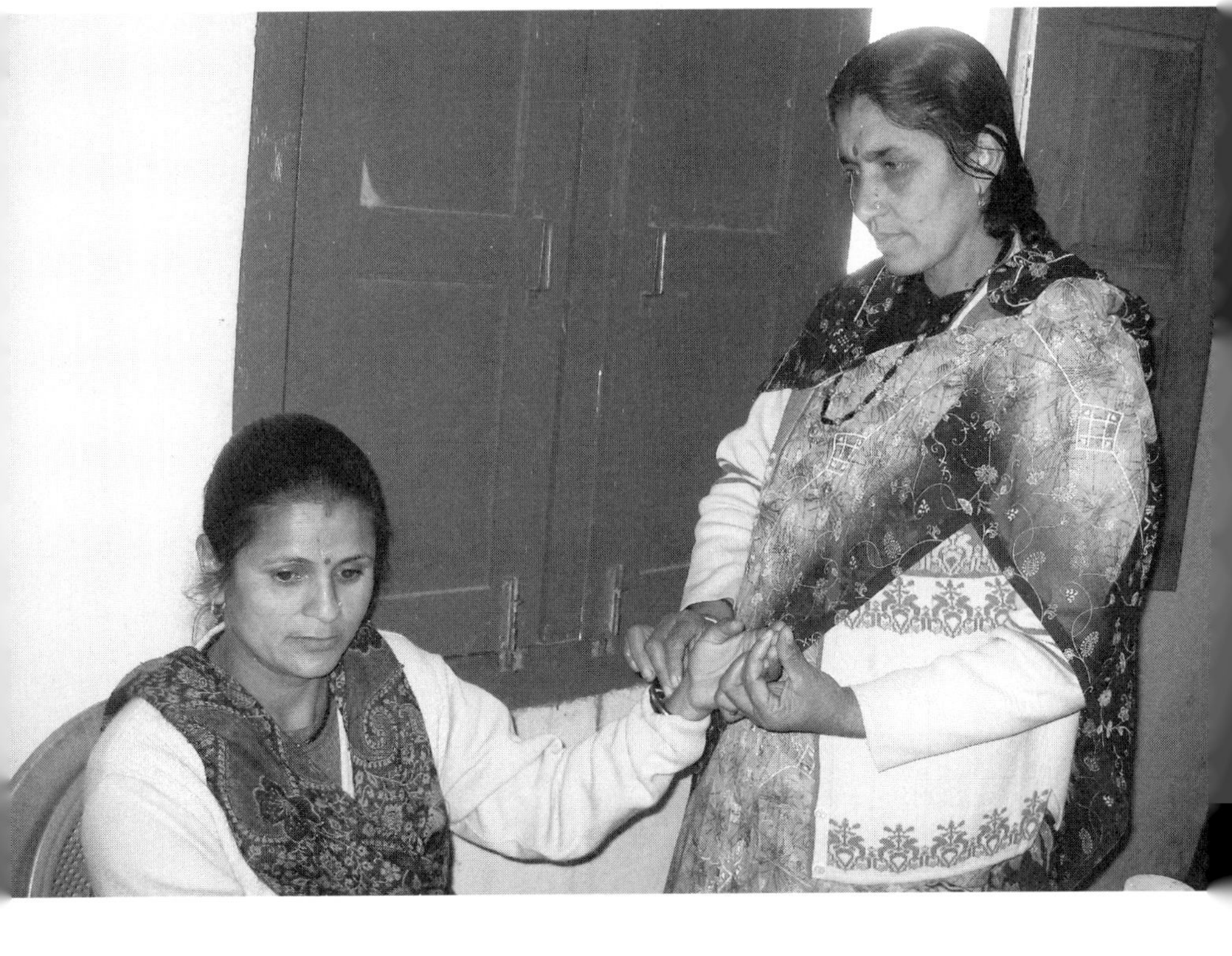

第Ⅱ部

# 伝統医療と生物資源の所有化

# 第3章 翻訳され続けるアーユルヴェーダ——国家と伝統医療

ウッタラーカンド州の州都デーヘラードゥーンに移り住み、「人々の生物多様性登録」の調査を行なうことになってからも、私は暇を持て余していた。当初プロジェクトの進展は遅く、一週間に一度あるかないかの会議も豪雨やそれにともなう停電、当時頻発していた政府の汚職に抗議するデモ、議長の家庭の都合など、さまざまな事情で流れることが多かった。それでも人類学者としてインドにいる以上、なんとか調査らしきことをした方がよいのではないか。そう考えた私は、州内の植物学や伝統医療の研究・教育機関を、特にこれといった目的もなく訪れてみたり、州内外の関連学会に旅行がてら参加してみたりした。調査が進んでいるのかそうでもないのかよくわからなかったが、とにかくそこで出会った科学者から学生、掃除人や門番にいたるまであらゆる人たちに、自分の研究テーマについて手当たり次第に話してみることにしていた。

そんなふうにしていろいろな人と話すなかで私が気になったのは、アーユルヴェーダについて人々が語る際の固有の語り口である。たとえば、中央政府の植物学研究機関、インド植物調査局に勤める植物分類学者、アンブリッシュ・クマールは、私の研究内容を深くうなずきながら聞いた後、次のように話した。「アーユルヴェーダっていうのはいつでも近代科学より前にあるものさ。重要な薬草を特定するのは、いつも伝統医療だよ。近代科学はその成果を追いかけて、確認するだけのものなんだ」。一方で、ウッタル・プラデーシュ州の中央薬草アロマ研究機構で植物化学部門長を務めるミシュラーは、「アーユルヴェーダをはじめとする伝統医療は今や世界的に注目を集めているけれど、そのままでは身体に実際にどのような影響を与えるのかわからない、危険なものさ。そうしたリスクをなくすために、近代科学による分析、特に化学的分析が必要なんだよ」と諭すように私に話す。またウッタラーカンドで唯一のアーユルヴェーダ医科大学を訪れた際に、学生たちになぜアーユルヴェーダの医者になろうと思ったのかを聞くと、最初に答えてくれた女子学生は目をきらきらさせながら次のように言った。「だって私はスペシャルでいたかったのよ。生物医療の医者なんて世界中にいるし、ありきたりでしょ」。他方、そのアーユルヴェーダ大学で働く掃除人の女性たちはこっそり私に耳打ちする。「私たちはアーユルヴェーダにはお世話にならないけどね。生物医療の方が早いし、安い。私たちのような肉体仕事には、効果は早い方がいい」。

こうした会話を一例として、人々がアーユルヴェーダについて語るとき、その内容はどうであれ、それはいつもアーユルヴェーダ以外のなんらかの対象（生物医療、近代科学など）との比較・関連づけがなされることに私は気づいていった。こうした語り口は、歴史を振り返れば必然であることがわかる。独立後のインドにおいて、アーユルヴェーダは生物医療をはじめとする多様な知識制度との接触・比較の中でその性質を定義され続けてきた。アーユルヴェーダをグローバルな知的所有権制度との関連のなかで翻訳し直そうという動きは、その一つの（そしてもっとも新しい）表われである。

本章では、これまでグローバルな動きとの関連のなかで位置づけてきた本書の対象を、インドにおけるアーユルヴェーダの接触の歴史のなかでとらえ直す。とりわけ、(1)独立後のアーユルヴェーダの制度化、(2)一九八〇年代以降の「代替医療」のグローバルな興隆、(3)アーユルヴェーダの知的財産化の三つの時期に注目し、それぞれにおいて生物医療、代替医療、知的所有権制度との接触のなかでアーユルヴェーダがいかなるものとして定義されてきたかを明らかにする。とりわけ前章で述べたアプローチに従い、異なる実践間の「翻訳」によって何が生み出されてきたかに注目する。それにより、こうした接触領域をめぐって「真正なるアーユルヴェーダ」の本質の残存か喪失かといった、先行研究の二分法的な見方が当てはまらないこと、そして現在のプロジェクトがインドにおける複雑な翻訳実践の連なりのなかに埋め込まれていることが明らかになるだろう。

# 1 アーユルヴェーダと生物医療の翻訳

## アーユルヴェーダの制度化

一九世紀までアーユルヴェーダ医の育成は、グル・シシュヤ・パランパラー（*guru-śiṣya-paramparā*）と呼ばれるグルと弟子の間の徒弟的で全人格的な関係のなかで行なわれていた。二〇世紀初頭以降、医科大学や専門病院など、生物医療領域に属する制度がアーユルヴェーダ教育に導入され、次第にグル・シシュヤ・パランパラーにとって代わるようになった［Brass 1972; Leslie 1976, 1992］。

こうしたアーユルヴェーダの制度化の動きは、独立後のインドのナショナリズムに課せられた二重の要求と関連する。そこでは、他国の制度と比較可能な「近代的な」制度を確立する一方で、独自の国家的・文化的アイデンティティを構築することが求められていたのである［Chatterjee 1997］。インドの国家的・文化的象徴であると同時に、近代的な医療体系としてアーユルヴェーダを（再）確立しようという運動は、この文脈上にあった。

このことを反映して、アーユルヴェーダの制度化の過程は、生物医療との統合に賛成する一派と反対する一派の対立も含めて、曖昧で矛盾を含むものであった［Leslie 1973, 1976, 1992］。以下に述べるようにそれはまず、アーユルヴェーダを生物医療と並ぶ医療体系として「復興」させるために、生物医療の制度的形式を模倣するというロジックのもと開始した。

復興論者のイデオロギーは、一九世紀初頭のイギリスのアングリシストとオリエンタリストの対立に起源を持つ。アングリシストはインド在地社会への不干渉主義を基本的な方針としていたイギリス東インド会社を批判した。そして、英語能力、またリベラルアーツと科学的思考の教授を通してイギリス人と同じ価値観を身につけたインド人を育成することで、インド社会の「文明化」を図ろうとした。それに対し、オリエンタリストは文化多元論者であり、英国式の教育システムの導入によってではなく、在地の制度を用いることによって改革を実現しようとした。オリエンタリストたちは、現在インド文明は「暗黒時代」にあるが、なかには古代の啓蒙精神を維持している実践もあり、それらを選択して推奨することをめざした。そして彼らは、現代科学をインドの言語に翻訳することにより、インド文明の復興が可能であると主張した。[1][2]

こうしたオリエンタリストたちの論理は英領インドの教育政策をめぐる論争においては敗北したが、後に伝統医療の制度化をめぐるイデオロギー的な基盤として引き継がれた。[3] 制度化運動の担い手たちは、アーユルヴェーダの「衰退」という論理を積極的に用いた。すなわち、現在の民間の実践者たちの治療法は口承伝統によってのみ維持され、古代の教典の合理的・科学的精神を持たない因習である。彼らはその「衰退」の原因を、アヒンサー（非暴力）などの仏教上の教義との融合による手術や解剖学的知識の捨象や、ユーナーニーや生物医療などの外的影響に求めている。そして、こうした民間レベルでの歪曲や外的影響を排除し、「黄金時代」を復興させること、そのためにアーユルヴェーダの古典に回帰する必要を論じた。[4] そして、古典に基づく科学的なアーユルヴェーダ教育を実現するために、生物医療の制度的形式を模倣する必要があるという論理を採用したのである［Leslie 1976: 356–357］。

こうした主張は国民会議派[5]の支持をとりつけ、アーユルヴェーダを国家の医学として支援する最初の議決案が一九二〇年代に通過した［Langford 2002: 7］。ただし、復興論者のなかに、制度化における生物医療とアーユルヴェーダの融合の度合いとやり方をめぐって二つの異なる立場が生じてくる。それは、アーユルヴェーダ理論を生物医療の実践や概念、手法と融合させ、一つの医療制度を構築しようとする統合（*miśra*）派と、生物医療の影響を最低限にとどめ、生物医療とは異なる一つのシステムとして、アーユルヴェーダ医療を再確立しようとする真正（*śuddha*）派である。両派は州政府、中央政府の支持をめぐって対立を深めていった［Brass 1972; Leslie 1992］。

統合派と真正派の対立と勢力の変遷は、インド医学の発展の方向性を決定するために独立後に設立された、複数の政府委員会の報告書に見て取ることができる。一九四八年のチョプラー（Chopra）委員会報告書は、アーユルヴェーダ教育は生物医療と統合されるべきであり、西洋の診断器具、手術法、生理学、病理学とアーユルヴェーダの哲学、原理が融合されるべきだと提案している。しかしこの報告書の内容は、とりわけ物理と化学の入学試験への取り入れに関して、真正派からの批判を受けた［Langford 2002: 108-112］。一九五二年以降、真正派はシヴ・シャルマーというカリスマ的な指導者のもと、中央政府の政治家の支持をとりつけて、影響力を拡大していった。しかしその影響力拡大の一方で、真正派のカリキュラムに反対するアーユルヴェーダ大学の学生によるデモが各地で起こった［Brass 1972］(6)。

一九五九年のウドゥパー（Udupa）委員会の報告書はふたたび統合派の主張を採用していたが、一九六二年のヴャース（Vyas）委員会の立場は曖昧であった。その設立決議案においては、「現代医療の科目は課程に含めるべきではない」と書かれているのに対し、最終報告書には「比較医学的知識、とりわけその基礎はアーユルヴェーダとの関係において学生に教授されるべきである」との記載がある。一九七〇年には保健省がインド医学中央委員会（Central Council for Indian Medicine）を設立し、一九七七年以降この委員会による標準化されたアーユルヴェーダ教育のカリキュラムの施行が全国に義務づけられるようになった［Langford 2002: 115］。

こうした一連の過程において、真正派の立場は確立しつつも、真正派であることの意味は少しずつ変わっていき、統合派との対立軸は不明確になっていったと言える。シヴ・シャルマー自身も一九五七年には「真正派のカリキュラムは統合派カリキュラムと次の二点において異なるのみである。まず生物医療の科目に比べてアーユルヴェーダの科目が多く教えられること。次に「アーユルヴェーダの学生がアーユルヴェーダを真っ新な頭で混乱なく学べるよう」生物医療の科目は課程の最後に教えられること」と述べている［Government of India 1959: 39］。一九八〇年代、一九九〇年代以降の政府委員会報告書はほとんど統合派のカリキュラムを採用していた［Reddy 2006: 176］。

## ドワールカーナートゥによる概念の翻訳

以上述べてきたように、アーユルヴェーダ制度化政策の中で次第に主軸を担うようになった統合派の基本的な立場は、「現代のインドおよび世界中の知識人がアーユルヴェーダを正しく理解するためには、現代科学の用語でそれを表現しなければいけない」というものであった。しかしそれと同時にアーユルヴェーダの復興論者としての彼らの根本的な主張は、「アーユルヴェーダ」を「堕落」から救出するため——その「堕落」の内容には、生物医療の影響も含まれる——、そしてアーユルヴェーダの他のシステムに対する優位性を示すために、生物医療の制度的形式を模倣するというものであった。したがって、彼らのアーユルヴェーダの概念と生物医療用語の関連づけの過程の細部を考察すると、単に前者の後者への置き換え、従属化にとどまらない、複雑な交渉と比較における創発の契機を見て取れる。

たとえば、レスリーが「統合派においてもっとも成果を挙げた代表的人物」［Leslie 1992: 185］として取り上げているチャンドラギリー・ドワールカーナートゥの著書を検討してみたい。ドワールカーナートゥは一九五九年から一九六七年まで保健省のアドバイザーを務め、その間シヴ・シャルマーのニューデリーにおける主要な論敵であった(7)。ドワールカーナートゥは一九五九年に出版した『医学入門（*Introduction to Kāyachikitsā*）』において、次のような翻訳を試みている。たとえば、アーユルヴェーダにおけるもっとも重要な生命エネルギーの一つであるシレイシュミカー・オジャス（*ślaiṣmikā ojas*）を描写する際、「「大部分において」それは肝臓の中で作られ、血液の中で「高分子量の（リポ）タンパク質からなる安定化合物」として循環する」［Dwarkanath 1959: 266］と説明している。この説明は一見すると、アーユルヴェーダの概念を生物医療の用語に完全に置換してしまったように思える。しかしシレイシュミカー・オジャスをプロパージン（殺菌力および赤血球溶解力をもつ血清タンパク）と比較した論考において、彼は次のように結論づけている。

ジェームス・B・コナントが述べたように、「われわれは科学の歴史から、理論が単に矛盾する事実によってではなく、よりよい理論によってのみ覆されることを学んでいる」。このことを発展させると、現代の研究（感染病への自然耐性にプロパージンが果たす影響について）は既存のシレイシュミカー・オジャスをめぐるアーユルヴェーダの概念枠組みと矛盾するものではなく、むしろそれを詳説したものだと言うことができる。プロパージンはシレイシュミカー・オジャスそのものではないが、両者の類似性は驚くべきことである。両者はともにより広いスキームであるカファ（*kapha*：水、地[8]）の一部を構成しているのである。［Dwarkanath 1959: 289–291］

ここに、アーユルヴェーダの概念を生物医療の用語に置き換えることで、アーユルヴェーダをより組織的な体系として再構成するという目的以上の哲学を見て取ることができる。ドワールカーナートゥがシレイシュミカー・オジャスとプロパージンの類似性を強調することで示そうとしたのは、最先端の科学がアーユルヴェーダ理論を（後づけ的に）詳説したものであること、そしてそれがアーユルヴェーダの枠組み（具体的にはより上位の概念であるカファ）の一部をなしていることである。このように彼が翻訳のなかで表現しようとしたのは、アーユルヴェーダの生物医療に対する先行性と包括性なのである。

なお、こうしたアーユルヴェーダの先行性と包括性について、ムールティとドワールカーナートゥの立場は以下のようなものであった。アーユルヴェーダに体現される「科学」とは、永久不変の真理を扱うものである。しかしながらこの定義は、新しい真実によって古い想定を更新し続ける現代科学の手法との間に齟齬をきたす。彼らはここで、「現代科学は過去の誤りを取り除き、不変の完全なるヒンドゥー理論にたどり着く」という論理を採用するのである [Leslie 1992: 189][9]。

またドワールカーナートゥはこうした翻訳を試みる一方で、「アーユルヴェーダの概念を西洋科学の概念へ無理矢理翻訳することによって、歪曲するべきではない」と考えていた。たとえば彼は、ドーシャ（*doṣa*）を体液（humor）、三つの基本ドーシャについては、カファを粘液（phlegm）、ピッタ（*pitta*）を胆液（bile）、ヴァータ（*vāta*）を風（wind）と翻訳したP・G・ローイに疑義を唱えた[10]。ドワールカーナートゥによると、ドーシャは身体の機能を描写するためのものであり、たとえばヴァータは「自律神経系の過程」を示すもの、ピッタは「栄養システムの機能を意味するもの（熱生産系、ホルモン、酵素など腺構造の活動を含む）」、カファは「西洋の生理学者が骨、同化作用系に含めるもの」と考えられる。すなわち、それらは定義されるべき物理的実体ではなく、現代科学における電気と同様、その効果が観察されるのみであると論じる [Dwarkanath 1954: 17-18]。

このように、アーユルヴェーダの概念と生物医療との完全なる翻訳が不可能であることを強調することは、生物医療の正統性を留保し、その前提を相対化することにつながる。ドワールカーナートゥは以下のように記述している。

これらの概念について、終わりのない議論がなされている。これらの問題を解決する明確な方法は、それらに対して新しいアプローチを採ることである。アルバート・アインシュタインによると、「新しい問題や可能性を発見すること、そして新しい角度から古い問題を考察することが、科学に真の進歩をもたらす」。ヴィールヤ（*vīrya*）やヴィパーカ（*vipāka*）などの古い概念を（生物医療の用語で）説明するということは、単に「新しい角度から古い問題を考察する」のみでなく、「現代科学の新しい事実を古い角度から考察する」ことにもつながるのである。

[Dwarkanath 1954: 143-144]

すなわち、統合派の知識人たちによってアーユルヴェーダの諸概念の生物医療への翻訳がなされたことは、単にアーユルヴェーダの周縁化を生んだのではない。その翻訳の細部を検討すれば、両者の間に比較可能性を打ち立てることで、あるいは翻訳の不完全性を強調することで、生物医療の制度や概念を援用しつつも、その正統性を揺るがし、前提を相対化する目的を見て取ることができる。また両者の間の曖昧で柔軟な関連づけによって、新たな思想が生まれることへの期待をも読み取ることができる。

## 2 アーユルヴェーダと代替医療の翻訳

### 生物医療批判を経由した代替医療との遭遇

一九八〇年代以降、アーユルヴェーダは生物医療のみならず、脱領域的な代替医療の潮流と対峙するようになっている [Leslie 1992; Zimmermann 1992]。それは、アーユルヴェーダがインド「国家」の医療制度として、生物医療との共約可能性のなかで定義される局面から、生物医療「ではない」ものとして、グローバルに消費される局面への転換としてあった。

補完/代替医療とは、生物医療の抱える問題点や限界を解決するものとして、欧米社会で注目を集めるようになった「非近代医療」の総称である。こうした代替医療の支持者たちの議論は、アーユルヴェーダの実践者たちが生物医療に対して行なってきた批判と似通っている。たとえば彼らは、「医者は病理学的知識を超えて、病気の社会的、環境的要因に注目するべきである」、「病気ではなく、全人格としての患者を対象とするべきである」、あるいは「精神と身体の相互依存性を視野に入れるべきである」と主張する。むろんアーユルヴェーダはこれらのことを何世紀も主張してきたのである。このような類似性のもとに、アーユルヴェーダは欧米で代替医療の支持者たちを中心として実践されるようになった。それと同時に、彼らを主な顧客として設定したヘルスツーリズムがインドにおいて興隆するようになった［加瀬澤 2009］。

アメリカにおけるアーユルヴェーダについて議論したシータ・レッディは、それが他のアジア系の医療体系と異なり、インド系移民のアイデンティティとは結びつかずに非アジア系アメリカ人のための医療として再創造されたと主張する［Reddy 2002: 99］。とりわけそれは、東洋の哲学、医学、宗教の用語を選択的に吸収することで、個人の霊性の向上をめざしたニューエイジ運動のなかに取り込まれていった(11)。またアメリカでアーユルヴェーダが正式な医療制度として認可されず(12)、スパなどのセラピーセンターや「セルフケア」のための自助グループの中で発展したことも、そうした「癒し」「霊性の向上」に特化したアーユルヴェーダの言説を広めることにつながっている［Reddy 2002］。

## 翻訳の恣意性

このように、近年の欧米での代替医療の潮流とアーユルヴェーダは、イデオロギーにおいては一見類似しており、翻訳可能であるように思われる。しかし欧米社会やヘルスツーリズムで行なわれているアーユルヴェーダの実践の特徴を検討した論者たちは、「翻訳」の恣意性を強調する。

ツィマーマン［Zimmermann 1992］は、代替医療のイデオロギーを適用することで、アーユルヴェーダの伝統がまったく別物になっていると主張する。彼は、アメリカのマッサージセンターなどで行なわれているパンチャカルマ(*pañcakarma*)(13)がいかにアーユルヴェーダの教典を「歪曲」したものかを治療のパンフレットをもとに検討した。そして、代替医療の文脈の中で「癒し」「非暴力性」の象徴が強調されるにつれて、浄化や催吐などの「暴力的な」側面が排除されたことを示す。浄化や催吐などは、余分なドーシャを排出し、患者の体液システムを浄化するために、アーユルヴェーダ古典の中でもっとも重要とされる要素なのである［Zimmermann 1992: 210-213］。

さらにツィマーマンによると、このような理論の歪曲は、療法の選択のみならず、その方法自体にも見て取れる。アーユルヴェーダの沐浴、塗油が「マッサージ」という語に翻訳された瞬間に、肌は療法が浸透し、ドーシャが排出されるための通り道であるという、根底にある思想が捨象されてしまう。すなわち、古典的なアーユルヴェーダのマッサージは、肌を媒介とした新陳代謝、ドーシャの流動の活発化のためのものであり、筋肉に刺激を与えるためのものではない。西洋の解剖学の影響で、アーユルヴェーダを貫くヒンドゥーの流動的な人格概念が、固定的な身体の一部を対象とした西洋の身体療法に置き換えられたのである(14)。

このようにマッサージセンターなどの「身体」療法から排除されたドーシャであるが、アーユルヴェーダによる「セルフケア」を扱った書籍では、主要理論として頻繁に取り上げられる［cf. Svoboda 1998］。そうした書籍ではまず冒頭にプラクリティ（*prakṛti*）診断がある。読者は、生活習慣や身体・心理上の特徴についての質問リストに答えることによって、みずからのプラクリティを決定する。ここでのプラクリティとは、みずからの体内にあるヴァータ、ピッタ、カファの三つのドーシャのバランスによって定義される。読者は優勢な一つか二つのドーシャに従ってヴァータタイプ、ピッタタイプ、カファタイプ、ヴァータ=ピッタタイプ、ヴァータ=カファタイプ、ピッタ=カファタイプなどと分類される。すなわちここでドーシャは流体的な要素、あるいはドワールカーナートゥが述べたように「効果」のみが観察されるエネルギーではなく、個人の特性を規定する型となっているのである。

## 自己と流動する人格

以上のように、ヘルスツーリズムや欧米のマッサージセンターで展開されている治療実践やセルフケアの書籍に焦点を絞ると、「アーユルヴェーダ」から「代替医療」への翻訳の過程でのさまざまな概念上の歪曲が見て取れる。その一方で、代替医療に影響を受けた欧米人患者と対峙するインドのアーユルヴェーダ医をめぐる近年の民族誌を参照すると、「歪曲」「同一化」という単線的な変化の方向性とはまた異なる理解が可能になる。ここでは、ラングフォードの民族誌を取り上げて論じよう［Langford 1995, 2003］。

たとえばラングフォードは、インフォーマントの一人である医師シュクラが、彼の診療所でアメリカ人女性患者と対面する場面を取り上げる。シュクラは、近年の欧米社会における代替医療の流行をアーユルヴェーダ「復興」の契機と見て、積極的に欧米人患者を受け入れる人物である。彼は、アーユルヴェーダについての「教育」（その概念、治療法についての「教育」だけでなく、その信憑性、正当性についての「教育」も含まれる）が必要な都市部に居住するインド人と異なり、欧米人はアーユルヴェーダの哲学と治療に対して一定の信頼と理解があると述べている。一方患者であるアメリカ人女性は、アメリカで出版されたアーユルヴェーダの書籍［Frawley 1989］を読み込んでおり、基本的な概念、特に「ドーシャ診断」について学んだうえでインドを訪れている。

一度目の診断を終えた後、彼女はラングフォードに、シュクラが（彼女が適切な診断のために必要だと考えるところの）彼女の「心理上の履歴」について何も聞かなかったことについての疑問を口にする。さらに彼女は、診療所を訪れる前にすでに彼女のプラクリティはヴァータであると確信していた。その後シュクラは、脈診から彼女が非常に特殊な純粋なプラクリティを持っていることを明らかにする。それがヴァータであるかと問う彼女に対し、シュクラはピッタと答えたうえで、「西洋人は皆カファになりたがるけどね」と述べた。そして、「ドーシャを本来、粘液、胆液、風などと翻訳するべきではない」と強調するのである。一方アメリカ人女性は、「完璧な」ヴァータの特徴を持っていたはずの自分のプラクリティについて、別の見解を示され混乱したのである［Langford 1995: 356–359］。

ラングフォードが分析するとおり、シュクラの「西洋人は皆カファになりたがるけどね」という言葉は、西洋人が一般的にカファと呼ばれるドーシャの特徴を多く持つことを期待している、という意味以上のものを持つと考えられる。それは、特定のドーシャが優勢なプラクリティとして自己を定義づけたいという、西洋の「消費者」固有の特徴についての言明でもあるのである。その直後の「ドーシャを本来、粘液、胆液、風などと翻訳するべきではない」という言葉と併せて、それは本来、環境や食べ物、天候、他者との特定の「関係」であったプラクリティを、個人のアイデンティティへと転換している西洋の全体論を照射しているのである。

ニューエイジの影響を強く受けたアメリカの代替医療の潮流は、自己の内面への集中を通した潜在能力の開発を目的としている。(15) すなわちここでのホーリズムとは、深遠なる自己の内面、私的アイデンティティの探求なのである。一方、シュクラの治療は、個人のアイデンティティについてというよりは、人生の特定の時期における他者や環境、食べ物の関係と選択を示すものなのである。彼は代替医療の信奉者であるアメリカ人女性と、彼自身の治療行為の接触の場面において、前者の特徴を描き出すと同時に、その微妙な差異を強調している。まさに両者を並列したうえで、代替医療を「否定もせず、包含もせず、相対化した」[Zhan 2009: 141] のである。

# 3　アーユルヴェーダと知的所有権制度の翻訳

## 知的財産としてのアーユルヴェーダ

さらに近年、アーユルヴェーダは、脱領域的な代替医療の潮流に加え、製薬開発と知的所有権をめぐるグローバルな動きと対峙するようになっている。この現象こそが本書の対象であった。本章での記述を踏まえると、この動きは、第2節で述べたようなアーユルヴェーダをめぐるグローバルな消費実践のなかで、その経済的価値をインド政府が再確認したうえで、インドの国家医療としてのアーユルヴェーダというナショナルな主張を、第1節とは異なる文脈――文化的象徴のみならず、知的財産として――のなかで始めていると位置づけられる。(16)

二〇〇二年に制定された国家生物多様性法は、中央政府が「インド古来の言語によって記録された知識」、州政府が「文書化されておらず、口承で伝えられてきた伝統」のデータベース化を担当し、また「知的財産」に関して責任を持つものとしていた。ここでは中央政府の「伝統的知識デジタルライブラリー」プロジェクトに焦点を絞り、国家レベルでの動きについてみておこう。すでにみたとおりこのプロジェクトは、アーユルヴェーダを「国家固有の財産」として、「知的所有権」を前提とした国際条約の枠組みに適用させようとする動きである。それでは、具体的にどのような翻訳活動が展開しつつあるのだろうか。

## 訴訟を起こすヒンドゥーの神

アーユルヴェーダを「知的所有権」の枠組みに当てはめようとする態度は、プロジェクトの細部にもみられる。たとえばプロジェクト長であるグプタは、翻訳の対象となった『チャラカ・サンヒター』などの古典について、「著者はとっくの昔に亡くなったために、これらは公共のものとなっている」[17]と述べる［Gupta 2002］。また伝統的知識デジタルライブラリーのホームページには、「これらの著作は合計一万五〇〇〇ルピーで誰でも購入することができる」と書かれている［TKDL 2002］。ここに、アーユルヴェーダを著作権あるいは経済的な取引の文脈に置く論理がみられる。

レッディによると、アーユルヴェーダの制度化をめぐる論争には敗北した真正派は伝統的知識デジタルライブラリーを新たな団結のための対象と見なした。彼らは、「冒瀆」「中傷」という語彙を用いながら、神聖なるアーユルヴェーダの教典が世界知的所有権機関などの国際条約の取り決めの場や経済的な取引のもとに置かれることを批判する。彼らの一部はすでに、伝統的知識デジタルライブラリーへの異議申し立てを登録している。ある著名な治療者は、インド国内の法廷においてアーユルヴェーダそれ自体（そしてダンヴァンタリ（*Dhanvantari*）という神）を原告として訴訟を起こすことを示唆していた［Reddy 2006: 176］[18]。

ここで注目すべきなのは、特定の人間主体、たとえば真正派の団体ではなく、「神」がアーユルヴェーダを代表しているという主張と、それゆえに知識がそれを発明した人間あるいは集団のものであるという所有権の前提の否定である。ここに神から与えられた「真理」としてのアーユルヴェーダと、そのつど前提を変化させ続けている近代科学という比較の論理が暗黙のうちに含み込まれている。

しかし実際には、こうした真正派の活動は今のところ目に見えておらず、プロジェクトの存続に影響を与えてはいない。興味深いことに、真正派の治療者たちは近年、海外の活動家、とりわけ前節で取り上げたアメリカの代替医療の準専門機関と協働している［Reddy 2006: 176］。こうした脱領域的なネットワークを動員し、プロジェクトに反対する国際的なキャンペーンを展開することが可能であるにもかかわらず、現在までそれが実現されていないのである。

このことには、伝統的知識デジタルライブラリーというプロジェクトが実現するうえでの国家生物多様性法からの細部の変更が影響を与えている。国家生物多様性法においては、「生物資源の使用から生まれた利益を正当に配分することを目的とした、「国家の」生物資源と知識へのアクセス規制」が達成されるべき目標として掲げられていた［Brahmi & Dhillon 2004: 660］。ここに「利益配分」という目的がより上位にあり、アクセス規制はそのための手段と見なされている。これは、「知識」の「所有」という考え方を明確に反映しており、アーユルヴェーダという知識の所有者たる国家がその経済的独占権を有するということを示している。

しかし、実際の伝統的知識デジタルライブラリープロジェクトでは、「利益配分」を目的から外し、「アクセス規制」を第一の目的として掲げている。このことをグプタは、「消極的保護（negative protection）」という語で表わしている。すなわち、「インド国家の資源」であるところのアーユルヴェーダへのアクセスと引き換えに積極的な利益配分を呼びかけるのではなく、あくまでも「先行技術」を証明し、それを利用した不正な特許取得を食い止めるという限定的な目的のもとにプロジェクトを実施しているのである。さらに、完成したデータベースは、プロジェクト遂行機関を含めたインド国内の科学者に対しても公開されず、限定的な契約関係のもとに各国特許庁（アメリカ、EU特許庁）の長官に公開されるのみである［Kalyan 2009］。

グプタは、「なぜインド人科学者に対してさえ、研究開発目的においてでさえデータベースは公開されないのか」という国内科学者からの批判に対して、「もし公開されたならば、多くの人々は不正に使用するだろう」と説明している［Kalyan 2009］。ここに、アーユルヴェーダは「インド国家のもの」であり、国家としてのインドがその経済的独占権を持つという論理は部分的に否定される。こうした論理の否定は、アーユルヴェーダがそうした所有の論理あるいは近代科学の論理に完全には関連づけられないものであることを含意している。すなわちそうした「翻訳」は、「神に与えられた永久なる真理」と「人間が発明するものとしての知識」という差異化によってプロジェクトを批判しようとした真正派の主張を無化するものである。

## 近代科学に先行する薬草分類

伝統的知識デジタルライブラリーおよび国家生物多様性法は、「薬草」に焦点を合わせた「伝統的知識」の保護を謳っている。製薬開発（知的財産）という言説と接触することによって、アーユルヴェーダの関係的かつ包括的な「治療」概念は捨象され、薬草や薬という個別の要素が切り取られているのである。そのうえで、グプタは「伝統医療は分類体系を持たない」とし、薬草を基礎とした国際特許分類とアーユルヴェーダの教典を関連づけるための「伝統的知識資源分類（Traditional Knowledge Resource Classification）」を作り出すことをプロジェクトの目的とした［TKDL 2002］。

このように、国際特許分類との関連づけによってのみ知識としての価値（先行技術）を認められるということ、そして関連づけのために「薬草」という一要素のみが取り出されるしかないことは、「知的所有権」という近代法の枠組みによって「アーユルヴェーダ」の周縁化がなされたと言い換えうるかもしれない。たとえばゴーディリアーは、「伝統的知識デジタルライブラリープロジェクトは、アーユルヴェーダの複雑な構成物を解体したうえで、基本的な植物学の単位、（植物製薬の基礎である）種という独立した単位に押し込めたのである。データベースを製法や治療法ではなく、植物をもとに検索ができるようなものとして発明したことは、生命への特許を認めたり、DNA配列や細胞、遺伝子を技術的に操作できるようにしたりすることと同じ文脈上にある」［Gaudillière 2014: 23］と批判する。しかし、分類の設定過程を詳細に検討すると、その中にそれとは反対の比較の可能性が含まれていることがわかる。

世界知的所有権機関の国際特許分類専門家委員会は二〇〇一年、ジェノヴァで開かれた第三〇回目のセッションにおいて、アメリカ、日本、EU特許庁、中国、インドをメンバーとする任務部隊を設置した。この任務部隊は、インドの伝統的知識デジタルライブラリープロジェクトチームがアーユルヴェーダの教典をもとに開発した、伝統的知識資源分類を国際特許分類に関連づけることを目的としている。国際特許分類は、セクション、クラス、サブクラス、メイングループ、サブグループの順に階層化したシステムである。議事録によると、翌年開かれた第三一回のセッションでは、インドが作成した伝統的知識資源分類モデルに対し、他国の代表から「他の伝統医療体系に適用しにくい」（中国代表）、「アーユルヴェーダの専門家以外にはわかりにくい」（欧州連合代表、米国代表、日本代表）との声が聞かれた。そこでは結局「伝統的知識資源分類は国際特許分類のもとに統合すること」がもっとも効率的な方法という結論が出され、とりわけA61K35/78（植物からの物質に所属する技術動向）というメイングループのもとに伝統的知識資源分類を「サブグループ」として帰属させることが決定した［WIPO 2002］。

しかし、その後二回のセッションにおいて、アーユルヴェーダから生まれた薬草のサブグループの「数の多さ」が問題として提起される。A61K35/78に属する薬草に関するサブグループがもともとの国際特許分類の登録では二〇七にすぎないのに対し、伝統的知識資源分類は三万以上となっている。そこで混乱を防ぐために、第三四回のセッションにおいて、既存のメイングループにアーユルヴェーダの薬草を帰属させるのではなく、新しいメイングループ

A61K36/00（藻類、地衣類、菌類、もしくは植物またはそれらの派生物からの物質を含有する構造未知の医薬品製剤）をインドの伝統医療体系のために作り出すことが提案され、後により上位の委員会で可決されている［WIPO 2004］。すなわちアーユルヴェーダは国際特許分類との関連づけによって薬草という要素に還元・矮小化される一方、当の国際特許分類のフレームそのものを揺るがす力を持ったのである。

このことについて、伝統的知識資源分類作成の責任者であった植物学者スブラマニアンは、世界知的所有権機関と科学産業審議会共催のシンポジウムの場で、以下のように説明している。

> 国際特許分類がたった二〇七しか薬草のサブグループを作っていなかったのに対し、インドの伝統的知識に基づく伝統的知識資源分類は三万ものサブグループを作ったのである。その結果、インドの伝統的知識のために国際特許分類に新たなメイングループが作られた。すなわち、薬草の効能を特定するのはいつでも伝統的知識の役割であり、近代科学はそれに追随して効果を証明するのみである。［WIPO&CSIR 2011: 8］

このスブラマニアンの説明は、アーユルヴェーダが「国際特許分類に関連づけられなければならない」というグプタらの主張を転倒させる論理を織り込んでいる。彼が強調するのは、「関連づけられなければならない」理由あるいは「関連づけることに成功した」プロジェクトの成果ではなく、「（既存の国際特許分類の枠組みでは）完全には関連づけられなかった」という事実であり、その理由としての「国際特許分類のサブグループと比較した際の、アーユルヴェーダで使われる薬草の数の多さ」である。そして、そこで語られているのは単に数の多さではなく、「（化学的）構造がまだ見いだされていないが、「すでに」アーユルヴェーダのなかでは使用法が（先行技術として）確立している薬草の多さ」である。すなわちその時間差とは、すでに多くの薬草を薬として取り入れているアーユルヴェーダに対し、それを後から追いかける現代科学という図式につながりうる。これは、アーユルヴェーダは常に近代科学を予期している、後者は誤りを取り除き、前者の描いた真理にたどり着く、という第1節のドワールカーナートゥらの主張にも転換されうる。すなわちここで、アーユルヴェーダと(国際特許分類に登録されている)近代科学で使われる薬草の「数」の比較は、それぞれの知識が薬草にかんする「真理」に到達するまでの時間の比較を導く。そして最終的にそれは、前者の後者に対する先行性と優位性を表現する比較へと転換されうる契機を孕んでいた。

これは、生物多様性条約が締結される背景となった近年のグローバルな製薬動向(伝統医療で使われる薬草をもとに製薬を開発する)と一致する理解でもある。一方でこのプロジェクトにおいて、それがインドの文脈に即して具体的な薬草の「数」の差として新しく示されたことで、アーユルヴェーダの優位性を再定義し直す契機が提供されているのだ。

## 4 翻訳可能性と不可能性の間で

本章では、「翻訳」に注目して、アーユルヴェーダと他の知識制度との接触史をみてきた。それぞれの接触領域で起こっていた事態とは、「アーユルヴェーダの本質の残存」あるいはその「喪失」といった一面的なプロセスではない。アーユルヴェーダは他の知識制度と関連づけられることによって周縁化されると同時に、その正統性とアイデンティティを強化されてもいる。その関連づけは常に部分的で、翻訳できる部分とそうでない部分を含むものである。そうした翻訳の曖昧さこそが、生物医療、知的所有権制度、西洋の「自己」概念といった強力な制度や思想の普遍性を否定してきた[Bhabha 1984]。

さらに、本章で描いた三つの接触の文脈の中で、生物医療に先行する知識、神から与えられたもの、流動的な人格概念など、それぞれ別の側面がアーユルヴェーダ固有のアイデンティティとして照射されていることに注意したい。

他の知識制度との遭遇は、そのなかでしか打ち立てられない問い、つまり何を何と比較すべきかという、それぞれの文脈固有の比較可能性をもたらすものである。

むろんこのことは、それぞれの翻訳実践が歴史的に関連づけられていることを否定するものではない。現在のプロジェクトにおける翻訳実践は、アーユルヴェーダの制度化期に復興論者たちが依拠していた比較のロジックの一部を引き継いでいる。たとえば、復興論者たちの「生物医療は絶えず前提を問い直し、「新しい」知識を生み出しながら、アーユルヴェーダが主張する真理にいずれたどり着く」という主張があった。現在のプロジェクトにおいても、「アーユルヴェーダは神が生み出した真理」「すでにアーユルヴェーダによって効能が知られている薬草をもとに、近代科学が製薬を開発する」というかたちで、アーユルヴェーダの近代科学に対する先行性と優位性を確認する語りが見いだされるのである。

またそれだけでなく、現在のプロジェクトが依拠する「分断」は、アーユルヴェーダの制度化過程において生み出されたことに注目したい。国家生物多様性法では、中央政府は「アーユルヴェーダをはじめとする文書化された伝統的知識」、州政府は「文書化されておらず、口承伝統によって伝えられた民間の伝統的知識」のデータベース化を担当するものとなっている。この対象の区分自体が、民間レベルでの歪曲を問題視し、教典に基づく「科学的」アーユルヴェーダを取り戻すために生物医療の制度的形式を模倣する、というロジックによって生み出されたものである。このロジックに基づく改革によって、「(生物医療と翻訳可能な)制度的なアーユルヴェーダ」と「それ以外の民間セクターに属するアーユルヴェーダ(新しく創造された、残余として設定される概念)」が区別されることとなった[Langford 1999]。現在のプロジェクトの依拠するカテゴリー自体が過去の翻訳の産物であるということは、「アーユルヴェーダ」「在来知」「生物医療」をもともとある独立した知識体系と見なし、それらの接触による本質の残存／喪失を主張する単純な議論が成り立たないことを示していると言えるだろう。

# 第4章　薬草州ウッタラーカンドと「人々の生物多様性登録」

前章では、生物資源の「所有」をめぐるグローバルな動きとの関連のなかにある本書の対象を、インドの国内的・歴史的文脈の中でとらえ直した。本章では、前章でのナショナルな意味づけに、リージョナルな次元を追加する。本書の民族誌的記述の対象は、州政府の「人々の生物多様性登録」プロジェクトである。ここではこのプロジェクトの詳細と、それがフィールドであるウッタラーカンド州の地域的文脈といかに交わるのかをみていく。

序章で述べたとおり、私がウッタラーカンドをフィールドに選んだ大きな理由は、偶然が重なってこの州のプロジェクトで参与観察を行なうことを許されたからだった。しかしそれと同時に私は、ウッタラーカンドという場所にも惹きつけられていた。州設立後に急速に開発が進む州都デーヘラードゥーンの中心部にあっても、ふと遠くを眺めると天候や時間帯によってその色合いを変えていく、雄大なヒマーラヤの山々が見える。デーヘラードゥーンから州内の山岳県に移動する際に通る国道のすぐ横は、心臓が縮むような断崖絶壁。しかしその崖の下には、ガンジス川とヤムナー川が悠々と流れている。初めてウッタラーカンドを訪れた当時、数か月のデリーでの滞在を経ていた私は、まるであらゆる時間の隙間を埋めるように話す「人」の圧倒的な存在感に少し辟易としていたのだろう。私はウッタラーカンドでインドに来て初めて「自然」の美しさと迫力を感じ、さらには人間以外の存在を意識したとさえ思った。

こうしたウッタラーカンドの「自然」は、もちろん私だけでなく、植民地期以降多様な人々をこの地域に呼び込み、また国家と地域コミュニティの間に複雑な関係を生み出し続けてきた。本章ではこの自然が導く近現代史と制度の特徴を示し、その中に「人々の生物多様性登録」がいかに位置づけられるのかを論じる。ウッタラーカンドにおいては、プロジェクトの「知的所有権の保護」という理念は、地域社会の自然をめぐる固有の理念と交わり、「翻訳」されることとなったのである。

第3節で詳しく述べるように、この「翻訳」の担い手となったのは、主に州政府機関の科学者やNGOのスタッフたちである。科学者や援助機関関係者というと現地ではエリートであり、どこかとっつきにくいイメージを与えるかもしれない。しかし私が交流した彼らはウッタラーカンドの自然がよく似合う穏やかで控え目な人柄で、小学校から英語で教育を受けているために英語で書くのは得意だが、外国人との接触の機会が少ないために英語を話すのは苦手という、なんとも親しみやすい人たちだった。デーヘラードゥーンのNGOで働いていたドイツ人の友人は、彼らの英語能力を称して「日本人症候群」と呼んでいたものだ。これから記述していくように、彼らはプロジェクトのなかで「知的所有権」の保護というグローバルな理念と地域固有の文脈の翻訳を試みていたが、彼ら自身もまさにアパドゥライの言う「二重の自己」[Appadurai 2011]、すなわち「公的でグローバルで脱文脈化された自己と、ローカルな現実と個人的な関係に埋め込まれたローカルな自己」の間を揺れ動く人たちであったように思う。彼らの多くは、州内の山岳地帯の農村部出身であり、州内あるいはデリー、隣接するウッタル・プラデーシュ州の大学（院）で学位を取得後、デーヘラードゥーンを基盤に活動していた。

たとえばプロジェクトに参加した開発コンサルタントのブダコーティーはデリーの名門ジャワネール・ネルー大学を卒業後、大学の同級生だった女性と結婚し、一男一女をもうけた。彼の妻は娘を連れてマレーシアに居住、現地の大学で英文学を教えているが、彼は息子とともにデーヘラードゥーンで暮らしている。「僕はいつでも故郷の山に愛着を感じているんだ。だけど妻がこういうライフスタイルを好きかはわからないから無理強いはしたくないね。ただし娘には自分が何者であるかを知るために、年に村に数回は帰ってもらってるよ」と彼は誇らしげに、しかし少し寂しそうに言っていたものだ。「自分はアカデミシャンとして常に国際的な視野を持ち、社会的に目覚めていなければならない」「ブラフマンとして村や土地を守らなければいけない」というのが二つの彼の口癖だった。

また州立薬草研究機構のヘマ・ローハーニーは、深みのある柔和な笑顔が印象的な女性植物化学者である。彼女は（当時）五〇歳にいたるまで独身を貫いており、「科学者として農民たちを社会的にも技術的にも教育しなければいけない」とよく話していた。彼女は大学時代に交際していた恋人がいたが、彼女の両親はカーストやエスニックグループの異なる彼との結婚を反対、同一のカースト集団に属する男性との結婚を勧めた。そこでの彼女の選択は、恋愛結婚を強行するのでもお見合い結婚に甘んじるのでもなく、彼女の親族が彼女自身が選んだ相手との結婚を許してくれるのをひたすら「待ち続ける」というものだった。「あなたはこのことを聞いて、インドは自由のないひどい国だと思うでしょう。でも私がまだ独身なのは私自身の選択なのよ。私は私を取り巻く社会的な結びつきを捨てたくはなかったし、個人主義にはなりたくなかった。私は自分自身で選んだのよ。でも両親が許可してくれるのを待ち続けて、もう五〇歳になってしまったわ」。そう彼女は私に諭すように言っていた。

このようにさまざまな価値のあいだで揺れ動く彼らの生き様や葛藤が、「知的所有権」というグローバルな理念とウッタラーカンドのローカルな文脈の間の一筋縄ではいかない「翻訳」に映し出されているように、私には感じられていた。

## 1　「人々の生物多様性」を登録する

まず、「人々の生物多様性登録」プロジェクトの概要を中央政府のプロジェクトとの差異に注目しながら概観しておこう。

国家生物多様性法によると、州生物多様性会議（State Biodiversity Board）の主要な任務は、生物多様性管理委員会（Biodiversity Management Committees）を県、郡、パンチャーヤトレベルで設置すること、そして、委員会が実施する「人々の生物多様性登録」に対して、技術支援を行なうことであるという。国家生物多様性法には、「生物多様性管理委員会の主要な機能は、人々の生物多様性登録をローカルな人々との相談をもとに準備すること」であると書かれている［NBA 2008: 1］。すなわちここに、「人々の生物多様性登録」というデータベースを設置することそれ自体が目的化されている。それに続いて条約には、その他の生物多様性管理委員会の機能として、アクセス規制や利益配分についての案件が記載されている。このことは、プロジェクトの目的を知的所有権の（消極的）保護（データベースの設置はその手段にすぎない）と表現していた、中央政府のプロジェクトのグプタの言葉とは異なるものである。

そもそも国家生物多様性法は、制定の目的を「インドの生物資源の保全活動を促進し、その持続可能な使用と公平な利益配分をめざすもの」と記している［NBA 2008: 1］。このような在来知や生物資源の「所有者」への利益配分と、生物資源の保全や持続可能な開発のアジェンダの並列は、もともとの国際条約である生物多様性条約に顕著である［中空　2009b］。それは、先進国における開発と環境保護をめぐるディスコース（言説）の変化を反映したものである。

一九八七年、国連のブルントラント委員会報告は、従来の近代化理論に基づく開発政策を批判し、次世代のニーズの充足を妨げることなしに現在のニーズを充足しうる「持続可能な開発」のために、環境保護と経済的開発の両立をめざすべきことを論じた。そして、その両立可能性を「自然資源の（市場への）内部化」に見いだした。すなわち、自然資源に所有権を確立し、その保全が経済的な報償を生み出すメカニズムを作り出すことの必要性が指摘された。かくして、製薬開発の現場においても、生物多様性の保護とマーケットを結びつけるために「所有」の論理が動員されたのである。よって、生物資源提供者への補償と「自然の管理者」へのインセンティブという二種類の理念のもとで、「知的所有権」を途上国の生物資源や在来知に適用しようとするイニシアチブが生まれた［山名 2002: 153-155］。

しかし先述のように、中央政府の「伝統的知識デジタルライブラリー」においては、このように国際条約や国家法に打ち出された、「生物多様性の保護」「自然の管理者へのインセンティブの付与」といった理念は背景化し、「知的所有権」の保護が中心に謳われている。さらに「知的所有権」の保護という理念も、（知識が利用された場合の利益配分を呼びかける）積極的な保護ではなく、あくまでもインドの資源や知識への不正なアクセスを禁止する消極的な保護に留まっている。ここに、「インド古来の言語によって記録された知識」、具体的には現代のアーユルヴェーダ大学で用いられる一五冊の教典を対象とする中央政府のプロジェクトの特徴がある。グプタの言葉を借りれば、実際的に考えて、これらの書物はすでに著作権が切れて「公共領域にあり」、それゆえに「所有者」を設定することができない。また前章で述べたように、アーユルヴェーダが知的所有権のロジックに完全には関連づけられないことを主張することにより、その優位性を守ろうとするヒンドゥー科学的な発想とプロジェクトが無縁ではないこともその一因である。

このようにして、中央政府のプロジェクトにおいては捨象された「生物多様性保護」「持続可能な開発」という理念は、州政府のプロジェクトにおいて復活している。またそこでは、「土着のヴァイディヤや治療者」に資源へのアクセスや利益配分について相談すべきとされていることから、積極的な「知的所有権」の保護も試みられていると言えるだろう。いずれにしても、「生物多様性保護」「持続可能なコミュニティ開発」「知的所有権の保護」という「コミュニティ」をめぐる複数の理念が一つのプロジェクトに包含されている。こうした理念の複数性が「生物多様性管理委員会の主要な目的は、（複数の機能を併せ持つ）「人々の生物多様性登録」を設置すること」という表現を導いていると言えるだろう。

さらに、プロジェクトにおいて、登録が「ローカルな人々との相談のもとに」なされるべきであることが強調されている点にも注目すべきである。そもそも「人々の生物多様性登録」は、「ローカルな医療伝統の再活性化のための財団（The Foundation for the Revitalization of Local Health Traditions, 以下「FRLHT」）」という南部カルナータカ州の一つのNGOの取り組みが国家生物多様性法に取り込まれ、各州で実施されるようになったものである。(1) FRLHTは一九九一年に設立され、薬草の保全と持続可能な利用、インドの医療伝統についてのデータベースの構築をめざした。八州五二か所における登録活動において、FRLHTはいかにローカルな医療伝統の文書化を参加型で実現するか、そのデザインと手法の構築に焦点を合わせた［Utkarsh 1999］。こうした「人々の参加」の強調は、一九九〇年代の開発政策におけるディスコースの変化――トップダウンから参加型開発へ――を反映したものである。さらには、一九九〇年代以降の経済自由化とその後の地方分権化、州や地方自治体の主体性の高まりというインドのマクロな政治変動にも対応しているだろう。このプロジェクトにおいても理念としては、県、郡、パンチャーヤトそれぞれのレベルに設置される生物多様性管理委員会が主体となって、それぞれの域内にある生物資源の登録活動を行なうことがめざされたのである。

このように、州レベルの「人々の生物多様性登録」プロジェクトは、知的所有権の保護のみならず、「コミュニティ開発」をめぐって交錯する複数のグローバル／ナショナルな理念を含んだ。なお、州生物多様性会議は、国家生物多様性当局によって統一された書式に従って登録作業を進めることになっている。

## 2　ウッタラーカンドの自然が導く近現代史

### 多様な自然と均質な人々

それでは、この「人々の生物多様性登録」プロジェクトは、フィールドであるウッタラーカンド州の地域的文脈と近現代史の中にいかに位置づけられるのだろうか。ここではまず、この地方の民族誌的情報と近現代史を概観しておこう。

ウッタラーカンド地方は、面積五万三四八三平方キロメートル、チベット高原と北インド平野部の中間に位置する西部ヒマーラヤ山岳地帯のガンジス川源流地域である（図4-1）。二〇一一年の国勢調査によると、州の総人口は一〇〇八万六二九二人、そのうち男性が五一三万七七七三人、女性が四九四万八五一九人である。(2) また宗教比については、ヒンドゥー教徒の人口比が八二・九七%、ムスリムが一三・九五%を占め、シク教徒が二・三四%、キリスト教徒が〇・三七%、仏教徒が〇・一五%となっている。また指定カースト(3)は一八・九三%、指定部族(4)が二・九二%である［Census of India 2011］。

ウッタラーカンド地方は、ヤムナー川の源であるヤムノートリー、ガンジス川の源であるガンゴートリー、シヴァ神を祀るケーダールナート、ヴィシュヌ神を祀るバドリナートというヒンドゥー教の四大聖地（*cār dhām*）を持ち、巡礼地としてよく知られている。ウッタラーカンドは、二〇〇〇年にインド連邦第二七番目の州、ウッタラーンチャル州（二〇〇七年一月に州名がウッタラーカンドに変更(5)）としてウッタル・プラデーシュ州から分離を果たした。以下、イギリスからの独立を「独立」、州の分離を「分離」あるいは「新州の設立」と表記する。

ウッタラーカンド地方は北西部のガルワール地方と南東部のクマーウーン地方という、異なる歴史的経緯を持つ二

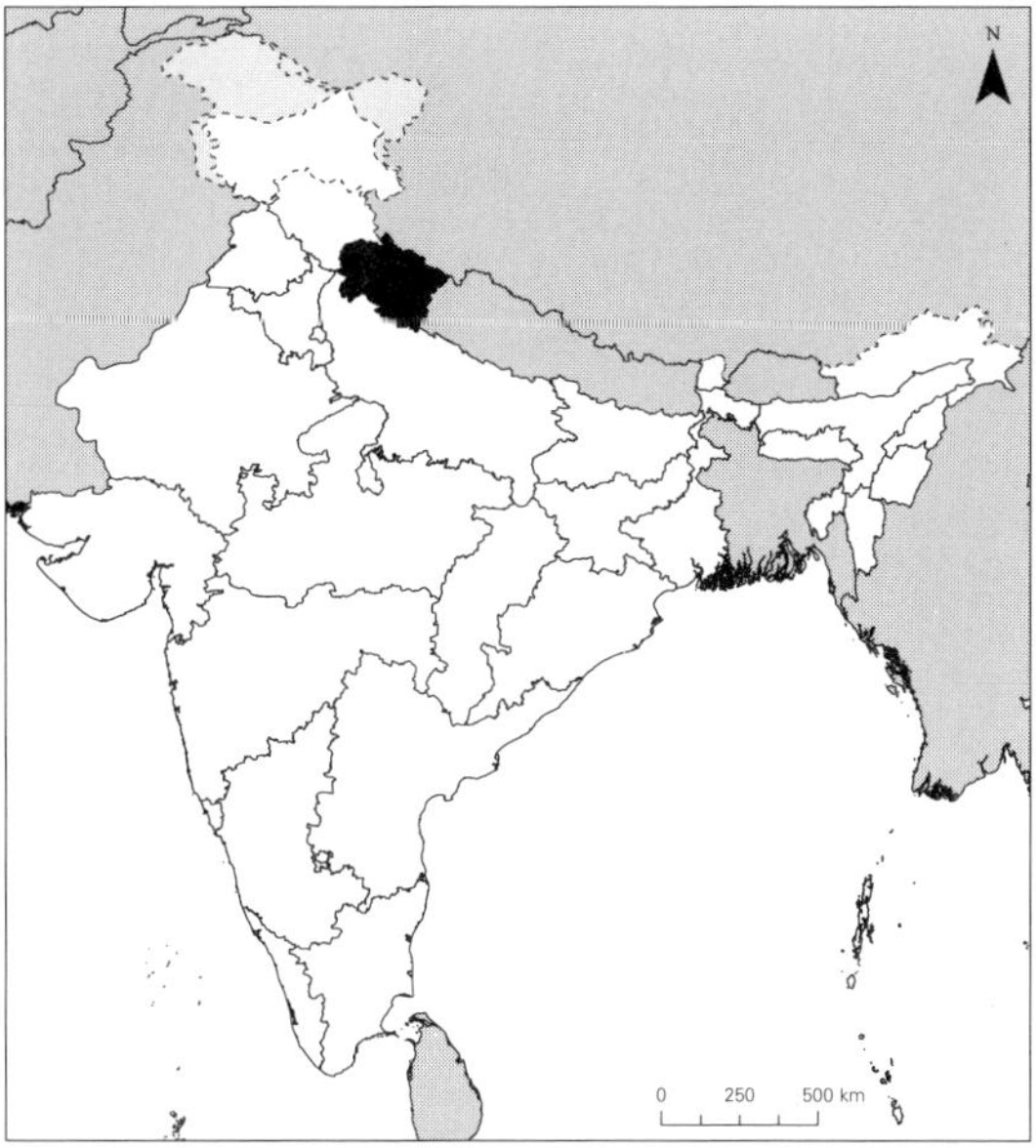


図4-1　ウッタラーカンド州の位置（筆者作成）
・国境の未確定地域については破線で記している
・州の境界線は，筆者がフィールド調査を行った2009-2014年時点のもの

つの文化圏によって成り立つ。新州の行政においてもこの区分が重要であり、ガルワール地方のデーヘラードゥーン県に州都が置かれた代わりに、クマーウーン地方のナイニータール県には州の高等裁判所が設けられた。第2章で述べたように、私が調査を行なったのは、このうちガルワール地方のデーヘラードゥーン県とチャモーリー県においてである（図4-2）。

ウッタラーカンド地方は、紀元前四世紀から紀元後六世紀頃にかけてカーサ族の諸王朝によって支配された。その後、北インド平野部のマウリヤ朝やグプタ朝などに編入されるなど、長く諸王朝乱立の時代が続いた。一三世紀に入ると、ガルワール地方とクマーウーン地方は異なる経過をたどることとなった。一三世紀に入るとクマーウーン地方にチャーンド王朝が、ガルワール地方にパーンワル王朝が成立した。チャーンド王朝は一七九〇年まで続き、パーンワル王朝は一八〇四年まで続いたが、いずれもネパールのゴルカ朝によって滅ぼされた。その後一八一五年のネパール戦争に勝利したイギリス東インド会社が、ウッタラーカンド地方の支配権を獲得した。

イギリスは、クマーウーン地方は直轄地とする一方、ガルワール地方の一部にはテーリー藩王国を設置し、パーンワル家のスダルシャン・シャーをその藩王として間接統治を行なった[6]。独立後の一九四九年、これらの地方は平原地域を中心とする大規模州、ウッタル・

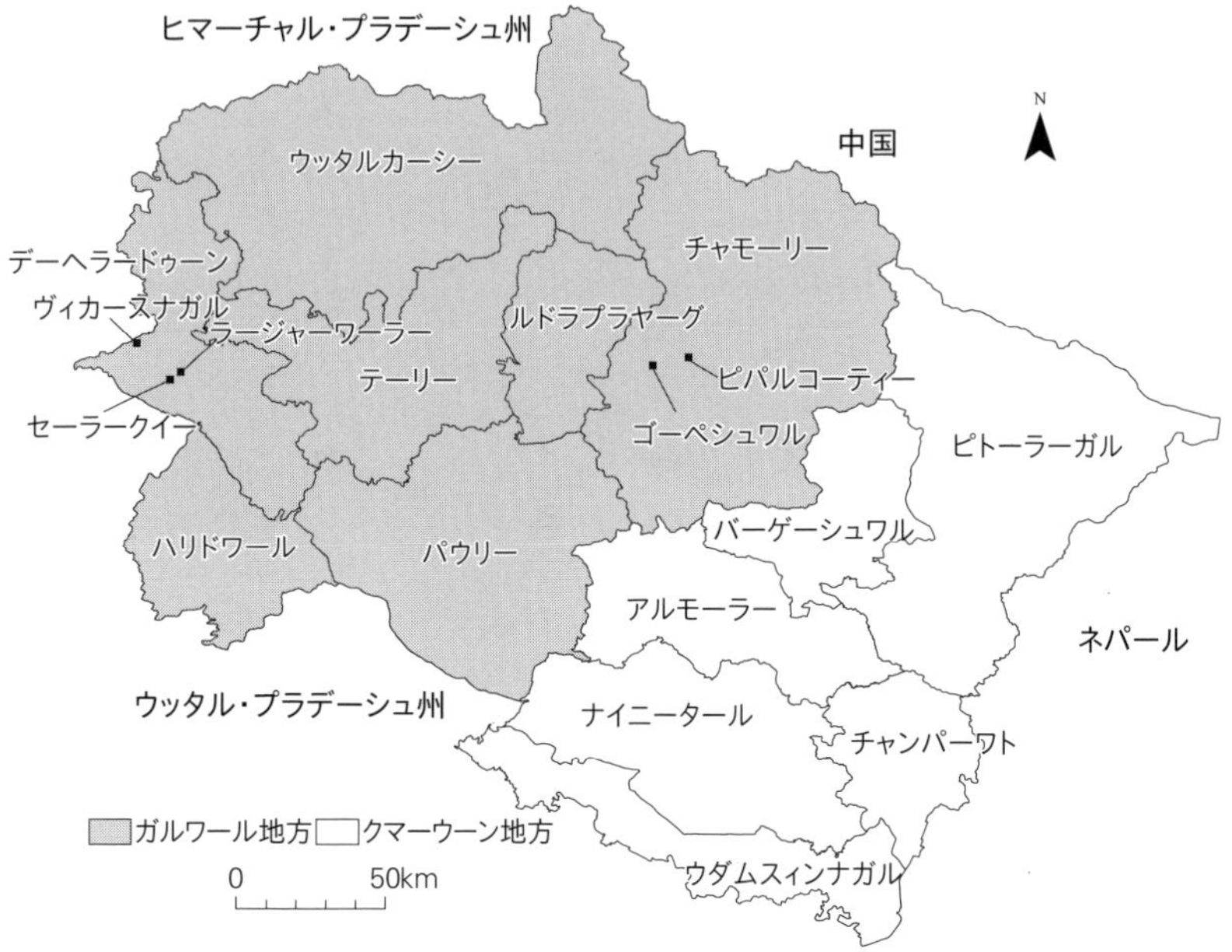


図4－2　ウッタラーカンド州内の県の位置と調査地（筆者作成）

プラデーシュ州に組み込まれた。地理的な特性と歴史的経緯を異にする州との合体は、この地域の政治的自立性を弱体化させた。また低開発問題ともかかわって、政治的な従属性が徐々に問題視されるようになり、一九九〇年代に入って新州の設立運動が激化していった。二〇〇〇年にウッタラーカンドはウッタル・プラデーシュ州から分離し、新州となった[7]。

先述のようにガルワール地方とクマーウーン地方は異なる経緯をたどったが、言語、宗教、カースト構成などにおいて共通性を有する。ガルワール方言とクマーウーン方言の九九%以上の単語は同一である［石坂 2011］[8]。また宗教については双方ともに八〇%以上がヒンドゥー教徒であり、続くムスリムは一五%以下にとどまる。カースト構成は、上層（ブラフマンとクシャトリヤ）の諸カーストが八〇%弱ときわめて高い割合を占める。一九九一年時点でのセンサスでは、ウッタラーカンド地方全体で、指定カーストは二一・二%、指定部族はわずか〇・二%、その他の後進階級[9]は二%未満であった。それゆえ、留保制度としてウッタル・プラデーシュ州で指定カースト／指定部族に対して計二三%の割り当てが行なわれたときには大問題にならなかったが、新たにごく少数のその他の後進階級に対し二七％の割り当てが実施されることになった際、とりわけ貧しい山岳部の住民が不公正であるとして激しい反対運動を起こした。そしてそれが州の分離を後押しした。

一方で、ウッタラーカンド地方の標高は、二四〇から七八一六メートルまでの開きがあり、多様な生態に恵まれている。現地の知識人の間では、インド国家の「多様性の中の統一」という標語と対照する形で、「多様な自然と均質な人々」という表現がよくなされる。植生は、標高一〇〇〇メートル前後までの低地・河谷ではサラノキ、一〇〇〇〜二五〇〇メートルの中級山地帯ではカシなどの常緑広葉樹とマツなどの針葉樹、二五〇〇〜三五〇〇メートルではカンバなどの落葉広葉樹やトウヒなどの針葉樹、シャクナゲなどの灌木類が優勢種で、それ以上は草木帯となる［鹿野 1997］。

こうした標高と生態の多様性は、植民地期以降、多様な「来客」を呼び込んできた。たとえば、標高二〇〇〇メートル前後のナイニータール県などは、植民地政府により兵士の休養・療養、子弟の教育、夏季の行政府所在地などを目的としたヒルステーション(10)として開発された。第8章で触れるようにこれらの都市は、独立以降は富裕層のインド人の別宅、定年後の移住地として人気を集めるようになった［Bhatt 2003: 12］。また第5章で詳述するように、生態の多様性により、植民地期以降この地方は数々の大規模な植物調査の対象地となってきた。一八二〇年にはこの地域にサハーランプル植物園、一八七八年にはデーヘラードゥーン森林学校（後の森林研究所）が設立され、著名な植物学者が活躍した［Gairola & Biswas 2008: 1140］。

またこの標高と生態の多様性という性質は、この地方に「ガルワール／クマーウーン」という区分以外に「山岳地域／平原地域」という地理的かつ経済上の区分をもたらしていることも指摘しておきたい。州内の一三県のうち、デーヘラードゥーン県、ハリドワール県、ウダムスィンナガル県は山嶺の平原地域に位置しており、山岳地域に位置する他の諸県とは地理的環境が大きく異なる。次節で述べるとおりこれらの平原地域の県は、中央政府によって二〇

チャモーリーの村

デーヘラードゥーン中心部

写真4-1　デーヘラードゥーンとチャモーリーを結ぶ国道

〇三年に開始されたヒマーラヤ山岳地帯向けの産業政策にともなう工業開発の受け皿になっており、二〇〇一年から二〇一一年までの間の人口増加率が三〇%を超える［宇根・岡橋　2014: 36］。その一方で、山岳諸県においては人口増加率が州平均を下回る。その背景として、地理的条件の悪さ、農業の未発達性などによって就業機会が乏しいため、州内外への出稼ぎ（マネー・オーダー・エコノミー）が常態化していることが挙げられる[11]。州計画局の調査によると、山岳地域を中心とした州の大部分は、一人あたりの年間所得が二万二〇〇〇～四万ルピーである一方、ハリドワール、デーヘラードゥーンのそれは四万～六万ルピーと、その差は最大で二倍以上となっている［宇根・岡橋　2014］。

私が対象としたデーヘラードゥーン

県とチャモーリー県はガルワール地方の平原／山岳諸県をそれぞれ代表するものである。調査中私は、断崖絶壁沿いの国道九四号線が結ぶ両県を時にインフォーマントや友人たちとともに、時に一人で約一〇時間かけて往復しながら（雨季で土砂崩れの危険がある場合には、半日以上かかることもある）、標高や生態、そして人々の生活の差異を「体感」していた。その意味で本書はウッタラーカンドにおける山岳地域と平原地域の「関係」の民族誌でもあり、両者を結ぶこの危険な道路こそが多地点的な私の「フィールド」の結節点であった（写真4-1）。

## 森林パンチャーヤト――国家とコミュニティの森林利用

以上、ウッタラーカンド地方の基本的な民族誌的情報と近現代史を概観してきた。以下ではさらに、「人々の生物多様性登録」との関係にとって重要な、この地域の自然を通した「コミュニティ」と開発をめぐる制度と社会運動について詳しく説明しておこう。

ウッタラーカンド州、とりわけクマーウーン地方はインドの林野制度において特殊性を有する。それは、一九一〇年代から一九二〇年代にかけての国有林の大規模な設定に対する地域住民の抵抗の結果として、森林パンチャーヤトと呼ばれる住民組織による森林管理が認められたことである。

英領インドでは一八世紀末、当時造船用に用いていたチークの枯渇にともない、近代的・科学的な森林管理の必要性が議論されはじめた。一八六四年に英領インド全土を統括するインド森林局が設立され、各地の森林局も組織化されていった。イギリスの直轄地とされたクマーウーン地方においても、植民地期に国有林地が確定され、地域住民の森林利用が大幅に制限された。一八七七年には約一七〇〇平方キロメートルの森林がインド森林局の管轄下とされた[12]。さらに森林局は一九一一年に約七五〇〇平方キロメートルを新たに画定林[13]の設置の対象とした。またこれにともない、住民による森林伐採を取り締まる森林官の数も増加した[Pant & Rawat 1922]。

地域住民はこの画定林の増加を彼らの慣習的権利の侵害と受け止め、また森林官による枝打ち[14]や放牧などへの規制強化に対して不満を募らせていった［Saxena 1996］。薪材、家畜用の牧草ないし飼葉、堆肥用の落葉の採取といったかたちで森林から多元的な恩恵を受ける農民にとって、その利用への規制強化は死活問題であったのだ。一九一六年と一九二一年には大規模な森林火災が多発したが、これらは主に農民の森林局に対する憤慨に基づく人為的なものと見られている［Pant & Rawat 1922］。

こうした状況に対し、一九二一年に設置されたクマーウーン森林苦情処理委員会（Kumaon Forest Grievance Committee）は現地調査の結果を踏まえ、次の二点を州政府に提案した。第一に、一九一〇年代に新たに画定した画定林を、クラスⅠ林（商業的価値の低い広葉樹林）とクラスⅡ林（商業的価値の高い針葉樹林）に分類し、クラスⅠ林を収税局（州政府）の管轄に変更し、規制を緩め、枝打ちや放牧などに農民が利用できるようにすること、第二に、パンチャーヤトを管理主体とした村落林を創出することである［大田・増田　2014: 256］。このパンチャーヤト林の創出について、森林苦情処理委員会は次のような見解を示している。

> もし村落地の権利が農民たちに戻されるならば、森林政策と農民との間のいさかいと敵意は解消するだろう……（中略）……そして、たとえそのような保護活動がある程度の犠牲および物理的不快をともなうとしても、農民は森林を保護し始めるだろう。すべての個人は本能的に自身の所有物の保護に関心を持つ。
>
> ［Pant & Rawat 1922: 87–88（訳文は大田・増田［2014: 256］による）］

大田と増田［2014］が指摘するように、この見解は、所有権が農民たちに帰属していれば、彼らの間で自分たちの財産を適正に管理する集合行為が起こるだろうという、近年の制度派経済学の所有理論を先取りしているように思える。かくして森林パンチャーヤトは一九二〇年代後半から試験的に形成され始めた［大田・増田　2014: 257］。森林パンチャーヤトの管理委員は村落ごとの選挙で選出され、また構成員である村民は、毎月の会合で定められた管理規則に従ってパンチャーヤト林を利用する。ただしアグラワールが指摘するように、このことは単純に国家による統治から住民の自治へという美しい物語ではなく、より巧妙かつソフトな環境に対する統治技法の出現――「自主的に」環境を管理する自己統治主体の創出――ともみることができる［Agrawal 2005］。こうした社会科学的議論とそれを近年の政府が再帰的に政策に組み込んでいる点については、第8章で詳述する。

森林パンチャーヤトは現在にいたるまで緩やかに増加し続けており、[15] 二〇一一年の時点では約五三一〇平方キロメートル、すなわち州の国有林地の約一六％を占めている。一九九五年時点での州内でのパンチャーヤト林の総面積は二四四八平方キロメートルであったことを考えると、その多くは近年に形成されたものであることが分かる。森林パンチャーヤトの制度は一九九〇年以降インドで全国的に実施されるようになり、共同森林管理（Joint Forest Management）など同時期に始まった各種の「参加型資源管理」プログラムの先駆けとみられるようになった。ウッタラーカンドにおいても、クマーウーン地方だけでなく、ガルワール地方にも森林パンチャーヤトが設置され始めている［長濱 2015: 11］。とりわけ二〇〇〇年の新州設立後には、新州政府の主導で急速に設置作業が進められるようになった。[16]

## チプコー運動――環境保全と社会運動

以上のように森林パンチャーヤトの形成は、「コミュニティ」と植民地政府の折衝から生まれた、森林の「利用」に関するウッタラーカンド地方独自の制度である。ここでは、森林の「保全」に関する政府の政策に影響力を与えた、チプコー運動（[E] Chipko movement; [H] *Cipko Āndolan*）にも触れておきたい。チプコーとはヒンディー語で「抱きつけ」という意味である。地元の女性たちが木に抱きついて森林伐採に反対する、センセーショナルなイメージで国際的に有名になったこの運動は、「一五年間の標高一〇〇〇メートル以上の商業伐採の全面禁止」という運動側の主張の法案化をもって終結した。

チプコー運動自体はウッタラーカンド全域に広がったものの、統一的な組織はなく、異なる思想を持つ複数のキーパーソンの、対立関係を含んだ緩やかなネットワークとしてあった。諸説あるが、チプコー運動は一九七三年三月にチャモーリー県のマンダル村で始まったとする見方が主流である。それまで森林局は毎年、マンダル村にもっとも近い町、ゴーペシュワル[17]に拠点を置く、森林資源を活用した地元産業育成に取り組む農民協同組合に対し、一定のトネリコ材の利用権を割り当てていた。しかしこの年はその割り当てを、他州のスポーツ用具メーカーに与えた。農民協同組合のリーダーであったチャンディー・プラサード・バットを中心に団結した地元の人々は、伐採請負人が森に立ち入る際に木に抱きつくという非暴力的手法によってその伐採を阻止した。

その後チプコー運動はウッタラーカンドの他の地域にも広がりを見せた。一九七四年三月チャモーリー県のレーニ村においては村の女性組織のリーダー、ゴーラ・デーヴィを中心に女性たちが同様の手法で企業による伐採を阻止した。その頃活動家のスンダルラール・バフグナーを中心にチプコー運動のメッセージを伝えるためにウッタラーカンド地方の東端から西端までを歩く「アスコート・アーラーコート行脚」が行なわれた。バフグナーは、当初地元企業による森林産業の振興がめざされていたチプコー運動を、森林伐採の全面的禁止を訴えるものへと転換した[18]。一九七九年一二月にバフグナーが決行した「死にいたる断食」の様子がメディアを通じて国内外に配信されたことで、運動は海外の活動家を含めた幅広い支持をとりつけた。最終的には「ウッタル・プラデーシュ州における高度一〇〇〇メートル以上に生育する樹木の商業目的の伐採全面禁止」という主張がインディラー・ガーンディー首相に受け入れられたことをもって[19]、運動は決着した［石坂 2011: 113-122］。

すなわちチプコー運動は、森林「利用」による地元産業の育成という当初の現地の人々の望みを離れて、森林の「保全」をめぐる決定をもたらした。すなわち、標高一〇〇〇メートル以上の木材生産そのものが凍結されたことにより、森林パンチャーヤトが保証する、森林の利用に関する農民たちの事実上の自治権も大幅に制限された。

# 3 「薬草州」としてのウッタラーカンド

## 管理から栽培へ

このようにウッタラーカンドの自然をめぐる近現代史とは、外部者による自然資源の収奪とそれに対する地域社会の抵抗の歴史であった。そして、その折衝が自然資源の利用（森林パンチャーヤト）と保全（チプコー運動）という異なる取り決めをもたらしていた。[20] 新州ウッタラーカンドの「薬草州」政策は、この利用か保全という二項対立を、その対象を木材ではなく、非木材である薬草に焦点を合わせることによって乗り越えようとするものである。それは、薬草を新州の社会・経済開発の基礎として位置づける政策である。薬草は木材と異なり、栽培し、「増やす」ことが可能である。ここに、利用と環境保全、ビジネスとコミュニティ開発の両立可能性を州政府は見ている。そして「人々の生物多様性登録」は、ウッタラーカンドにおいて、この「薬草州」政策の中に位置づけられることにより、知的所有権の保護だけでない、地域固有の理念を含むものとなっている。

まずは「薬草州」政策の中身をみていこう。それは、中央政府の「特別カテゴリー州」優遇策の支援を受けて始まった。「特別カテゴリー州」制度とは、一九六九年に計画経済のもとで導入された地域（州）の均衡的な発展を重視した地域政策、具体的には中央政府と州政府間の財政トランスファーにおける優遇措置である。[21] 二〇〇三年にはウッタラーカンドと隣のヒマーチャル・プラデーシュ州を対象として、ウッタラーンチャル・ヒマーチャル産業政策（二〇〇三年）が始まった。その特徴は、環境にやさしく、ローカルな資源の活用と雇用創出の可能性をもつ産業を「推進産業」としてターゲットとする一方、「ネガティブリスト掲載産業」の立地を抑制するというものである。[22]

この「推進産業」の「薬草・アロマ植物」に焦点を合わせた産業育成が、州の「薬草州」政策の一つの側面である。

ウッタラーカンド州産業開発公社は、デーヘラードゥーンの中心部から二五キロメートルほどの場所にあるセーラークイーに、「製薬都市（pharma city）」と名づけた工業団地を設立した。総面積約五〇エーカーの新興工業団地であるこの「製薬都市」には、州内外の二四の製薬企業、バイオテクノロジー関連企業が誘致され、二〇一〇年時点で合計一二四五人が雇われている。(23)

さらに「薬草州」政策は、薬草に関連する産業育成に加え、薬草の栽培を通した「コミュニティ」の社会開発をめざすものであった。こうした社会開発プロジェクトは、中央政府の別のスキーマ、国家薬草会議（National Medicinal Plants Board）(24)による援助を受けてなされた。

すでに述べたように、チプコー運動後はウッタラーカンドにおいて「標高一〇〇〇メートル以上の樹木の商業伐採の全面禁止」が定められた。一方で薬草のような非木材の収集に関しても、州森林局は厳しい規制を敷いてきた。森林局は、ベーシャージュ・サング（*Bhesaj Saingh*）(25)と呼ばれる準政府機関（組合）を設立し、同組合に対して独占的に収集許可を与えることで、収集地域とその規模を管理してきた。このように一九八〇年代以降の森林局の政策は木材同様、薬草の保全（商業的な収集の規制）に焦点を合わせていた。一方で、薬草は木材と比較すれば栽培が容易であるという利点を持つ。このことを利用して、新州政府は薬草の栽培プロジェクトを進めることで、保全と利用、生物多様性の保護とコミュニティの開発の両立を図ろうとした。とりわけ国家薬草会議の援助で二〇〇一年に設立された、ウッタラーカンド州薬草会議（State Medicinal Plants Board, ＳＭＰＢ）(26)がこうした取り組みにおける主要な担い手であった。以下、具体的な政策の内容を簡単にみていこう。

まず「薬草州」政策において強調されるのは、「薬草州」という宣言にもかかわらず、州内で「非科学的」で過剰な薬草の収集が行なわれ続けており、重要種の枯渇を招いているという点である［Alam et al. 2006］(27)。そしてそれは、薬草栽培のための技術的支援制度やインフラストラクチャー、適切な市場構造や情報システムの欠如に起因しているという［Singh et al. 2005］。さらにこれらと関連して、薬草の栽培に対して「強く動機づけられたローカルなコミュニティ（strongly motivated communities）」が存在しないと続く。

この状況を解決するために州政府は、主に次の三点の取り組みを行なった。第一に、栽培技術の向上のために、国家薬草会議の援助のもとに、いくつかの研究機関が活動を再開したり、新しく設立されたりした［Mishra 2003: 9］。チャモーリー県ゴーペーシュワルにある州立薬草研究機構、その支部としてデーヘラードゥーンの「製薬都市」内に二〇〇三年に設立されたアロマセンターは、その最たるものである。

第二に、市場情報システムの充実のためにさまざまな施策がとられた。まずベーシャージュ・サングが収集と販売の権利を独占していた状況が見直された。そして二〇〇三年以降、ウッタラーンチャル森林省法人（Uttaranchal Forest Department Corporation）、ベーシャージュ・サング、クマーウーン開発公社（Kumaon Mandal Vikas Nigam）の三つの法人に権利が分散された。さらに二〇〇四年には、薬草の公正な取引のための州政府主催の市（*mandi*）が新たに設立された［Singh et al. 2005; Uttaranchal Forest Development Corporation 2008］。

最後に、これらを踏まえたうえで、農民の栽培活動への「参加」をめざしたさまざまな取り組みが行なわれている。たとえば、州立高度生育植物生理学研究センターは、農民に有効成分が確認されている現地の薬草、クトゥキー（[H] kuṭkī; [Skt.] kuṭaka / *Picrorhiza kurrooa*）とクートゥ（[H] kūṭh; [Skt.] kuṭha / *Saussurea lappa*）の苗を無料で提供し、その栽培のためのトレーニングを行なった。またオランダの製薬企業と販売契約を結び、市場を確実にすることで、「農村に（薬草栽培に対して）強く動機づけられたコミュニティを創出すること」「薬草栽培を通して農民の生計向上が達成されること」をめざしているという［Alam & Peppelenbos 2009］。第8章で取り上げるように、セーラークイーに設立された州立薬草研究機構アロマセンターのプロジェクトも、農民に対してアロマ草栽培のための技術的支援を行なうと同時に、セーラークイー内の製薬企業と販売契約を結び、「コミュニティ」と市場を媒介することを目的としたものである。

このように「薬草州」ウッタラーカンドにおいては、薬草に関する産業育成と、薬草栽培を通した「コミュニティ開発」が、それぞれ中央政府の支援スキーマに基づいて[28]実施されていた。こうした「薬草州」のプロジェクトは、（それとは独立しているはずの）「人々の生物多様性登録」とどのような関係にあるものなのだろうか。

## 人々の生物多様性登録の担い手たち

ウッタラーカンドにおいては、「人々の生物多様性登録」プロジェクトを実施する州生物多様性会議は、二〇〇六年四月一日に設立された。先に述べたように、新州ウッタラーカンドの「薬草州」政策においてコミュニティ開発を担当するウッタラーカンド州薬草会議（SMPB）は二〇〇一年に設置されていた。現地のNGOネットワークであるサンバンドゥ（*Sambandh*）[29]に登録している四四のNGOの関係者に話を聞いていると、二〇一〇年時点でも両者は混同されているか、あるいは「人々の生物多様性登録」も「薬草州」関連のプログラムの一部であると考えられていることが多かった。

その背景として、プロジェクト内容の類似性——知的所有権（利益配分）のフレームを通して生物多様性保護、コミュニティ開発をめざす「人々の生物多様性登録」と、薬草の栽培を通した州内の産業・コミュニティ開発を目的とした「薬草州」政策——が挙げられる。それに加えて、人員が共有されていることもこうした「混乱」の一つの大きな理由である。

州生物多様性会議は二〇〇六年に設立されたが、当初の議長だった森林省長官は、このプロジェクトをまったく進展させなかった。二〇一〇年一月に新たに長官となった前園芸省長官のB・S・バールファルは、正規メンバーである五名の州政府関係者と、非正規（技術）メンバーである五名の学術関係者、NGO関係者を任命して、会議を開始した。会議では、正規メンバーは予算配分などを定め、非正規メンバーおよびその所属団体が実際のプロジェクトを執り行なうことになっていた。非正規メンバーに選ばれたのは、森林研究所（Forest Research Institute）の植物学部門長、州内の三つのNGOの代表者三名に加え、州立薬草研究機構アロマセンターのセンター長であるチャウハーンとローハーニーであった。州立薬草研究機構アロマセンターは先述のとおり、「薬草州」政策のウッタラーカンド州薬草会議を牽引する研究機関である(図4-3)。

こうした「重複」と二つのプロジェクトの関連についてチャウハーンは、「薬草州政策におけるアロマの栽培および商業化を通してデーヘラードゥーン県農村内にまず「インセンティブを持つコミュニティ」を作り出し、そのうえで将来ヴァイディヤの知識から特定された薬草の栽培を行なわせる」と発言していた。このことについては、第8章で改めて論じる。ただし彼がここで、「知的財産」としてのヴァイディヤの知識を登録する「人々の生物多様性登録」と、薬草栽培にインセンティブを持つコミュニティを作り出す「薬草州」政策を一続きのものとして表現していることは確認しておこう。

以上、本章では、「人々の生物多様性登録」がウッタラーカンドの地域的文脈といかに交わるのかをみてきた。ウッタラーカンドの「自然」は植民地期以降、外部者と地域社会の間の対立をもたらし、その結果として利用か保全かをめぐって対立する複数の制度を同一の地域の中に作り上げてきた。新州の「薬草州」政策は、国家のスキーマを基礎としながらも、この州の中にある自然資源の「利用/保全」という対立を、薬草の「栽培」を通して解消しようとしたものである。「人々の生物多様性登録」はこの「薬草州」政策の一部と位置づけられ、こうした州独自の履歴を引き継ぐものとなった。それにより、「知的所有権の保護」という理念は自然資源の保護、コミュニティの開発、地域の特殊性に基づく新州ウッタラーカンドの産業育成・社会開発といった、複数の理念と交わった。こうした複数の理念が実際のプロジェクトのなかでどう翻訳されているのかは、次章以降の民族誌的記述のなかでみていこう。

民族誌に移る前に、ここで本書の調査時点におけるプロジェクトの段階(進捗状況)と、その担い手について簡単に説明しておきたい。先に述べたように二〇〇六年からの州生物多様性会議は名前だけのものであり、実質的には二

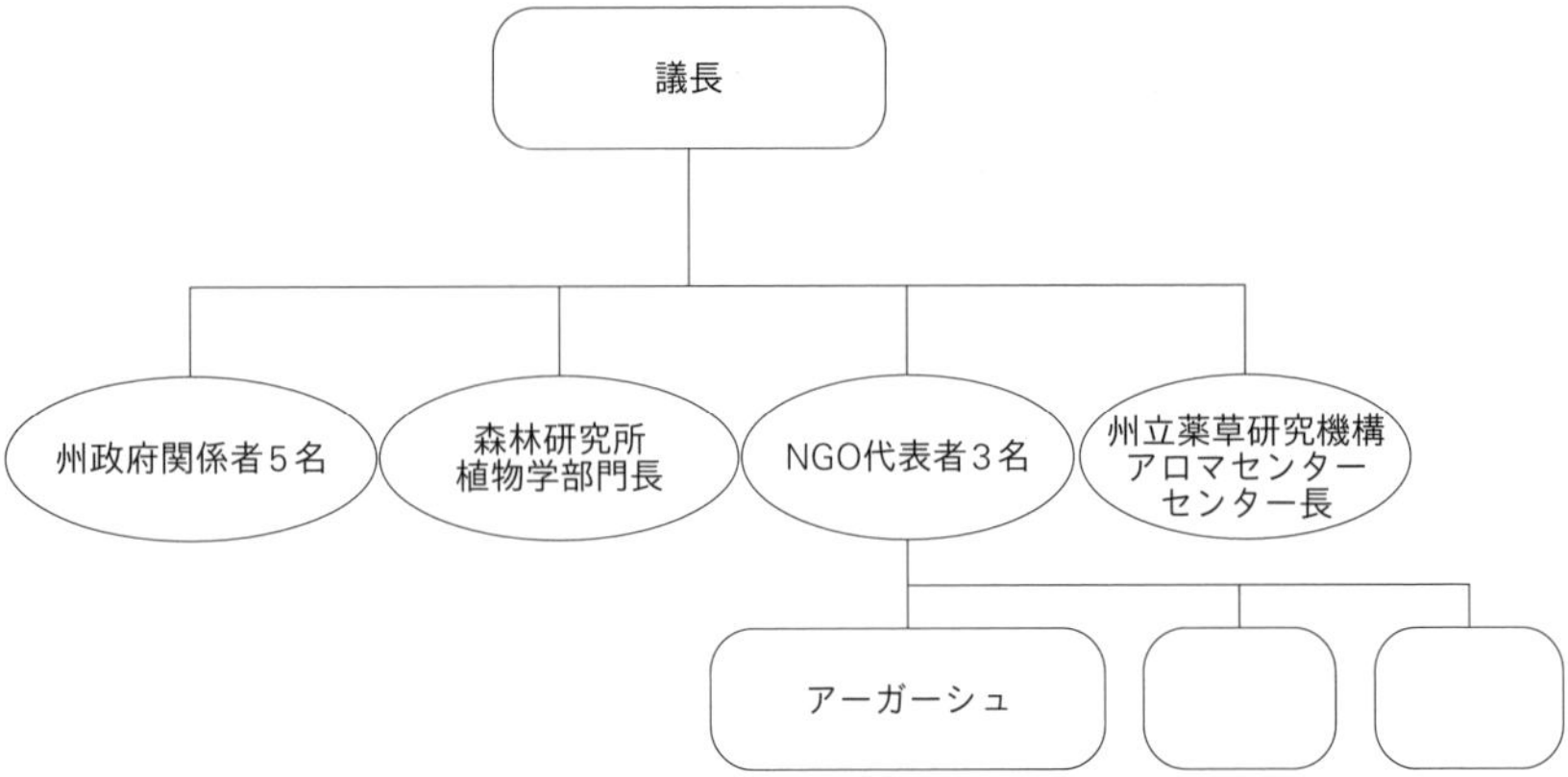


図４-３　ウッタラーカンド州生物多様性会議

〇一〇年から二〇一四年までの第二フェーズ（つまり私のフィールドワーク中）にプロジェクトが本格的に始まったとみてよいだろう。この段階においては、「人々の生物多様性登録」の理念にあるような、パンチャーヤトの人々が主体となる「参加型」の登録ではなく、会議の非正規（技術）メンバーの所属団体による登録作業が行なわれていた。それは、第一フェーズの遅れを取り戻すためでもあり、また国家生物多様性会議が用意した形式をウッタラーカンドの状況を踏まえたものに変更するための、パイロットプロジェクトとしての意味合いもあった。

第Ⅲ部においては、第5章では森林研究所の科学者たちによる「在来知」の登録作業、第6章では「知識の所有者＝ヴァイディヤ」の登録を担った三つのNGOのうち、偶然私が長期調査をすることができたアーガーシュ（AAGAAS Federation）の活動に焦点を当てる。アーガーシュは一九九八年に設立された、チャモーリー県に基盤を置く中規模（正規スタッフ一〇名）のNGOである。長年県内の薬草と「ヴァイディヤ」に関する活動を行なってきたことから、[30]会議のメンバーに選ばれた。第Ⅳ部では、第7章でアーガーシュが現地の人類学者との協働のもとで独自に実施している取り組み、第8章では州立薬草研究機構アロマセンターが「人々の生物多様性登録」と「薬草州政策」の接点で実施するプロジェクトについて、それらのなかでの人々の経験に注目して記述する。

第Ⅲ部

# 「人々の生物多様性登録」プロジェクト

## ——科学者の実践

# 第5章 「在来知」を生み出す科学者たち

第Ⅲ部では、「人々の生物多様性登録」プロジェクトにおける参与観察をもとに、プロジェクトのなかでいかなる関心が翻訳され、また排除されるのかを考察する。本章では何が「在来知」とされるのか、次章では誰が「知識の所有者」とされるのかに焦点を合わせる。

本章の主役は、森林研究所（Forest Research Institute）の植物分類学者たちである。森林研究所は植民地期以来のインドでもっとも古い林学の研究教育機関であり、デーヘラードゥーンの中心部に四五〇ヘクタールもの広大な敷地をくぐる。「キャンパスの中に森があるのか、森の中にキャンパスがあるのかわからない」と言われるように、ゲートを入ると一面に青々とした豊かな森林が広がる。街の喧騒から離れ、緑の中に佇んで深呼吸すると、ここがインドだということを思い出すきっかけは、一緒に来たオートリクシャの運転手しかいないように思える。

キャンパスの中には植物園、動物園、博物館などに加えて、ぽつんぽつんと古代ギリシャ、ローマ調の建築様式を持つ美しい建物が建てられている。そのうちの一つが植物学部門の建物だった。目印は一〇〇メートル先からでも目を引く部門長のヴィーナ・チャンドラーの愛車、ショッキングピンクのトヨタのワゴン車である。彼女はキャンパス内の教授用の家に彼女と瓜二つの妹と二人で暮らしていたが、キャンパスが広すぎるため、車で「通勤」していた。

入り口でこの研究所にあるもっとも古い植物標本（一九〇六年製作）に出迎えられ、五人の専任教授たちの研究室を抜けて廊下をぐんぐん進んでいくと、一番奥に重厚な黒い扉が見えてくる。少し緊張しながらその秘密めいた重い扉を開いた先は、古びたキャビネットの中に埃がかった標本が所狭しと敷き詰められた植物標本室である。部屋の真ん中にはワインレッドの絨毯が敷かれ、その上に植物学者が標本を見比べたり、読み込んだりするための古い机が置かれている。壁や天井には著名なイギリス人植物学者の肖像画が貼られ、まるで現在のインドの植物学者のやり方を監視しているかのようである。

この植民地期以来の森林研究所で働く科学者たちが、ウッタラーカンドの「人々の生物多様性登録」において、「在来知」の登録活動を担った。ここでは彼らが「在来知」として特定の知識を選び、分類して記録するプロセスを追う。それにより、この知的所有権という発想に基づく取り組みが「確固たる科学の方法によって在来知の性質を規定してしまう」といった一方的な図式ではなく、むしろこれまでのウッタラーカンドの植物をめぐる科学の枠組みや科学と在来知の関係を問い直す再帰的な過程であったことを明らかにする。

## 1　人々の生物多様性登録における「在来知」と「科学知」

### 薬草を通した翻訳

まず、プロジェクトにおいて登録の対象となる、貴重な「在来知」とは何を意味するのか、政策上の想定について新たな角度から触れておきたい。

**表5－1　「人々の生物多様性登録」所定の登録書式**（筆者による翻訳）

| 1<br>草型 | 2<br>現地名 | 3<br>学名 | 4<br>変種 | 5<br>生息地 | 6<br>植物／種子源 | 7<br>現地の生育状況 | 8<br>使用法 | 9<br>使用される部位 | 10<br>関連する<br>伝統的知識 | 11<br>その他の詳細<br>(市場など) | 12<br>コミュニティ、<br>知識の所有者 |
|---|---|---|---|---|---|---|---|---|---|---|---|
| | | | | | | | | | | | |
| | | | | | | | | | | | |
| | | | | | | | | | | | |
| | | | | | | | | | | | |
| | | | | | | | | | | | |
| | | | | | | | | | | | |
| | | | | | | | | | | | |
| | | | | | | | | | | | |
| | | | | | | | | | | | |
| | | | | | | | | | | | |
| | | | | | | | | | | | |
| | | | | | | | | | | | |
| | | | | | | | | | | | |
| | | | | | | | | | | | |
| | | | | | | | | | | | |
| | | | | | | | | | | | |
| | | | | | | | | | | | |
| | | | | | | | | | | | |
| | | | | | | | | | | | |
| | | | | | | | | | | | |

「人々の生物多様性登録」プロジェクトの対象である「在来知」とは、「文書化されておらず、口承で伝えられてきた伝統」を意味した。第3章で述べたように、国家生物多様性法が前提とする「制度化されたアーユルヴェーダ」と「それ以外の在来知」という対象区分自体が、近代科学と共約可能かどうかによって規定されていたのだった。

ここに、「人々の生物多様性登録」プロジェクトをめぐる一つの矛盾が明らかになる。このプロジェクトは、「在来知」を科学的言語に翻訳し、データベース化するという試みでありながら、科学的知識との翻訳不可能性において定義される「在来知」の領域を対象としていたのだ。それでは、こうした本来相容れないはずの知識間の翻訳を行なううえで、どのような方策が採用されたのだろうか。中央政府のプロジェクトと同様、「科学知」と「在来知」の共通

分母として設定されていたのは、「薬草」という要素である。(1)

表5-1は、「人々の生物多様性登録」の書式の一部である。この書式には、まず植物の現地名と学名を記す箇所がある。そして特定された植物について生息地や希少性などの情報とともに、使用される部位、関連する「伝統的知識」、「(そうした知識の所有者としての)コミュニティ」を記すことになっている。

すなわち「人々の生物多様性登録」は、(科学とは相容れない知識として設定されているはずの)「文書化されておらず、口承で伝えられてきた在来知」を、薬草を基礎とした分類に基づいて整理することで、科学および知的所有権制度との翻訳可能性を確保しようとする試みである。その第一の任務は、在来知において使われる「貴重な薬草」を選び、その(植物分類学上の)学名を特定することである。すでに述べたように、この段階の仕事を主に担っていたのは、森林研究所の植物分類学者たちである。彼らはふだんは、植物を収集し、その弁別的特徴を把握し、リンネの命名法をはじめとする特定の分類法の中に位置づけるという、植民地期以来の「基礎科学」に従事している。(2) 彼らはプロジェクトにおいて、「在来知」とどのように向かい合い、彼ら自身の用語に翻訳しようとするのだろうか。

## 開発批判とポストコロニアリズム

植物分類学者による具体的な翻訳活動についての記述を始める前に、そうした翻訳実践をめぐってプロジェクトへ向けられた国内の批判について触れておきたい。

在来知のデータベース化プロジェクトに関しては、開発批判を行なう論者たちが、在来知と科学知の翻訳不可能性という観点から相対主義的な批判を展開してきた［Agrawal 2002］。興味深いことに、(3) プロジェクトに対するインド国内の批判の多くは、この観点を植民地主義に関連づけるものである［中空 2012］。それらは主に、ムンバイに拠点を持つ左派系知識人の専門誌『週刊政治経済誌（*Economic and Political Weekly*）』に掲載された。たとえばアグラワールはデータベース化という実践自体について、「データベース化プロジェクトは、科学知と在来知の間にある差異を無視し、本来多様で文脈に埋め込まれた在来知を既存の文脈から引き離し、科学の普遍的・合理的手法によって客体化する暴力である。これは、人口を数え、分類し、調査するという植民地期の近代的統治の技術が、今まで主体のなかに埋め込まれていたものを操作可能な客体にした事実と似通っている。われわれは支配と被支配の中の無限のループのなかにあるのである」と述べる［Agrawal 2002: 290］。また、アーユルヴェーダ医の一部は、プロジェクトのなかで生み出されたデータベースの分類体系、伝統的知識資源分類が、植物分類学や国際特許分類の体系に即して形成されたことを批判する。そして、「こうして西洋科学と西洋の法律の枠組みに即して形成された分類カテゴリーは、インドの歴史ある伝統医療の医師たちにとってまったく使えないものである。こうしてポストコロニアルな国家による知の独占が進む」と主張する［cf. Kalyan 2009］(4)。

こうした批判はすべて先行する中央政府のプロジェクトへ向けられたものである。ただし「人々の生物多様性登録」が今後進展した場合、それが本来「科学とは翻訳不可能な、民俗的なアーユルヴェーダおよびその他の伝統」を対象にしているがゆえに、この種の批判を中央政府のプロジェクトと同様（あるいはそれ以上）に受ける可能性が高いだろう。しかし、以下に記述する「コロニアルな」森林研究所の植物分類学者たちのプロジェクト実践は、それが「普遍的・合理的手法によって個別具体的な在来知を切り取り、分類・固定化する科学の権力」という単純なプロセスではないことを示している。

## 2　植物分類学者の日常的な科学実践と「在来知」

まず森林研究所の植物学者たちの、プロジェクトを離れた日常的な「科学的」実践に目を向けてみたい。特に彼らが依拠する分類の基礎であるリンネの命名法、そして日常的な植物収集実践と「在来知」の関係にフォーカスしてみよう。

## リンネの植物分類学とインドの「在来知」

植物分類学とは、植物を科学的に分類し、命名することを目的とした生物学の一分野である。植物分類学者たちは、植物を収集し、その弁別的特徴を把握し、特定の分類法の中に位置づける。この分野の学術的基礎を築いたのは、スウェーデンの植物学者、カール・フォン・リンネである。リンネは一八世紀初頭のヨーロッパに世界各地から持ち込まれた膨大な生物種を分類・命名するための包括的な規則を考案し、『自然の体系』を著した(5)。その分類法は二つのラテン名からなる二名法と、界から種にいたるすべてを包括する階層分類(6)によって成り立っていた(7)。現在の学名はリンネの考え方に沿う形で、国際的な命名規約に基づいて決定されている。

リンネの二名法と階層分類は、マドラスのイギリス東インド会社に勤めたバルト系ドイツ人の植物学者であるヨハン・ゲルハルト・ケーニヒ(8)によって、一七七八年にインドに導入されたと言われる。このことは一見、インドの多様な植物相データを分類・階層化するための、「普遍的な」理論枠組みとしての科学的分類がメトロポリスから持ち込まれたようである［cf. Krishna 1997］。しかし、そもそもリンネの分類法自体がその形成過程ですでにインドの「在来知」を取り込んでいたのである［Grove 1995］。

近年、科学史の専門家や植物分類学者自身によって、これまで「客観的自然を表象した科学的分類」と見られてきたリンネの分類体系が、いかに当時偶然入手できた民俗分類を組み合わせて構築されたものかが示されている(9)。この民俗分類のなかには、インドの事例も含まれている。リンネの亜熱帯植物相に関する主要な情報源はヴァン・リーデの『マラバール庭園（*Hortus Malabaricus*）』であった。それはインドにおける「在地のインフォーマント」の協力を得て編纂されたものだったのである。

一七世紀後半、オランダ東インド会社（VOC）におけるマラバール[10]の司令官だったヘンドリック・アドリアーン・ヴァン・リーデは、記念碑的な植物学の事典、『マラバール庭園』を出版した。一六七三年に収集を始め、一二年以上をかけて編纂された『マラバール庭園』は、南アジアの亜熱帯植物についての初めての包括的なサーヴェイであった。全一二巻からなるこの事典には、マラバールに見られる七四〇の植物の薬効が記されている。

当時の薬草についての他の著作と同様、『マラバール庭園』もその多くを「在地の協力者」の知識に頼っていた。興味深いことに、そうした「在地の協力者」のなかには、アーユルヴェーダの教典を紹介した三人のブラフマンだけでなく、低カーストであるエザヴァ（Ezhava）のイッティ・アチュダン（Itty Achudan）が含まれていた。アチュダンは、椰子の実を採集する仕事に就くと同時に、コミュニティにおいてアーユルヴェーダの治療を行なっていた。歴史家のグローヴ［Grove 1995］によると、アチュダンは、彼のコミュニティに伝わる秘儀的な教典――それはブラフマンが継承するアーユルヴェーダの教典ではない――を提供したのみならず、その中から『マラバール庭園』に掲載されるべき植物は何かを選択し、その収集を行ない、分類したうえでヴァン・リーデに提供したという[11]。この「植物分類」はライデンに持ち帰られ、リンネはそれを彼の分類体系に直接的に導入したと言われる。たとえば、属の *Achudemia* がアチュダンの名前にちなんでいることからも、その影響力の多大さがわかる。

このように、インドの「在来知」は植民地（西洋）科学が植物標本を作製するための植物の収集に協力したのみならず、そのディシプリンの根幹となる分類体系に理論的な貢献をしていたのである。

## ウッタラーカンドの植物学と「ヴァイディヤ」の知識

ここでウッタラーカンドに話を戻したい。ウッタラーカンドのある著名な植物分類学者の論文は、「ウッタラーンチャル（ウッタラーカンド）は植物学化されている（Uttaranchal is botanized）」という一文で始まる［Shah 2003］。この一文が示すとおり、ウッタラーカンドは植民地期より多くの有名な植物学者によって探索されてきた地域である。それを象徴するのが、「人々の生物多様性登録」プロジェクトにおいて「在来知」の登録と植物の収集を担う、森林研究所である。

ウッタラーカンドにおいて、最初に本格的な植物収集を行なったのは、イギリスの陸軍司令官のトーマス・ハードヴィックであった。彼は一七九六年にアラカナンダ峡谷で植物を収集した［Burkill 1965; Simpson et al. 1996］。ハードヴィックの仕事は、一八〇二年から一八〇三年にかけてヤムノートリーで収集を行なった、フェリックス・ヴィンセント・ラッパーとウィリアム・スペンサー・ウェブに引き継がれる。それに続いて、一八二〇年に設立されたサハーランプル植物園の監督者となったジョン・フォーブス・ロイルは、一八三三年から一八四〇年にかけて、デーヘラードゥーンで収集活動を行ない、その成果を多く出版した［Babu 1977; Rau 1975］。こうした収集活動の集大成として、リチャード・シュタンキーとJ・E・ウィンターボトムは、約二〇〇〇種を掲載した『アトキンソン・ガゼッター（*Atkinson Gazetteer*）』を出版した。この事典は今でもガルワール・ヒマーラヤ地方をめぐるもっとも包括的な植物事典の一つとされている。

こうしたなか、一八二〇年にサハーランプル植物園が、一八七八年から一八八一年までの間にデーヘラードゥーン森林学校が、それぞれ植物標本室を併設して設立された。そして一九〇八年に森林研究所がデーヘラードゥーンに設立された際、この二つの植物標本室が森林研究所の植物標本室として統合された。デーヘラードゥーン・ハーバリウムと呼ばれるこの植物標本室には、現在約三三万点の植物標本が所属されている。これはインドで二番目の規模である。所属する植物分類学者の収集活動や寄付、他の植物標本室との交換(12)によって、現在でも年間約四〇〇〇から五〇〇〇の標本が加えられ続けている。

ところでこうした植民地期以降継続している植物収集活動の多くは、「ヴァイディヤ」など在地の薬草専門家の協

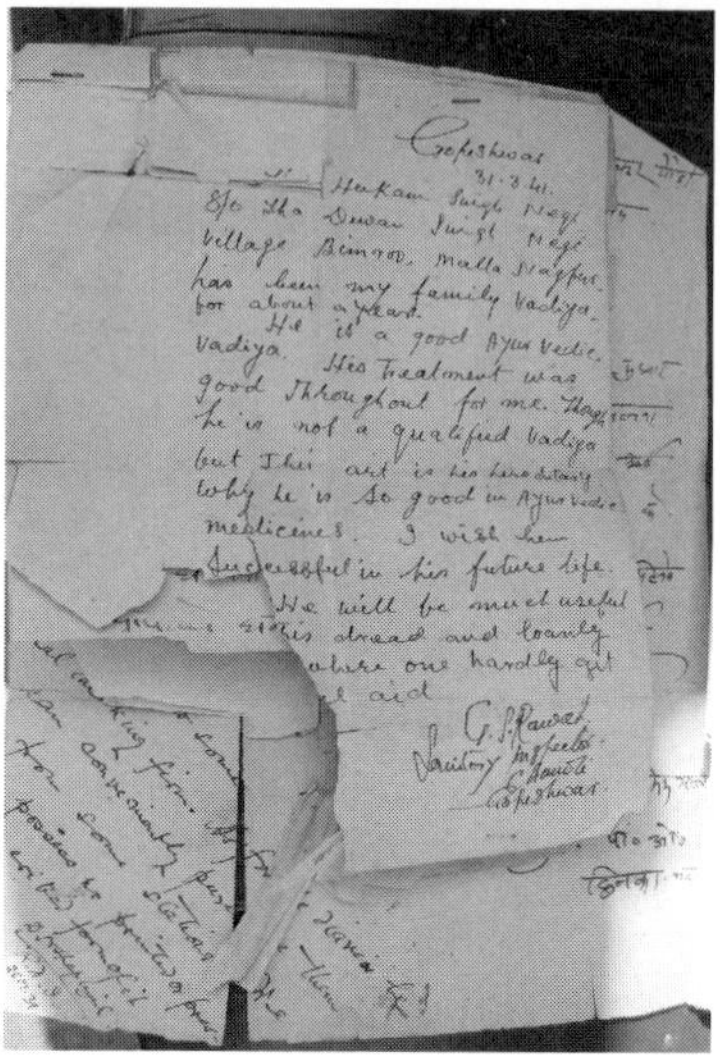
Gopeshwar
31.3.41.
Hukam Singh Negi
S/o Sha Dewan Singh Negi
village Bimroo. Malla Nagpur
has been my family Vadiya
for about a year.
He is a good Ayurvedic
Vadiya. His treatment was
good throughout for me.
he is not a qualified Vadiya
but this art is his hereditary
why he is so good in Ayurvedic
medicines. I wish him
successful in his future life.
He will be much useful
where one hardly get
aid
G. S. Rawat
Sanitary Inspector
Gopeshwar.

写真５－１　ヴァイディヤが保持する植物学者からの感謝状

力を得て行なわれてきた。それは、ジョン・フォーブス・ロイルの仕事に明確に表われている。ロイルは、『ヒマーラヤ山脈の植物学、博物学図鑑』や『カシミールの植物』などの図鑑に加え、現地での薬用植物の使用について記した『ヒンドゥー医学の伝統について』という著書を持つ。こうした植物学者たちの収集活動の遺産として、「人々の生物多様性登録」プロジェクトに参加した、チャモーリー県の「ヴァイディヤ」の何名かは、イギリス人、インド人植物学者からの感謝状のコピーを保持している。写真は、B村のラグヴィール・シン・ネーギーの祖父フカーム・シンが、一九四一年にロンドン大学の著名な植物学者から受け取った感謝状である。[13] そこには、フカーム・シン・ネーギーが一年間彼の仕事を助けてくれたこと、フカームは「資格のある（qualified）」ヴァイディヤではないものの、アーユルヴェーダと薬草について卓越した知識を持っていたことが書かれている。[14]

## 道ばたでの植物収集

このように植物分類学的な知識が「ローカルな貢献」なしには成り立たないことは、現在の森林研究所で働く植物分類学者たちにも十分に認識されているところであった。たとえばヴィーナ・チャンドラーは、命名法（nomenclature）における優先性（priority）の規則についての学部一年生向けの講義において、以下のように述べていた。

植物分類学というディシプリンにおいて評価されるのは、新種の名前を決めた者ではなく、植物の描写をいち早く行ない、出版した者である。このように私たちの科学には、明確な優先のルールがある。もちろん私たちの仕事には、植物を収集する人、収集場所について教えてくれる人、たくさんの人の協力が必要だけれども、結局そうした人たちの貢献が認識されるか、論文に名前を書かれるかどうかは、最終的に出版を行なう植物学者の慈悲(mercy)によるのですよ。[15]

(二〇一〇年七月一五日のフィールドノートより)

ここに、一つの植物種をめぐる命名と描写という科学的活動において、公的な承認を得る主体の限定性だけでなく、そうした科学的成果がもたらされるまでの無数の協力の存在が明確に表現されている。その一方で同日、講義の後に「植物収集を行なう際に協力してくれる現地の専門家の人たちは通常はどのようにして探すのですか」と質問した私に対し、チャンドラーは明らかに困惑した表情を浮かべた。彼女は「誰が植物に詳しいかは収集の現場(collection sites)に行けば自然にわかるのよ」とだけ話した。このことの理由は、森林研究所の植物分類学者の「日常的な」収集活動をめぐる参与観察を進めるうちに、明らかになっていった。つまり科学者たちにとっての植物収集とは、年に数回行なわれる指定部族「コミュニティ」での民族植物学的調査、「ヴァイディャ」をともなって行なわれる高地ヒマーラヤでの収集活動だけではないことがわかってきた。彼らはより日常的に「道ばた」において植物を集めていたのである。[16]

写真５-２　ムスーリーへの道における植物収集

**事例５-１　過去の植物収集をたどる道**

ネイターニーは、定年間近の森林研究所でもっとも年長の植物分類学者である。テーリー・ガルワール県の山深い農村出身であり、ガルワール方言訛りの強いヒンディー語で話す。植物学の建物内にはいつも彼の大きな話し声や笑い声が響いていた。行政的な仕事に追われがちな他の植物学者と比べ、いつも広大なキャンパス内を歩き回り、学生や事務員や掃除人、時に行きつけのチャイ屋さんまでも引き連れて頻繁に植物収集に出向く彼を、学生たちは「裸足の植物学者」と呼んで慕っていた。

この日ネイターニーは、三〇年来の助手、植物分類学の短期コースの受講者三名と、デーヘラードゥーンとムスーリーを結ぶ約三五キロメートルの道路を車で移動していた。私はおそらく（短期コースのプログラムにそう記してあるように）目的地であるムスーリーで収集活動を行なうのだろうと思っていた。ムスーリーは標高約二〇〇〇メートルの地点にある有名なヒルステーションであり、多様な植物相と動物相に恵まれている。しかし、ネイターニーはムスーリーへと向かう途上[17]で定期的に車を停め、舗装された道路の脇に生える植物の花や実、葉を次々と切り取っていく。そして、光の加減を調整するために持参した黒い布の上に置いて撮影を続ける（写真５-２）。

写真5-3　サードゥに話を聞く植物学者

ネイターニーによると、このような道路沿いでの「収集活動」を彼は森林研究所に赴任してからの一五年間、とりわけ雨季には毎週のように行なっている。この植物収集は、森林研究所の創立者でもあるイギリス人植物学者、ジョン・フォーブス・ロイルが一八三〇年代から一八四〇年代にかけて、サハーランプルからデーヘラードゥーンを経由してムスーリーへいたる道のりで行なった植物収集を「たどる」ものであるという。森林研究所の植物標本室には、ロイルら過去の著名な植物学者が未出版のまま残した、不完全な植物標本が多く残されている。そうした曖昧な標本をもとに正確な標本と情報を集め、出版することも現在の植物学者の仕事であるという。それに加えて、ネイターニーによると、道路沿いというのは実は新種が発見されやすい場所である。デーヘラードゥーンからムスーリーまでの道は、一九〇〇年にデーヘラードゥーンに鉄道が開通して以来、何度も舗装と再開発が繰り返されてきた。「道路」によって森林が切り開かれるとき、そこには短期的・長期的に生態系が変化することで――そこには、他の地域の在来種が道路に沿って侵入する可能性も含まれている――新しい種が生まれる可能性が常に含まれているという。

この日もネイターニーは、受講生たちに「これはティムル（[G] *timur*）という植物で、ボタニカルネームは *Zanthoxylum acanthopodium*」（私の持っていたフィールドノートに書き出して、皆に見せる）などと言いながら、すでに知られている植物について解説する一方、まだ彼自身が知らない植物の花や実の部分を切り取り、撮影を続けていく。そして、通り過ぎる二〇代と見られる青年たち（近隣農村の青年たちで、市場に向かって歩いていた）に、「君たち（bhāiyoṃ!）」と呼びかけ、「この植物は何に使うの？　どの部分？　この植物に名前はある？」と尋ね続ける。青年たちは足を止めることもなく、「食べるんだよ」「葉の部分」などと短答する。

その後、ムスーリーより一五キロメートル手前のケンプティ・フォール周辺にあるチャイスタンドにおいて、ネイターニーは偶然居合わせたサードゥ（*sādhu*）[18]の男性と話し込んでいた（写真5-3）。ハリドワールから来たというこのサードゥとネイターニーは、最近ハリドワールで頻発する外国人旅行者とサードゥの間の金銭トラブルについて盛り上がっていたが、ネイターニーは徐々に話題をサードゥが知っている薬草へと移していく。ネイターニーによると、サードゥは完全なるシャカハーリー（菜食主義者）であり、化学薬品に頼らず、薬草による自己治療を行なっており、また移動生活を送っているため、広範な地域の薬草に詳しいという[19]。

結局この日は、「ムスーリーで植物収集実習を行なう」という事前のコースの説明にもかかわらず、ムスーリー自体で過ごした時間は四〇分にすぎなかった。デーヘラードゥーンからムスーリーへ移動する道中での収集活動という、一般の植物収集のイメージから離れた実践に終始したネイターニーは、「僕のわがままにペイシェントでいてくれてありがとう」と最後に参加者に謝っていた。

（二〇一一年八月一四日のフィールドノートより）

この事例についてまず確認しておきたいのは、現在の森林研究所の植物分類学者にとっての収集活動とは、必ずしも隔離された指定部族コミュニティにおける民族植物学的調査や、高地ヒマーラヤにおける収集活動などを意味しないということである。彼らは主に植民地期の植物標本に依拠し、過去の植物学者の歩いた道をたどりながら、デーヘラードゥーン近郊の道路沿いで収集活動を行なっている。もちろんこのような「日常的な」収集活動すらも、実際には多様な「在来知」に依拠している。しかしそこで「在来知」の担い手として登場するのは、指定部族コミュニティにおける権威やアーユルヴェーダの治療者「ヴァイディヤ」といった、いわゆる在地の薬草専門家ではない。それは、収集活動の過程において偶然出会った現地の青年たちや巡礼するサードゥである。そのような「特に名指されない他者」が提供する、一般的な植物の使用法や個人的な知識に基づく偶発的な貢献こそが現在の植物学者たちの植物学的知識の生成を支えている。ヴィーナ・チャンドラーが「植物収集に協力してくれる、現地の専門家とは誰か」と質問されて困惑していたのも、こうした「在来知」の担い手の匿名性と偶発性によるものだ。

このことを踏まえ、次節以降、現在の「人々の生物多様性登録」プロジェクトに話を戻したい。「在来知」を特定し、分類してデータベース化するという取り組みにおいて、何が貴重な「在来知」として選択されるのだろうか。

## 3 ハーバリウムワーク——「在来知」としての植物標本

### 「すでに書かれている」知識

二〇一〇年一〇月四日、私は当時のウッタラーカンド州生物多様性委員会の議長であるバールファルの自宅へと向かった。それは、その前の週に行なわれた委員会での決定と、バールファル自身の「在来知」や知的所有権についての基本的な考え方について知るためであった。委員会の設置やサーヴェイの具体的手法について話が進むなか、私が「知識の聞き取りを行なううえで、伝統治療の専門家の知識の秘匿が問題になるのではないか」という質問をするとバールファルは以下のように答えた。

それはケース・バイ・ケースだから何とも言えない。そもそも彼らが使っている植物や知識というのは、すでに文書化されている。本も数え切れないほどたくさん出ているのである。ただ、実際どのように使われるかという点が問題になる。たとえばわれわれは皆ニームについてさまざまな効用があると知っているが、それが実際どのように薬として用意され、どのような効能のヴァリエーションがあるのか、という点は専門家に聞いてみなければわからない。とにかく個々のケースを見ていかなければならない。

（二〇一〇年一〇月四日のフィールドノートより）

ここに「在来知」、とりわけそこで使われる薬草の特定に関しては、すでに文書化され、循環する科学的知識の一部になっているという認識が表現されている。その一方で、その使用法や製薬法に関しては、「専門家」に聞いてみなければわからないという。こうしたバールファルの「在来知」についての考え方は、現場レベルでどのように実践されていたのだろうか。

## 植物標本から「在来知」を読み解く

「人々の生物多様性登録」の対象である「在来知」とは、「口承伝統によって伝えられてきた」民俗的アーユルヴェーダを政策上は意味していた。

しかし先述のバールファルの言葉には、ウッタラーカンドにおいてはすでに多くの「在来知」が文書化されており、植物学の知識の一部として流通しているという見解が示されている。こうしたプロジェクトの前提のもと、森林研究所の科学者たちが第一のアクセスポイントとして選んだのは、森林研究所内に保存されている植物標本であった。すなわち彼らは、フィールドで「ヴァイディヤ」など在地の専門家から知識を聞き取ることからではなく、植物標本室で現在までに蓄積されてきた知識を読み取ることからプロジェクトを開始したのだ。

すでに述べたように、森林研究所の植物標本室はインドで二番目の規模を誇り、そこには約三三万点の植物標本が保管されている。これらの標本は主にウッタル・プラデーシュ、ウッタラーカンド、パンジャーブ、ハリヤーナー、チャンディーガル、デリーといったインド国内の近隣の地域で集められたものである。[20] とりわけウッタラーカンド地方のものは、「教育上の目的」、すなわち修士・博士論文のための調査活動を州内で行なう森林研究所の学生[21]のために、他のものとは分けて保管されている［Chandra 2008: 34］。

州内の生物多様性に関する在来知を登録することを目的とした「人々の生物多様性登録」プロジェクトで対象とされたのも、植民地期以降このウッタラーカンド地方で収集されてきた植物標本であった。まず植物学者たちが植物標本室のスタッフ二名に依頼して行なったこととは、植物標本右下のラベル部分の記載を読み込み、「民族植物学的な情報」を探索することである。

写真5-4　「在来知」としての植物標本のラベルを読み込む専門家たち

植物標本のラベル部分には、標本それ自体からはわからない情報、すなわち植物の収集地に関する情報、植物のローカルな名前、使用法、使われる部位などが記されている。[22] ウッタラーカンドのプロジェクトにおいては、この記載からウッタラーカンドの特定地域において人々によって集中的に使用されている（た）薬草をまず特定する。そのうえで現在の使用法について「フィールドの薬草専門家」に対してインタビューを行なうという。この二段階のやり方は、バールファルが述べた、ウッタラーカンドのプロジェクトにおける「在来知」についての基本的前提――「在来知」においてどの薬草が使われるのかはすでに文書化され、植物分類学的知識の一部となっているが、それがどのように実際の場で使われているのかについては専門家に聞かなければならない――に対応している。

このような植物標本を媒介として「在来知」を探る方法は、前節で描いた森林研究所の植物分類学者の「日常的な」実践や他のプロジェクトと一続きにある。すでに述べたように、現在の植物分類学者は「新種」を求めて収集活動をする際に、過去の植物学者が未出版のまま残した標本を参照している。[23]彼らは、標本のラベルを読み込み、(しばしばその情報が曖昧かつ部分的であるために)「ブレーンストーミング」を行ないながら、原産地を特定する。[24]たとえば、前節で取り上げた事例5-1においては、ネイターニーは、サハーランプル植物標本室の創立者、ジョン・フォーブス・ロイルの標本を参照したうえで、デーヘラードゥーンとムスーリーを結ぶ道路沿いの収集活動を行なっていた。彼の収集実践の構成要素は、過去の植物標本(それ自体が植物学者と多様な「在来知」の関係性の産物であることが多い)、道路などの介入によって変化した生態環境、そして途上に偶然通りかかった、移動生活を送るサードゥなどの人々の知識である。この事例のように、過去の植物標本と現在の「在来知」の情報を行き来しながら新たな知識を練り上げていく手法は、森林研究所の植物分類学者にとって馴染み深いものなのである。

またチャンドラーが、二〇〇七年以降、別プロジェクトにおいて植物標本のデジタル化に取り組んでいた事実にも触れておきたい。このプロジェクトは、一九七〇年代半ばにイギリスとオーストラリアで生まれた、「デジタルハーバリウム」[25]という概念に即している。それは、標本の保存コストの軽減と、情報公開による世界中の植物分類学者とのコミュニケーションの促進をめざして開始された[Chandra 2009: 679]。二〇一〇年時点においてすでに一万五〇〇〇点の標本とラベル上の情報がデータベース化されていた。よって、チャンドラーが「人々の生物多様性登録」もこのプロジェクトとの連続の中で考えていたとしても不思議ではない。

写真5-5　ヴァイディヤの保存する薬草

## 翻訳の問題を避ける

しかしそれと同時に、この「植物標本を媒介として在来知を探索する方法」は、「人々の生物多様性登録」プロジェクト固有の方法として考案されたものでもあった。繰り返し述べているように、「人々の生物多様性登録」は、「文書化されておらず、口承で伝えられてきた在来知」を、薬草という共通分母を媒介として近代科学および知的所有権制度と翻訳可能にしようという試みである。その第一段階として、在来知で用いられる薬草について、植物分類学上の学名を特定することが必要となる。

森林研究所の植物学者たちによると、すでに学名の特定が済んでいる植物標本をもとに、それに関連する「在来知」を調べるという方法は、「ヴァイディヤ」などの薬草専門家が用いる植物をフィールドで収集し、それらの学名を特定するよりも簡単であり、また時間のかからないものである。たとえば、「人々の生物多様性登録」に参加しているNGO、アーガーシュ（AAGAAS Federation）は、二〇〇九年に別プロジェクトの一環として、チャモーリー県ピパルコーティー周辺の「ヴァイディヤ」の薬草治療について聞き取りを行なった。彼らがまとめた文書には、治療で使われる薬草の現地名に続く括弧内に、ラテン語の学名ではなく、

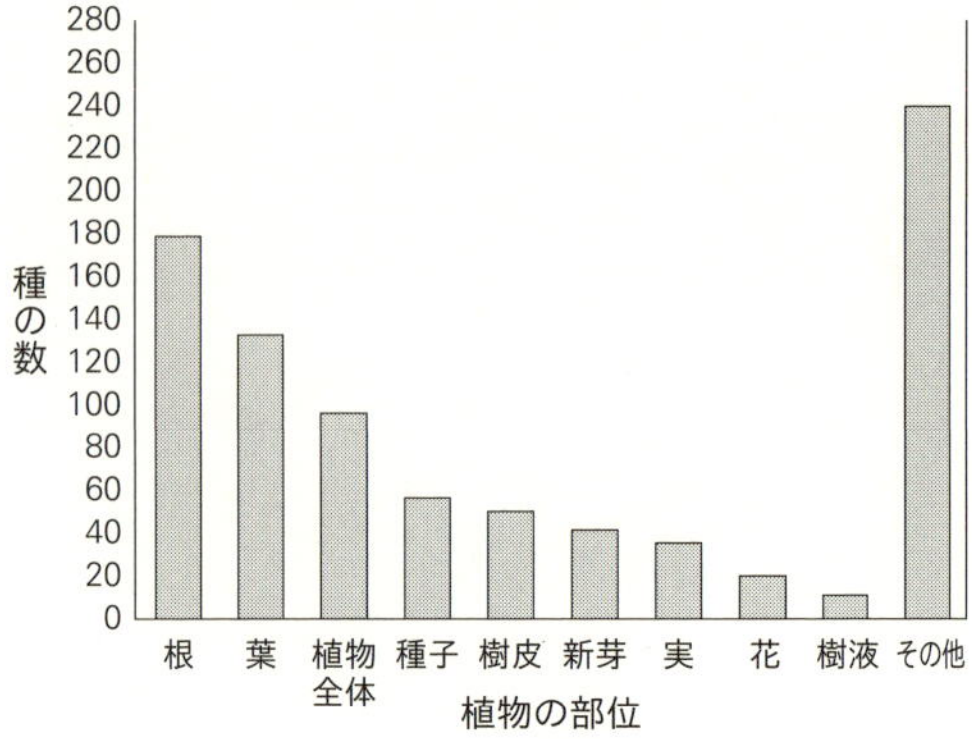


**図5-1　ウッタラーカンドのヴァイディヤが用いる植物の部位**［Kala 2010: 6］[28]

「local herb」とだけ書かれている箇所が散見される。それは学名が特定できていないことを意味する。アーガーシュのスタッフによると、森林研究所に相談のうえ、[26]学名の特定を進めようとしてきたが、二〇一四年になっても目立った進展はないという。その理由としては、植物分類学者は植物の特定に花や実、葉などを必要とする一方で、ヴァイディヤが治療に用いるために保存しているのは主に、植物の根、地下茎、塊茎などを乾燥させたものであり（写真5-5、図5-1）、そこに「翻訳の問題」が生じるということが挙げられる。ヴァイディヤが使用する植物を再収集し、学名を調べようとすれば、花の咲く時期、すなわち雨季に土砂崩れのリスクの中で標高四〇〇〇メートル弱の高地ヒマーラヤを登らなければならない。[27]また第4章で述べたように、チプコー運動後、森林局は木材林産物だけでなく、薬草などの非木材林産物の収集に関しても多くの制限を設定するようになっている。チャモーリー県のヴァイディヤの多くが収集活動を行なうバドリナート付近ではとりわけ規制が厳しく、彼らはしばしば「違法」に治療に必要な薬草を収集せざるを得ないという。中央政府の研究機関である森林研究所に所属する植物学者たちが、とりわけ州政府のプロジェクトにおいて、このような収集活動を公に実施できるかは、疑わしいのである。

このように、ハーバリウムの植物標本を媒介として「在来知」を調べ直す方法は、プロジェクトにおいて、科学知と在来知の間を共約可能にするうえでの多様なコストとリスクを避けるためのものでもある。植物標本にすでに「在来知」の一部が書き込まれていることを前提としたこの手法は、「在来知」を近代科学とは本来的に相容れない知識とする、第1節で概観した政策や開発批判の論者たちの認識に反するものである。その一方で、すでに学名が特定されている薬草に焦点を絞って、多様な「在来知」を植物分類学的秩序（「種」という普遍的単位）を基準にデータベース化しようとすること自体は、依然として「普遍的・合理的手法によって個別具体的な在来知を切り取り、分類・固定化する科学の権力」という開発批判の対象となるであろう。しかし、プロジェクトの次の段階、すなわち植物標本から特定された薬草をもとにヴァイディヤに対して聞き取りを行なう場面においては、植物分類学者たちは「種」という植物分類学的秩序の普遍性をもリフレクシブに問い直すにいたったのである。次節においては、この経緯と、そうしたリフレクシビティを支える植物分類学を取り巻く現代的状況についてみていこう。

# 4　フィールドワーク――ヴァイディヤへの聞き取りと相対化される科学

## 「ローカルな名前」の安定性と包括性

二〇一〇年一〇月と一二月、チャモーリー県ピパルコーティーのアーガーシュの事務所内において、三二名の「ヴァイディヤ」[29]へのインタビューが行なわれた。聞き手は、森林研究所のネイターニーとサス・ヴィシュワス、大学院生二名、アーガーシュのスタッフ数名である。インタビューは、ラベルの記載から、チャモーリー県内で収集されたと想定され、かつ現地名が明らかになっている――それゆえに現地で集中的に使用されていると推定される――植物の標本一〇〇点について、その標本の写真をプリントアウトしたものを用いながら行なわれた。質問は、表5-1のプロジェクト所定のフォームに即して、生息地や希少性などの情報、使用される部位、関連する「伝統的知識」（使用法と治療法）などの項目についてなされた。

この聞き取りは当初の予定どおり効率よく進められたが[30]、その過程において副次的に明らかになったことは、ヴァイディヤの用いる植物の現地名[31]が、標本が作製された当時――それは一九二〇年代から一九七〇年代まで開きがあった――から現在にいたるまでほとんど（一〇〇点中九四点）変化していないということである。多くのヴァイディヤは、標本そのものを見ることなしに、現地名のみで植物を特定することができたのである。その一方で、これらの植物についての学名は過去約一〇〇年の間に、三分の一以上が変更されている。表5-2は、この時使用された植物標本について、学名と現地名（とその語源）についてまとめられた論文中の図表の一部であるが、グレーの学名が命名時よりなんらかの変更を施されたものである。[32]その一方で、ここに書かれている現地名は、過去一〇〇年の間に変化を被っていないものである。学名の変更は、属が見直されたり、既存の種と同種であることが実証されたりすることによってなされる。さらには植物分類学の分類体系自体が、形態学を基礎としつつ、発生学、生化学、分子生物学など隣接分野の成果を取り入れながら見直され続けているという事実も、名前の変更に拍車をかけている。

この学名に対するローカルな名前の安定性という発見がプロジェクトの会合で話題にされたのは、「パラタクソノミー（parataxonomy）」について話し合われた時である。第4章で述べたように、ウッタラーカンド州の「人々の生物多様性登録」においては今後、県、郡、パンチャーヤトレベルで合計七〇〇〇の生物多様性管理委員会の設置がめざされている。そして最終的にはそれぞれの委員会で、地元の人々自身によって「在来知」や生物資源の登録が行なわれるようになることが望ましいとされる。この過程における人々の「包摂」を実現するためには、植物分類学における分類方法や植物標本の作成技術を「人々」に教授する必要が生じる。こうした分類学の専門的知識の一般社会への移転のために、近年生物多様性の分野において提唱されているのが「パラ（準 para）タクソノミー（分類 taxonomy）」＝「非専門家にもわかりやすい単純化された分類学的単位」という考え方である。[33]この日の会合ではウッタラーカンドにおいてそれをどのように実現するのか、具体的な方法と研修内容、対象者の提案、予算の配分などが話される予定であった。

しかし、その担当者であるネイターニーとサス・ヴィシュワスが発表したのは、「パラタクソノミー」の意味を組

表5-2　プロジェクトで取り上げられた植物の学名と現地名の一部［Singh 2008］
（筆者による翻訳。ヒンディー語と学名の表記は原文ママ）

| 学名 | 科 | 現地名と意味 | 語源 |
|---|---|---|---|
| *Abrus precatorius* Linn. | Fabaceae | *Ratti* (B)＝宝石商の秤 | 種が宝石の重さを量るのに使われる。 |
| *Achyranthes aspera* Linn. | *Amaranthaceae* | Adhyaa-jharo & Ulta chadchita (B)＝悪霊を清める | 葉が悪霊を清めるのに使われる。 |
| *Aconitum ferox* Wall. *ex* Ser. | Ranunculaceae | *Vis* (G)＝毒 | 根の部分が毒を含む。 |
| *Aconitum hetrophyllum* Wall. *ex* Royle | Ranunculaceae | *Atees* (G)＝過剰に摂取すると毒となる | 過剰に摂取すると根の部分が毒となる。 |
| *Acorus calamus* Linn. | Araceae | *Bach* (B)＝話す | 発話障害の患者に対して根が処方される。 |
| *Adiantum capillus-veneris* Linn. | Adiantaceae | *Kaali-chhadee* (B)＝黒い縞 | 葉の模様が黒い縞。 |
| *Adina cordifolia* (Roxb.) Benth & Hook. f. *ex* Brandis | Rubiaceae | *Haldu* (B)＝ターメリック | 木がターメリックのように黄色い。 |
| *Aerva lanata* (L.) Juss | Amaranthaceae | *Keero kaa ghas* (B)＝害虫のための草 | 草の煎じ汁が牛の蹄の感染の治療の原因となった害虫の駆除に使われる。 |
| *Ageratum conyzoides* Linn. | Asteraceae | *Fulania* (B)＝開花 | 一年中花が咲いている。 |
| *Allium auriculatum* Kunth | Alliaceae | *Farn* (G) & *Jambu* (K)＝炒める、ジャムーカシミール | 植物全体を干し、野菜や豆を炒めるのに用いる。ジャムーカシミールの高地で見つかる。 |
| *Alternanthera pungens* H. B. & K. | Amaranthaceae | *Chapdyaa* (B)＝広がる | 土に広がって生える。 |
| *Amaranthes spinosus* Linn. | Amaranthaceae | *Kantilee chauli* (B)＝トゲを含む | トゲがたくさんある。 |
| *Andrographis paniculata* (Burm. f.) Wall. *ex* Nees | Acanthaceae | *Kaal Megh* (B)＝黒い雲 | 茎と葉が黒い。 |
| *Angelica glauca* Edgew. | Apiaceae | *Gandren* (K)＝匂い | 根の部分に特殊な匂いがある。 |
| *Argemone mexicana* Linn. | Papaveraceae | *Peelee kataiya* (B)＝トゲのある黄色 | 花の部分は黄色く、植物全体にトゲがある。 |
| *Ariseama jacquemontii* Bl. | Araceae | *Syaapak ghwag* (K)＝蛇のトウモロコシ | 実は小さいトウモロコシのようであり、根は蛇の頭のようである。 |
| *Arnebia benthamii* (Wall. *ex* G Don) I M Johnston | Boraginaceae | *Baal-chhadee* (G)＝髪のための根 | 根をマスタードオイルに溶かし、育毛のために使う。 |
| *Artemisia nilagirica* (Clarke.) Pamp. | Asteraceae | *Paatee* (K)＝神聖な | 植物全体が神聖なものととらえられ、とりわけ葉の部分が儀礼に使われる。 |
| *Arundo donax* Linn. | Poaceae | *Nalaee* (B)＝パイプ | 茎が空洞になっていて、パイプとして使われる。 |

み換えた、以下のような提案であった。

> 先日われわれが調査において再確認したのは、ローカルな命名の多くは標本が収集された当時と現在で変化していない一方、学名は科学者が分類法を形態学的なものから生殖上の特徴、そして属によるものへと変更し続けるがゆえに[34]一〇〇年の間に定期的に変わり続けてきたという事実である。名前の変更は、われわれの科学に常に混乱を与えているのだ。新しい学名を提案する論文が出版されたとしても、すぐにすべての科学者やハーバリウムがそれを使うとも限らないし、ましてや一般向けの図鑑や雑誌なんかはますます変更が遅れる。最悪のケースでは、数十年の間、古い名前と新しい名前が並存していることもある。
>
> 特に最近、このプロジェクトを含めた生物多様性の保全にかかわる活動と消費者たち[35]は、名前の安定を求めている。今や科学的正確さ(accuracy)と安定性(stability)の両方が大切である。……(中略)……このことを踏まえたうえで、今後プロジェクトの中で実現するべきなのは、学名だけではなくローカルな命名も重視した、パラタクソノミーではないか。とりわけ学名の不安定さは人々にとってもデータベースの構築にとっても有害である。
>
> (二〇一一年二月二八日のフィールドノートおよび録音したテープより)

この傍点部分の内容についての具体的提案として、サス・ヴィシュワスは、「人々にはローカルな名前をもとに薬草知識を整理してもらい、その後にローカルな分類と科学的分類を両方埋め込めるようなデータベースシステムを構築すること」と話した。彼によると、パラタクソノミーのパラ(para)とは並列(parallel)を意味するのである。すなわちここに、「在来知」をデータベース化する際に、植物分類学的秩序(あるいは「人々」が用いるために単純化した「準」分類)のみならず、在来知で用いられる「名前」も同時にその再組織化の方法の一つとなるべきだという理念が表現されている。その理由として挙げられるのが、植物標本を媒介に「在来知」と「科学知」の過去と現在を比較したことで可視化された、「ローカルな命名」の「学名」に対する安定性である。

　この提案がデータベースの技術的構造に反映されたという例は、本書のフィールドワークの終わる二〇一四年三月までにはない。それどころか、州生物多様性委員会の議長の交代などもあり、生物多様性管理委員会の設置自体がほとんど進んでいないという現状もある。また、在来知の登録作業は「人々」ではなく、相変わらず科学者や人類学者、NGOによって担われていたのである。その一方で、プロジェクトにかかわる森林研究所の若手科学者[36]は、「有用な植物に関するローカルな名前の重要性（Importance of local names of some useful plants）」と題する論文を、科学産業研究審議会が刊行する『インド伝統的知識研究（*Indian Journal of Traditional Knowledge*）』に投稿している。そこでは、先述のインタビューにおいて取り上げられた薬草のローカルな名前とその意味、語源について調べられたうえで、「ローカルな薬草の使用法や治療法だけでなく、ローカルな命名法自体が文書化、保存されなければならない」[Singh 2008: 369] 理由について以下のように書かれている。

> ローカルな名前は単一性と一貫性を欠いているため、植物の科学的な説明にはふさわしくないとされる。しかしそれは安定的であり、それに加えて本論文で示したように、ローカルな使用法、生態学、生理学、解剖学、薬学、化学にかかわるより広範な情報を含んでいるのである。それゆえに有用な植物を新たに発見したり、あるいはすでに知られている植物の新たな使用法を発見したりするのに役立つ科学的道具となるだろう。
> [Singh 2008: 370]

　ここに、名前の安定性に加えて、薬草についての情報の包括性という点が強調されている。たとえば、アティース（[G] *atis*）という植物はガルワール方言で「過剰に摂取した場合、有毒である」という薬学的知識を語源とする一方、ハッター・ジャリー（[G] *hatthā jaḍī*）は「根の部分が指を持った手のように見える」という形態学的特徴を示しているのである [Singh 2008: 366–367]。注目すべきなのは、先述の「パラタクソノミー」の提案同様、この論文での指摘も、ただ単に「失われつつあるローカルな名前（文化）を保存しなければならない」という理念的主張ではない点である。むしろそれは、ローカルな命名法の「科学的」「技術的」優位性、有用性を問題にしているのである。

このように、プロジェクトにおける「フィールドワーク」の過程は、「在来知」を植物分類学的秩序に即して再組織化するというプロジェクトの前提自体をリフレクシブに問い直す動きを生んだ。過去に収集された植物標本を媒介として「在来知」を調べ直す方法は、「学名」に対する「ローカルな名前」の安定性・包括性を可視化し、一部の科学者に植物のローカルな名前への「科学的」関心をもたらしたのである。ただしこのプロジェクトにおいてみられた再帰性は偶発的なものではなく、植物分類学というディシプリンが内包する本質的な不確実性と、それが主題化しやすい現代的状況を反映したものでもある。次項では、「人々の生物多様性登録」を離れた、森林研究所の植物分類学者の日常的実践にふたたび話を戻して、このことについて考察しよう。

## 「種」を問い直す

学名の不確実性という主張は、新しい「発見」ではなく、実際にはもともと植物分類学者の間でよく知られる問題である。たとえば、森林研究所の学部一年生の授業で使われている植物分類学の古典、『植物分類学入門（*An Introduction to Plant Taxonomy*）』［Jeffrey 1982］の第三章（「分類のプロセス」）は、「第一にわれわれは、分類は意思決定を含むということを知っておかなければならない」という一文から始まる。そして、次のような記述が続くのである。

このことは、明らかに意見の不一致のもとになる。異なる人々は違った考えを持っているため、決定は主観的になりがちであり、人によって異なるものとなる。それほど明らかでないことで、しかしながら真実であることには、異なる人々は何が「同じ」かについて異なる考えを持っているということである。言葉を変えれば、特定化においては、何をわれわれが「同じ」とするかは同質性を決定するのにわれわれが用いる基準次第なのである。 [Jeffrey 1982: 13-14]

ここに、植物分類学における「種」とは、普遍的な自然の表象ではなく、植物分類学者のコミュニティにおける「同質性」についての一時的な合意であることが示唆されている。[37] さらにJ・バウカーが論じるように、植物分類学のような確立された学問分野においては、若手の科学者はそれが依拠する分類あるいは測定法のどこに不確実性が存在するのか、講義やラボにおける「戦争話」においても学ぶ [Bowker 2000: 655]。森林研究所においても、たとえば学部一年生用の講義においてリンネの分類について扱う際、チャンドラーはその分類体系と同時に、リンネがいかにそのとき入手可能であった民俗分類をつなぎ合わせて分類体系を構築したかを、本章第2節で取り上げたインドのイッティ・アチュダンの事例を引用しながら説明していた。授業後の学生たちの会話は、その日習ったリンネの階層分類をいかに暗記するかに集中していた。彼らは、界 (kingdom)、門 (phyla)、綱 (class)、目 (order)、科 (families)、属 (genera)、種 (species) という階層体系についての、「King Philip Came Over From Genoa Spain (フィリップ王がスペインのジェノヴァからやって来た)」という暗記法を習っていた。しかし私がアチュダンの話をどう思ったかと聞くと、学生のうちの一人が『マラバール庭園』が最近ケーララの植物学者によって英訳されたこと」、「それに対してもともと知識を提供した低カーストグループが権利を主張し始めたこと[38]」をすでに寮の先輩から聞いたことがあったと話してくれた。

このように、植物分類学というディシプリンは本来的に緊張関係と不確実性を含んだものであると言える。それはリンネをはじめとする「科学的」分類、その最小単位である「種」という概念に依拠し、それを前提としているが、その一方で、その存在と普遍性を疑う主張をも同時に内包しているのである。[39] ただし、階層分類や種に関する不確実性は、先述の講義の場面のようにそれについて話される場面では主題化されるものの、森林研究所の科学者の日常的実践において話題になることは少ない。たとえば、事例5-1のような植物収集の場面で、科学的分類はそうした実践を基礎づける「背景」であり、それ自体の正当性が問い直されることはないのである。

しかし植物分類学と「生物多様性」をめぐる現代的状況は、「種」や「科学的」分類の普遍性が改めて問い直される契機となっている。一方で、森林研究所の科学者にとって、「生物多様性」という概念の国際的流行は、彼らに象徴的・金銭的報償をもたらすものである。一人の若手植物学者は私に、一九九二年の生物多様性条約締結後、「古いスタイルの科学者」である彼らのもとに急にファンドやプロジェクトが舞い込み、また彼らに対して「以前は耐えられないほど馬鹿にした態度をとっていた」生化学者たちの目も変わったと話した。生物多様性科学という新しい分野の登場は、植物分類学のアイデンティティを、植民地時代の従属的な科学からインドが主導的役割を有する新しいグローバル科学へとラディカルに転換させるものだった。他方で、「生物多様性」は、彼らに「困難な協力関係」を要請するものでもあるという。とりわけ、「生物多様性」にかかわる二つの科学、すなわち植物相を周囲から独立したものとしてとらえ、その特定・命名を行なう分類学と、環境と生物種の相互作用を問題とする生態学の間には、緊張関係が存在する［cf. Bowker 2000］。

森林研究所において、二〇一〇年夏に行なわれた植物分類学の短期講座における、サス・ヴィシュワスの講義は、そうした生態学との「遭遇」がいかに分類学内部に「種」概念の再考へとつながる動きを生んでいるかを考えるうえで示唆的であった。彼は「植物標本を収集する——伝統的なアプローチと新しいアプローチ」と題された講義において以下のように論じていた。それは、チャンドラーが「植物相は基本的には動物相や周囲の環境から独立したものである」と説明した講義の直後のことであった。

長い間、植物学者は植物標本の収集を個々の成熟種を基礎的な単位として行なっていた。しかし現在では、受粉や散布、植物相の分布を通した生殖において動物と相互依存的に生育しているということは広く認められている。それゆえに、動物相と相互依存的なものとしての植物種という観点からフィールドデータが収集されるべきである。

（二〇一〇年八月一一日のフィールドノートより）

ここに、彼は動物やその他の環境との関連という観点から（個々の成熟した）種という概念を再考している。それは、生態学的観点に影響されたものであるということは明白である。近年の生態学、すなわち「周囲との関係性の中で生息する植物」という考え方との遭遇および協調の必要性が、森林研究所の科学者に種という概念をリフレクシブに問い直す基盤を作っていると推測されるのである。

さらに生物多様性条約締結前後より、（本書の扱う特定のプロジェクトを離れても）生物多様性との関連の中で「在来知」や「伝統医療」の再評価が進んだことも、彼らに植物分類学的知識の普遍性を問い直す機会をもたらしている。彼らの開講する短期コースにも、多様な「伝統医療」の専門家が参加するようになったという。たとえば、以下の事例を検討してみたい。

### 事例5-2　完全ではないわれわれの知識

二〇一一年二月の短期コースには、アーユルヴェーダ医、ジャスミート・シンが参加していた。彼は二〇〇八年に『アーユルヴェーダで用いられる薬草帳（*Atlas of Ayurvedic Medicinal Plants*）』という、アーユルヴェーダの教典のシュローカ（*śloka*）を英語に翻訳するという試みに基づく本を出版している。この本には、使用される薬草の名前と使われる部位、製薬法が写真入りで紹介されている。

すなわち彼は、アーユルヴェーダで使われる薬草の学名を特定することをめざしてこのコースを受講していた。彼は植物標本室での実習中や講義中に特定の植物の標本が取り上げられると、「この植物のどの部分が現地では使われるのか」「どのような薬を作っているのか」と植物の薬効について頻繁に質問していた。その多くに講師である植物分類学者たちは答えられなかった。講師の一人は「われわれの仕事は植物の特定や名づけ（naming）であり、植物のすべてについてよく知っているというわけではない」と発言していた。またインド植物学国勢調査から講師として参加していた別の講師は、「その植物の特定すらも、われわれは伝統的知識に依拠している。科学は臨床実験などを行なってその効用を確かめるが、どの植物かを特定するのは、常に伝統医療だ」と言った。

（二〇一一年二月一七日のフィールドノートより）

すなわち、この事例においては、「伝統医療」の専門家が求める薬草についての知識との対比の中で、彼らの持つ「専門的知識」――すなわち特定の「植物」の学名とその植物分類上の位置――とその限定性が表現されている。こうした限定性への認識は、前項で紹介したプロジェクトに参加した科学者の論文における、ローカルの名前が含む薬草についての情報の包括性への評価とも関連していると考えられるのである。

以上、本節で見てきたように、植物分類学という古くて新しい学問分野は、種概念やそれに基づくリンネの階層分類を中核に組織されていると同時に、それらの存在を疑う主張をも内包しているという二重性に特徴づけられる。ただし「種」や科学的分類の不確実性は、植物の収集、標本の作製、特定化・命名といった科学者たちの日常的実践において問題化されることは少ない。しかし、近年の「生物多様性」という学際的領域の登場は、種概念やそれに基づく分類体系の正当性が主題化される契機を分類学にもたらした。そこでは、分類学者は常に「他の」知識、すなわち他のディシプリンの知識やヴァイディヤの知識と対峙することになり、結果としてみずからのディシプリンにおける不確定な要素を再考する機会を与えられているのである。前項で描いた、「人々の生物多様性登録」における並列的分類の提案は、こうした植物分類学が本来的に抱える矛盾とそれが表面化しやすい現代的状況の一つの表れと言ってよいだろう。プロジェクトでは、過去に収集された植物標本を介在させて「在来知」を探索するという実践において、「ローカルな名前に対する学名の不安定性」という新たな比較の文脈が提供されたのである。

## 5　プロジェクトと再帰性

本章では、森林研究所の科学者たちが「人々の生物多様性登録」において、何を貴重な「在来知」と見なすのか、そしてそれを植物分類学の用語に翻訳する際に何が含まれ、何が排除されるのかを描いた。

国家生物多様性法は、「人々の生物多様性登録」において対象となる「在来知」を、「近代科学とは本来的に共約不可能な、文書化されておらず口承で伝えられた伝統」と設定していた。開発批判の論者たちもその設定を共有しつつ、個別具体的な在来知を普遍的、合理的な近代科学の方法で一方的に切り取ってしまうものとして、プロジェクトを批判してきた。しかし本章が詳細に描いてきたプロジェクトの過程は、こうした単純な図式では括ることができない、ウッタラーカンドの科学と在来知の関係の複雑で微細な変化だった。

そもそも現在のウッタラーカンドの植物分類学者たちの日常的な植物収集実践は、植民地期の植物学的知識――それ自体がヴァイディヤなどの当時のローカルな薬草専門家の協力によって生み出されたものである――に大きく依存していた。彼らは、通りがかりの少年やサードゥなどに簡単な質問をすることはあっても、現在の薬草の専門家に聞き取りなどをすることは少ない。

「在来知」を登録することをめざした「人々の生物多様性登録」プロジェクトにおいても当初、この植民地期の科学に依存した方法が採られていた。そこでの「在来知」とは、植民地期の植物標本をはじめとする多様な文書に書き込まれた「民族植物学」的情報と、現在の「ヴァイディヤ」の実践の比較を通して生み出されるものを意味した。しかしこうした比較の過程は、「ローカルな名前」が「学名」に対して通時的変化の少ないものであることを明らかにした。それにより科学者たちは「種」という植物分類学を支える根本的な概念の普遍性や有用性を新たな文脈で問い直すにいたったのである。ここに、普遍的な科学と局所的な人々の知識という想定は、特定地域における土着の知識

（名前）の相対的な安定性と包括性をもとに反転することになる。(40)

つまりここで描いてきたのは、知的所有権概念との関係のなかで、ウッタラーカンドの生物資源をめぐる「在来知」が改めて焦点化され、その登録が進むなかで、むしろ既存の科学の枠組み自体、そして科学と在来知の関係自体が問い直されるプロセスだった。「普遍的・合理的手法によって個別具体的な在来知を切り取り、分類・固定化する科学の権力」といった一元的な図式では括ることのできないプロジェクトの再帰的過程を、次章では「知識の所有者」をめぐるドキュメンテーションに焦点を合わせて描いていきたい。

# 第6章

# 「知識の所有者」をつくり出す

森林研究所のある州都デーヘラードゥーンと、「ヴァイディヤ」たちが暮らす山岳県チャモーリーを結ぶ、国道九四号線。蛇行し続けるこの山道の横はまさに断崖絶壁であり、崖の下にはガンジス川とヤムナー川が広がっている。この道を通って一〇時間（雨季にはそれ以上）かけて両県の間を移動する政府系のバスの運転はいつも荒く、道を曲がるたびに嘔吐する乗客が続出する。それでもデーヘラードゥーンを出発して数時間が経ち、標高が一五〇〇メートルを超えたあたりから、排気ガスと埃で重かった空気が徐々に軽やかになり、澄み渡っていく。おしゃべりと喧嘩で騒がしかった車内も静かになり、ぼんやりと外を眺める人々の表情も穏やかだ。「山の上の方へ行けば人の心は神に近づき、平和になる」――ウッタラーカンドでよく言われる格言も真実味を帯びて感じられる。

本章では、デーヘラードゥーンとチャモーリーを跨いで行なわれた、「知識の所有者」についてのドキュメンテーションの過程に焦点を合わせる。とりわけ、「価値ある知識の提供に対する報償」という知的所有権の論理と、慈悲（*dayā*）や奉仕（*sevā*）としての薬や薬草の提供というヴァイディヤの主張が、どのように翻訳されたのかに注目する。それにより、ウッタラーカンドにおいて「知識の所有者」が作られる過程とは、単に誰が権利を持つ／持たないのかを決定するのみならず、翻訳を通して「知識の所有者とはどのような主体なのか」についての既存の前提が問い直される、創造的なプロセスであることを示す。

## 1　知識の所有主体としての「コミュニティ」と個人

まず、国家生物多様性法が定めた利益配分についての伝統治療師への聞き取りの形式が、ウッタラーカンド州において独自の形式に直されたことを確認しよう。それは、質問内容・項目ではなく、質問をする対象は誰か、すなわち知識のもともとの所有主体を誰と想定するかをめぐる変更である。ウッタラーカンド州のプロジェクトを牽引したメンバーたちは「コミュニティ」ではなく、「個人」を「知識の所有主体＝利益配分の対象」と見なし、個々のヴァイディヤに対して、価値ある知識の提供に対していかなる利益の還元を望むかについてのインタビューを行なった。そして、ヴァイディヤたちの持つ知識が個人の身体やライフコースと密接に結びついたものとされるからこそ、彼らはそれに対して先鋭な所有意識を持つだろうと想定していたのである。

### 「コミュニティのもの」としての知識

在来知の所有者についての設定はまず、在来知を用いる製薬企業が供給源の人々に適切に利益を配分しなければならないことを明確にした最初の国際的ルール、生物多様性条約にみられた。生物多様性条約では、原産国が生物資源の主導的権利を有すること（一五条一項）、生物資源へのアクセスには事前の説明や同意（同五項）と利益配分（同七項）、そして生物多様性の保全と持続可能な利用のための技術移転が必要であること（一六条一項）が明記された［大塚　2002: 141]。さらに、そうした国家主権の原則と同時に、八条(j)では、「先住民コミュニティ及び地域コミュニティの知識、工夫及び慣行を尊重し」、「それらの利用がもたらす利益の公平な配分を奨励する」ことが謳われた［大塚　2002: 142]。

すなわちそこでは、「国家」と並んで「コミュニティ」という集合的主体が、「民俗的知識の所有主体＝利益配分の対象」とされたのである。ここでの「コミュニティ」には、祖先から受け継いだ知識を集合的に維持する先住民社会や明文化されていない特定の規範を共有し、自然を集団で管理するコモンズのイメージが反映された。言い換えれば、「人と植物と知識が一体となった」地理的に境界化された実体が想定されていた［Hayden 2003, 中空　2009b]。

この利益配分の対象としてのコミュニティという想定は、国家生物多様性法にも受け継がれた。特にそれは、アーユルヴェーダ、ユーナーニー、シッダ、ヨーガなどの伝統医療を対象とした中央政府のプロジェクトではなく、各地域で維持されてきた口承伝統を対象にデータベース化を進める州政府の「生物多様性登録」プロジェクトに反映された。ただし、全インド州生物多様性委員会は、「コミュニティ」の意味を拡張していたことに注意したい。そこでは、パンチャーヤトなどの地縁的結合に基づく政治的単位のみならず、近年形成されつつある伝統治療師の職業集団なども含まれていたのである。

この「コミュニティ」の意味の拡張には、州生物多様性委員会でイニシアチブをとった南部ケーララ州の実情が反映されている。ケーララ州では、伝統治療師たちの村落内での地位の低下が叫ばれる一方、メディカルツーリズムなど伝統治療の観光資源化がなされている。このような観光ビジネス振興を背景に、「正規の治療法を知らない」人々が伝統治療師を自称するようになったことに対して、「正規の」ヴァイディヤたちは危機感を覚えるようになった。近年、彼らの間で、農村間の地理的境界を越えた、職業集団としての組織化がみられる。たとえば、「ケーララ・シッダ・マルマ治療協会（Kerala Sidha Marma Chikilsa Sangham, KSMCS）」では、治療法の共有とその質の標準化、州内の伝統治療師へのライセンス付与が試みられている［加瀬澤　2005]。このような新しい職業集団も含め、いずれにせ

表6-1　利益配分についての質問項目［National Biodiversity Authority 2008: 7］
（筆者による翻訳）

| | |
|---|---|
| 1 | 商品化／科学的利用に同意するかどうか。 |
| 2 | 同意する場合、誰に対して利益配分がなされるべきか（治療者個人／コミュニティ（農村）／価値を付加した研究者／研究機関／自然保護のための利用）。 |
| 3 | どのような利益が配分されるべきか。〈1〉金銭的利益〈2〉非金銭的利益（ローカル、州、国家レベルにおける公的機能における名誉／メディアにおける宣伝／他の伝統的知識の所有者との連携支援／伝統的知識の価値設定を行なう研究機関とのつながりの構築／伝統的知識についての科学的知識の供給／伝統的知識で使われる自然資源の保護に関するトレーニング） |

よ「人々の生物多様性登録」で「知識の所有者＝利益配分の対象」として想定されているのは、個人ではなく、集合的実体なのである。

パリー［Parry 2005］は、利益配分の対象としての集合的主体という設定について論じている。パリーによるとそこには、生物資源を用いた調査研究をめぐるモラルがラディカルに変化していく時代における、政策担当者の懸念が反映されている。一方で、研究は「人類のために」なされるべきであり、それゆえに調査協力は純粋贈与あるいは寄付であるべきである（金銭利益によって調査協力を「誘導」してはいけない）という従来の規範がある。他方で本書が扱うように、所有権と利益配分という新しいディスコース、すなわち植物や遺伝情報を搾取する者とされる者の間の不平等を是正するべきだという新たな規範が立ち表われているのである。パリーによると、こうした金銭利益による調査協力の誘導の禁止という倫理と、利益配分という倫理の共存が、「自然や遺伝情報はもはや公共財とは見なされるべきではないが、一方で市場の領域、すなわち自己利益を最大化しようとする個人間の商取引のもとに即座に置かれるべきではない」という想定を導いているという。言い換えれば、「贈与を超えているが、市場の領域には進まない」参加や利益配分のために、その中間形態としてのなんらかの集合的主体が必要とされたのである。

「人々の生物多様性登録」においても、表6-1のフォームを用いて、どのような利益配分を現地の人々が求めているかについて、「コミュニティ全体の意志を代弁する」集団の代表者に話を聞くことが想定されていた。しかし、このような州生物多様性委員会のやり方は、全州で共有されていたわけではなかった。委員会の委員長であるケーララ州代表は、第二回の委員会で「州によってはこのプロジェクトをNGOに委任しており、それゆえに

表6-2　「人々の生物多様性登録」所定の書式（筆者による翻訳）

村落管区内に居住あるいは内部の生物資源を用いるヴァイディヤ、ハキーム、その他の（人間、家畜を治療する）伝統治療師のリスト
氏名：
年齢：
性別：
住所：
専門：
使用する生物資源：
生物資源の状態に対する治療者の見解：

事前に与えられたフォーマットに従わずに登録を行なっているところもある」と述べた。この言葉通り、それぞれの州は独自の事情を踏まえてフォーマットを変更し、知識とその所有者の登録を進めていたのである［National Biodiversity Authority 2008: 11］。

## ウッタラーカンドにおける個人化

ウッタラーカンド州のプロジェクトで変更された点は、知識の所有者が「コミュニティ」ではなく、「個人」と設定されたことであった。プロジェクト長であるバールファルは、第三回全インド州生物多様性委員会において、「ウッタラーカンドではヴァイディヤの知識はコミュニティや特定の集団のものというよりは、個人のものと見なされている。それゆえプロジェクトでも個人ベースの聞き取りと登録が必要である」と述べた。こうした語りは、プロジェクトメンバーだけでなく、サンバンドゥ（NGOネットワーク）の構成員全体に共有されていた。

表5-1、6-2は全インド州生物多様性委員会が、表6-3はウッタラーカンド州のプロジェクトが、それぞれ用意した、薬草についての知識とその所有者についての聞き取りのための質問紙である。国家所定の形式（表5-1）のフォームは、個人名を記す箇所がなく、右端に「コミュニティ／知識の所有者」と書かれていた。またもう一つのフォーム（表6-2）からは、「村落内に住んでいるか、村落の生物資源を用いるヴァイディヤのリスト」を村落ごとに記入することになっているのがわかる。それに対し、表6-3（ウッタラーカンドのもの）は、まずヴァイディヤ個人の名前の記載箇所があり、

表6-3　ウッタラーカンド州のリスト
（プロジェクトチーム作成。筆者による翻訳。ヒンディー語等の表記は原文ママ）

| 番号 | ヴァイディヤの名前 | 治療できる病気 | 使用する薬草 |
|---|---|---|---|
| 1 | ジャヤンティー・ラーナー（Mrs.）<br>村落：ナウラク、ピパルコーティー、チャモーリー | 1）腹痛<br>2）夏の暑さによる腹痛<br>3）焦燥感 | |
| 2 | アーシーシュ・バットゥ（Mr.）<br>村落：タンガーニー、ジョーシーマトゥ、チャモーリー | 1）尿感染症<br>2）精神的緊張<br>3）腹部炎症 | 1）Brahmi（*Centella asiatica*）とその他のローカルな薬草 |
| 3 | 上に同じ | 1）回虫／害虫感染症<br>2）歯痛<br>3）歯槽のう漏 | Duna（ローカルな薬草）<br>Timru（ローカルな薬草） |
| 4 | | 1）皮膚病<br>2）かゆみ | 夕顔 |
| 5 | プーラーン・シン・ラーナー<br>村落：タッリータンガーニー、チャモーリー | 1）消化不良による腹痛 | Kussar（ローカルな薬草）<br>Baheda（*Terminali bellerica*）<br>Harad（*Chebula terminalia*） |
| 6 | 上に同じ | 1）手足の傷、雨季の出血 | 牛のミルクに溶かしたByunj（ローカルな薬草）のペースト |

次に治療できる病気、使用する薬草と調合法と続く。ヴァイディヤの氏名の下にある住所を見ると、それぞれ異なる出身村落が書かれており、「村落内に住んでいるか、村落の生物資源を用いるヴァイディヤ」のリストアップが村落ごとに行なわれたのではないことは明確である。よって、ここでは個々のヴァイディヤが持つ知識が重要なのであり、彼らの帰属についての情報は軽視されていることがわかる。

ウッタラーカンド州の科学者たちは、州内のヴァイディヤについていかなる認識から、このようなフォームの個人化を行なったのだろうか。まずネイターニーが挙げたのは、ウッタラーカンド州においては、ケーララ州のようにヴァイディヤをまとめる統一的な組織が存在しないということである。すなわち、知識の権利主体となる集団が存在しない。このような状況では、プロジェクトの対象となるヴァイディヤはプロジェクト側が特定するしかない。ウッタラーカンドでは治療師は基本的には副業である。その本業は農業、畜産業などさまざまなこともあり、「誰がヴァイディヤなのか」を「外側から」見いだすのは難しい。よって、プロジェクト側が持つ既存の関係性や偶然得られたアクセスポイントに依拠して、「ヴァイディヤ」を集めるしかないという。このことについて、ネイターニーは次のように語っている。

NGOのメンバーの経験とネットワークを駆使して、プロジェクトの参加者となるヴァイディヤを集めます。たとえば、マイクロプランニングについてのPRA(1)を四〇の農村で行なったときの経験から、特定農村内で誰が薬草についての治療を行ない、ヴァイディヤと呼ばれているかがわかるのです。また、(以前そのNGOで行なった)薬草栽培プロジェクトにおいて彼らみずからが近づいてきたり(2)、またそのプロジェクト内で薬草についての知識を多く持っている人物がそうであったりします。

(二〇一〇年一〇月三一日のフィールドノートより、括弧内の補足は筆者によるもの)

以上のような「他のプロジェクトのフィルターを通した」手法によって、チャモーリー県出身のアーガーシュの代表ネイターニーなどが本プロジェクトに参加するヴァイディヤを募った。すなわちここでは、薬草についての知識を所有する「ヴァイディヤ」という可視的な主体が初めにあるのではなく、特定の文脈で薬草についての知識を多く持っていると判断された者が聞き取りの対象となっている。言い換えれば、ここでは、ヴァイディヤだから知識を多く持っているのではなく、特定の文脈で薬草に関心を向けた者が「ヴァイディヤなる者」と見なされる。ここに「ウッタラーカンドのヴァイディヤ」という主体は、薬草を媒介として、プロジェクトという一時的なネットワークのなかで作られていると言える。

ネイターニーたちは、このような手法によって集められたヴァイディヤの背景が雑多であることを意識していた。次の表6-4は、ネイターニーが二〇一〇年九月二二日の会合で発表した、その前週に聞き取りを行なったヴァイディヤたちの性別、カースト、年齢、教育レベルなどの情報である(3)。たとえば、Rの男性は祖父から知識を引き継いだ、ジャーティ(4)としての「ヴァイディヤ」であるが、J、Yはみずからサードゥと呼ばれるヒンドゥー教の巡礼者として生活するなかで薬草についての知識を身につけたと語る。ウッタラーカンドは、バドリナート、ガンゴートリー

表6-4　2010年9月14日に聞き取りを行ったヴァイディヤ

（プロジェクトチーム作成。筆者による翻訳）

| 氏名 | 性別 | カースト | 年齢 | 教育レベル | 知識の習得方法 |
|---|---|---|---|---|---|
| J | 女性 | SC | 70 | なし | サードヴィー（女性のヒンドゥー教巡礼者）として生活するなかで、薬草についての知識を身につける。 |
| L | 女性 | ラージプート | 29 | 上級中等学校 | 祖母から学ぶ |
| R | 男性 | ラージプート | 45 | 上級中等学校 | 祖父、父ともにヴァイディヤ |
| Y | 男性 | ラージプート | 38 | 上級中等学校 | サードゥとして生活するなかで、薬草についての知識を身につける。 |

といった有名なヒンドゥー教の聖地に囲まれており、サードゥが多く集まる地域である。サードゥは菜食主義者であり、化学薬品に頼らず、薬草による自己治療を行なっているのである。

なお、ここで取り上げているのは四名であるが、私がピパルコーティー周辺の一一村に住む三二名のヴァイディヤに対して行なった聞き取りの結果においても、経歴の雑多性は同様であった。家系のヴァイディヤ、サードゥである（あった）ヴァイディヤに加え、政府やＮＧＯのトレーニングを受けて、薬草についての知識を身につけたために、「ヴァイディヤ」と名乗り、また周囲からもそう扱われるようになった者もいる。このように、アーガーシュのようなＮＧＯのプロジェクト自体も、ウッタラーカンドにおいて「ヴァイディヤ」を生み出している面もある。

さらに、ウッタラーカンドのプロジェクトにおいて知識がヴァイディヤ個人に属するものと見なされたことは、職業集団の不在だけでなく、「地縁的なコミュニティの弱さ」という知識人に共有される言説によっても支えられていた。第8章で詳しく述べるように、新州ウッタラーカンドの「薬草州」としての社会開発のために問題となるのは、環境の管理主体となる「コミュニティ」の弱さであるとの言説が、『ガルワール・ポスト（*Garhwal Post*）』などの地元メディアによって流布していた［cf. Alam et al. 2006］。「コミュニティの弱さ」の原因として挙げられるのは、山岳部の地理的条件や一九六〇年代以降の移民の常態化、そしてそれ以降の「マネー・オーダー・エコノミー」に基づく男性の出稼ぎ率の増加などさまざまである。このような説明にはさまざまな人類学者により、とりわけ第４章で取り上げたウッタラーカンド地方から始まった、多様な社会運動への「コミュニティ」の参加という観点から疑義が投げかけられている［cf. Linkenbach 2007］。しかし一方で重要なのは、この言説が経験的事実に照らし合わせて真実かどうかだけでなく、そのイメージが現地の知識人の間で共有され、プロジェクトの内容に反映されているという事実である。

## 先鋭な知的所有権への主張という想定

したがって、ウッタラーカンドのヴァイディヤの利益配分についての聞き取りも、州生物多様性委員会の意図とは異なり、個人を対象とすることが重要だと考えられた。二〇一〇年九月二二日の州内での会合において、プロジェクト長のバールファルは、「知識の開示のあり方には、個人差があるだろう。それは、科学者や普通の医者でも、自分の研究成果の公表に関してオープンな人とそうでない人がいるのと同じである」と述べた。このヴァイディヤの意図の多様性という見解に対して、人類学者のシャルマーは、先のネイターニーが提示した「データ」と説明した内容を提示しながら、以下のようにウッタラーカンドのヴァイディヤたちの知的所有権への意識を説明した。シャルマーは、アーガーシュ以外でプロジェクトに参加している、ヒマーラヤン・エコロジカル・ソサエティというNGOのメンバーであり、知的所有権と利益配分をめぐる文書作成の義務を担っていた。

近年、在来知の所有権について「コミュニティ」の先鋭化が叫ばれますが、ウッタラーカンドには、個人ベースだからこその知的所有権への意識があるのかもしれません。それは、それぞれのヴァイディヤが自分で選び取って知識を獲得し、維持しているからです。ウッタラーカンドにもケーララと同様、ヴァイディヤのジャーティなるものは存在します。しかし見てください、このLさんはそれにあたりますが、この人の祖父はヴァイディヤでも父親はただの農民です。なぜヴァイディヤになったのかという質問に、彼女は「自分自身の興味から（*āpnā śok se*）[5]」と答えています。また、JさんとRさんは、サードゥとして生活するなかで、周りのサードゥや本を通して薬草についての知識を身につけ、村に戻ってから他の人たちに対しても治療を行なうようになったというのです。こうして、ジャーティとしてのヴァイディヤでない人たちも、みずからがそう名乗り、また治療を通して人々に認められ、ヴァイディヤと呼ばれるようになっているのです。

このように正規の家系にせよ、イレギュラーな形にせよ、みずからの関心に基づいて、意識的にヴァイディヤとなることを選び取ったウッタラーカンドのヴァイディヤたちは、自分の知識に対して自分のものだという明確な意識を持っていることが予想されます。なぜか？　それは、知識が自分自身の人生そのものと密着しているからです。彼らが今獲得した知識は、自分で獲得したもので、それゆえに彼らは彼らで所有権を持つと考えるのです。ただコミュニティの中で受け継がれた知識を無意識的に吸収した南のヴァイディヤたちより、そのあたりの意識（awareness）がしっかりしているのでしょう。

（二〇一〇年九月二四日のフィールドノートより、括弧内の補足、強調は筆者によるもの）

このシャルマーの説明では、ウッタラーカンドのヴァイディヤたちが、知識に対して明確な所有意識を持つだろうという想定が示されている。その根拠として、彼らの多くが個人的選択に基づき独自のルートで知識を吸収したがゆえに、彼ら自身のアイデンティティと知識が分かちがたく絡まり合っていることを挙げている。ここに、プロジェクトの中で一時的に「ヴァイディヤとは誰か」が決定されるという方法とは相容れない所有の論理、すなわちヴァイディヤという自由意志を持つ主体がすでにあり、彼（女）がみずからの身体を用いて獲得した知識に対して所有権を持つというロック流の所有の論理が展開されている[6]。

## 2　ヴァイディヤからの返答と純粋贈与

### インタビューの光景

二〇一〇年一〇月三〇日チャモーリー県ピパルコーティー内のアーガーシュ内の事務所において、三二名のヴァイディヤにインタビューが行なわれた。この日のインタビューは、知的所有権と利益配分についての彼らの見解を知ることと、さまざまな薬草の使用法についての補足調査を目的とした。参加者はアーガーシュのスタッフ三名とシャルマーと私、その他の見物客、そしてアーガーシュからのが手紙を受け取って集まって来たヴァイディヤの人たちである。

実際の聞き取りを行なったアーガーシュのスタッフは、ピパルコーティー周辺の農村出身で高校から大学レベルの学歴を持つ一九～二五歳の男性である。彼らは、植物分類学の学名や知的所有権をめぐる近年の動きについては詳しくない。また英語が堪能ではなく、英語で書かれた質問項目をヒンディー語やガルワール方言に翻訳する際、いくつかの間違いをおかしていた。たとえば、「あなたは代々伝えられた知識に、新しい知見をあなた自身で付け加えましたか（Have you added any knowledge to the transmitted wisdom by yourself?）」を「あなたは今後知識を成長させたいですか（新たな知識を政府の研修などで学びたいですか）」、「ためらいなく知識を提供できますか（Without hesitation can you provide your knowledge?）」を「ためらいなく（研修のために）家を空けられますか」などといったかたちである。こうした間違いのあり方に、彼らが「ヴァイディヤの知識」の価値をそれほど積極的に評価していないこと、ヴァイディヤたちが知識を与える側ではなく、（研修によって）受け取る側なのだと認識していることが表われている。(7)

彼らの仕事の目的は、プロジェクトの意義にあるのではなく、一定の時間内に与えられたフォームを埋める実践そのものにあるようだった。(直接農村に出向くのではなく)NGOの事務所にヴァイディヤの人たちを招集するという「政府統計(サーヴェイ)形式」での聞き取りの方法や、「今日中に何人終わらせなければ」と繰り返していたことからもその仕事の性質は明らかである。それは、以下のような実際のヴァイディヤとスタッフとの間のやり取りに明確に表われていた。


スタッフ:おばあさん、誰から知識を学んだのですか。

ヴァイディヤ(七〇代):上の世代からよ。

スタッフ:親からですね。

ヴァイディヤ(七〇代):親じゃない! 母方の祖母(*nāni*)からよ。

周りのスタッフやヴァイディヤがいっせいに、「それは関係ない、どっちでもいい」と言い出す。スタッフが回答用紙に「代々続くヴァイディヤの家系」と記入しながら、すぐに次の質問を投げかける。


(二〇一〇年九月一四日のフィールドノートより)

このように、実際のやりとりの中で「関係ない」と判断された話は、切り捨てられ、回答には反映されなかった。私を除いては唯一シャルマーが、そのような捨象されたエピソード(8)に関心を寄せているようだった。しかし彼女は、実際に質問が行われているテーブルから離れた席に座り、オブザーバーに徹していた。アーガーシュのスタッフが先述のような明らかな間違いをおかさない限りは、その場のやりとりに介入することもなかったのである。彼女はこのような態度について、「時間内にデータ収集を終わらせなくてはならない、その妨げになってはいけない」という点に加え、「チャモーリーはデーヘラードゥーンより保守的な地域だから、彼ら(アーガーシュのスタッフ)は若い女性である自分の言うことに関心を示さないだろう」というジェンダーをめぐる意識を話していた。

写真6-1　インタビューの光景

さらに、インタビュー時の状況としてもう一点確認しておきたい。それは、ヴァイディヤどうしのやりとりについてである。というのも、インタビューは一人一人行なわれるが、四～五人のヴァイディヤが一堂に会しているため、しばしば個別のやりとりに他の者が介入するということが起きる。たとえば、あるヴァイディヤがドゥナー（[G] *duna*）という薬草をバドリナートゥ周辺で収集することを説明しているときに、後ろに座っていたラグヴィール・シンが「それは新月の夜に左手で収集しなければならない」という注意事項を追加する。さらに、そうした平衡的な解釈の相互提供のみならず、まさに権力関係が立ち表われることがある。ヒンディー語の話せない指定カーストの七〇歳の老婆の語る親族関係についてのエピソードを、「これは薬草についてのサーヴェイなのだから、そんなこと言わなくていい」と周りのヴァイディヤが止めに入った先の事例は、まさにそのような事例である。このように、平衡的な関係に基づこうと、権力関係に基づこうと、ヴァイディヤ個々人の意図だけでなく、「その場での即興的合意」という側面を持ちながら、聞き取りのフォームが埋められていった。

## ヴァイディヤからの予期せぬ返答

先述のように、人類学者シャルマーは、ヴァイディヤへの利益配分についての聞き取りの場面において、アーガーシュのスタッフのやり方に口を挟んだり、進行を止めたりすることはなかった。しかし、彼女は、「質問紙からはじき出された」特定のエピソードを、会議への報告書および後のプロジェクトに生かすために拾い上げていた。彼女が注目していたのは、私自身も引っかかりを覚えていたインタビュー開始直後の次のような会話だった。


聞き手1：知識の提供の代わりにどのような利益（*lābh, fā'ida*）が欲しいですか？

ヴァイディヤ（女性、七〇歳）：どういう意味でしょう？　理解できません。

聞き手2：おばあさん、あなたは誰かの研究を助けている。だからその誰かもお返しにあなたに何かをしたい。そのようなとき、あなたはお返しに何が欲しいですか。さあ、ためらいなく何が欲しいか言ってください。

ヴァイディヤ（同）：誰かを助けるのは私の義務（*kartavya*）なのです。できる限り私たちはあなたを助けます。

ヴァイディヤ（男性、四五歳）：（シャルマーを指して）彼女は政府の人？　これは国勢調査？

聞き手1：はい、私たちは政府の者です。ただこれは国勢調査ではなく、研究のようなものです。

ヴァイディヤ（女性、七〇歳）：国のために（*Bharat ke lie*）勉強をしている政府の人たちを助けるのは私自身の喜びのためにとても良いことです。

聞き手2：ところであなたたちは、政府からどのような助け（*madad*）が欲しいですか？

ヴァイディヤ（同）：もし薬草の生育プロジェクトを行なう慈悲（*dayā*）があれば、とても大きな助けになります。


結局この後七〜八回ほど同様の会話を別のヴァイディヤと繰り返した後、アーガーシュのスタッフは質問紙の三番目の質問を「どのような利益配分が欲しいですか」から「政府からどのような慈悲が欲しいですか」と変えてしまう。

（二〇一〇年九月一六日のフィールドノートより）

すなわちヴァイディヤたちは、知識を提供することへの見返りとして何が欲しいのかと聞かれたときには、「助けることの義務（*kartavya*）」という語を使って、具体的な返答をするのをためらった。その一方で聞き手が質問を変えて、「どのような慈悲が政府から欲しいか」と聞かれた場合、彼らのための薬草プロジェクトを実施してほしいと強く主張した。

ここで注目すべきは、質問紙の中の項目に、「薬草プロジェクト」が入っているということである。彼らは、「知識を提供すること」の「見返り」としてそれを受け取ることを拒否する一方、政府からの「慈悲」としてそれを求めたのである。これは逆の方向から見れば、自分たちの知識の提供も（何らかの見返りを期待して与えられるべきではない）独立した慈悲の行為としたいという言明なのである。

## ヴァイディヤの知的所有権への意識と贈与

先のエピソードは、「ヴァイディヤ個々人の持つ先鋭な知的所有権への意識」を想定していたシャルマーにとって、予想外のものとして記憶に残ったようだ。私も、それとは別の、次のような現場の状況から、彼らが少なくとも「外部者がみずからの知識について示す関心」やみずからの知識の外部的な価値について意識していたと考えていた。それゆえ私も「利益配分」より「慈悲」の論理が強調された先の場面を印象深いものとしてフィールドノートに記録していた。

ウッタラーカンド州は、ニーム特許無効運動を牽引したNGOナヴダーンヤが本拠を置く地域である。それを理由の一つとして、製薬企業が「伝統医療」に対して示す関心について皆が知識を持っていた。先のインタビューの現場でも「西洋の会社が知識を略奪して、自分の利益のためだけにそれを使い、村の人たちにはまったくそれが還元されない」ということが噂されていた。またラグヴィール・シンをはじめとした数名のヴァイディヤは、インド中央政府保健省が開催した、パーフェクト・ヘルス・メーラーに講師として招かれていた。彼らは先のインタビューの場でも「二〇〇名の聴衆を前に講義をしたのだ」「ナガーランドやアッサム[9]など外国からの治療師も多く出席しており、私の持つ知識（*gyān*）に関心を示していたのだ」などと別のヴァイディヤに対して語っていた。

さらに、このような「外部者からの関心」は、ラグヴィール・シンのようなウッタラーカンドの正規のジャーティのヴァイディヤにとって、長い歴史を持つものである。ラグヴィール・シンは、このインタビューに、乾燥させた薬草や、サンスクリット語で書かれた治療文書を持って来ていた。また彼は（聞き手から聞かれることなく）みずからの持つ知識について、治療そのものより植物収集について（収集の時期、収集の場所、協力者など）多くを語っていた。これは、治療における植物収集の中心性をアピールすることが、外部の科学者に自分たちの知識をわかりやすくする方法であることを心得ているからであろう。前章で述べたようにラグヴィール・シンは、祖父が植物学者から一九四一年に受け取ったレターを保存しており、彼の家のヴァイディヤが外部者からのまなざしの対象となってきたことを知っているのである。もちろん集められた「ヴァイディヤ」の中でこのようなヴァイディヤは一部の者に限られている。ただし先述のように、複数のヴァイディヤの意図が混ざりやすいような聞き取りの場で、このようなことは次第に共有されていった。

このように、「知識への外部者の関心とその科学的・商業的利用」が当事者のヴァイディヤにとって意識されるような場で、「利益配分」より「慈悲」の論理が強調されたのは、どのような事情からだったのだろうか。

## 3　知的所有権と *dayā* の翻訳

### *dayā* 概念の適用——チーム内の文化人類学者による解釈

チャモーリーからデーヘラードゥーンに戻るバスの中で、シャルマーは州生物多様性委員会の報告書の作成を気にしていた。彼女は、「インタビューは終わったし、質問紙は回収した。でもあのようなやり方で、本当にヴァイディヤの意図を汲み取っていることになるのか」と話していた。彼女は、プロジェクト初期で中央政府からの資金が十分に続くかまだわからない状態で、報告書を作る「翻訳者」としての彼女の役割が決定的に重要であると考えていた。シャルマーは先述のこぼれ落ちたエピソードについて、以下のような説明と解釈を提供した。

彼らのこうした受け答えは、ダヤー（*dayā*：慈悲）なのではないか。ダヤーはカルマの変形であり、たとえば誰かが良いことを行なった場合、それを行なった相手から即座にではなく、一定の時間をあけて他の者から利益がもたらされるという考え方である。ガルワールの農村において、ヴァイディヤの多くが、治療に対して治療費を受け取らないが、彼らはしばらくした後、野菜や牛乳を贈り物として農民から受け取る。これらはダヤーという慈悲、つまり貧しい人々を何の見返りも期待せずに助けたという証拠を意識的に作り出すためなのでは。このように時間を置くことによって、贈与（gift）に対する返礼の受け取り、というのではなく、それぞれが「治療を無料で行なった」「野菜などをヴァイディヤに寄付した」、という別々の親切（「kind」と彼女の持っていたメモに記入）ということになる。

（二〇一〇年一〇月五日のフィールドノートより）

彼女はまた、州政府生物多様性委員会への報告書の「フィードバック、得られた新しい知見（feed back, new finding）」という欄に以下のように記している。

以上のように三二名のヴァイディヤへアンケートをとった結果、薬草生育プロジェクトという答えが圧倒的だった。しかし、ヴァイディヤの多くはそれを自分たちが知識を提供した「見返り（return）」ではなく、政府からの寛容な支援として受け取ることを求めていると発言した。それは逆に言えば、彼らも偉大なる慈悲の一貫として、知識を提供したいと考えているということになる。彼らが自分の提供する知識に対して利益を期待していることは疑いようもない（cannot be doubted）。ただし、ガルワーリー[10]の文化では、そのような利己心をむき出しにすることははばかられる。彼らは常に慈悲と寛容さのもとに行動を起こすことを求められているのだ。このような文化に配慮して、知識と実益をめぐるやりとりには、「利益配分（benefit-sharing）」ではなく、「慈悲（mercy）」というタームを充てることがよいだろう。たとえば、「私たちはヴァイディヤの人たちに貴重な知識を用いて人類を助けるべく、このプロジェクトに参加していただけるよう求める」「ヴァイディヤを助けることはわれわれの義務であるので、われわれは薬草の生育プロジェクトを実施する。ほとんどのヴァイディヤは小農であるのにもかかわらず、無償でコミュニティのために高地で薬草収集を行うという苦痛を味わっているのである」というような主張が望ましい。双方の行為がそれぞれ慈悲に基づくと見せることが求められる。この工夫こそがヴァイディヤたちの知識の提供を促すし、彼らの望む形での利益配分を実現する。

［National Biodiversity Authority 2010］

このようにシャルマーは、ヴァイディヤのダヤーという主張を、（本当は存在しているはずの）「利己心」をむき出しにすることがはばかられるガルワーリーの「文化」として記述した。それにより彼女は、慈悲と利益配分の論理とを結びつけると同時に、その「現地の文脈に即した」やり方を提案していた。

## ブルデューの議論とシャルマーの解釈

ここで「本当は知識の提供に対する見返りを期待する人々」「それにもかかわらずその意図を時間という要素を用いて隠している」というシャルマーの解釈を、ブルデューの贈与論、すなわちモース解釈と関連づけてみたい。ここで明確にブルデューの贈与論を彼女が引用したわけではない。ただし、彼女はガルワール大学院時代に、いわゆる人類学の古典と呼ばれる著作の数々を幅広く読んで、定期試験においてそれを丸暗記した経歴の持ち主である。開発コンサルタントとして働く現在、その時々の文脈に適合的な理論を縦横無尽に引き出し、それらを組み合わせながら提言を行なっていた。

以下、彼女の実践を理解するという目的に関与する範囲でのみブルデュー、その他の論者の議論を追っていく。

ブルデューは、社会界（The social world）の構造と機能を説明するためには、経済理論における資本だけではなく、あらゆる形式の資本を再導入する必要があると論じた。そして、資本概念を文化や社会関係といった象徴的側面にまで押し広げ、個人が獲得・所有し、利潤を得るための諸価値の総体として再解釈した。それにより、「脱利害関心(disinterestedness)」のあらゆる見せかけを示している時でさえ、実践は絶えず経済的論理に従っているという主張を行なった。そして、この「偽装（dissimulation)」や「婉曲（euphemization)」を可能にするものについて以下のように議論を進めている。

> 贈与を本当に理解するには、それが相互交換的でありながら、同時に「見返りのない」行為として経験されるものであると考えなければなりません。これら二つの対立する視点のズレを生じさせるもの、それは時間、つまり贈与と反対贈与との間に介在する時間の隔たりです。……（つまり）時間的な隔たり、ズレがあるからこそ可逆的な交換が不可逆なものとして経験され、先延ばしされた交換行為が私欲のない行為として経験されうるのです。

すなわちブルデューは、贈与交換をただの物々交換と区別しているものは贈与と返礼の時間差であり、この時間差を戦略的に用いることで、寛大さが表面上装われているにすぎないと考えていたのである。

［ブルデューほか 1990: 193-194］

このように、「純粋贈与」を（経済的関心の）「見せかけ」「偽装」と見なす傾向は、「時間」という媒体に注目したブルデューだけでなく、人類学者のモース解釈に広くみられる。多くの論者が指摘するように、それは、マリノフスキーが『未開社會における犯罪と慣習』[11]において見いだした交換モデルの遺産である。そこでは、未開人は慣習にただ追随しているのではなく、文明人と同様、日々狡猾な計算・選択をしているということ、彼らは物質よりも名誉や威信を重んじるという面で「経済人」ではないが、そうした無形財を得るために自己の利益を最大化しようとすることが主張された。この自己利益を最大化する個人（self-interested individuals）間の限定（二者間）交換モデルは、後続する民族誌に多大な影響を与えてきた[12]。よってこのようなある種一般的なモデルが、シャルマーの解釈に反映されたとしても、不思議ではないように思える。

## インド研究における純粋贈与の主題化

ところで近年、そのようなモース解釈における人類学者の「偏り」についての指摘がある［Graeber 2001; Laidlaw 2000; Parry 1986］。

彼らによると、そもそもモースは『贈与論』において、贈与における利害関心と無欲さ、自由と制限の結合（同一領域における共存）について、繰り返し強調していたのである。問題なのは、それにもかかわらずその一方だけが強調されてしまうという事実である。たとえばモースの贈与論についてのカニソンのテクストにおいて、原著の「自発的である一方、義務づけられ、また関心に基づいている」という部分が「理論的には利害関心に基づかないが、実際には関心に基づく」、「経済的関心」が「個人の経済的関心」、「見せかけの寛容さが単なる作りものにすぎないときでさえも」が「寛容さは単なる作りものである」と改変されているのである。このような事実についてデイヴィッド・グレーバーは、「人間生活において自己利益に基づく計算がみられない領域など、もちろんないだろう。しかしだからと言って親切心や理想への固執がまったくみられない領域も存在しないのだ。ここでの論点は、なぜ一方だけがもう一方を退け、「客観的真実」とされるのかということである」と批判する。

このような問題意識を背景として、「親切心」や「理想」とした領域、すなわち「純粋贈与」と呼ばれる領域をモースの再解釈を通して焦点化した著作が、インド研究において一定の地位を占めている。それらは、モースが取り上げたダーナ・ダルマ（*dāna-dharma*）と呼ばれるヒンドゥーの贈与事例を相互に与え合う贈与交換ではなく、一方向的な贈与であると解釈した。彼らによると、ヒンドゥーにとっての（純粋）贈与とは、それへの贈与者のアイデンティティと所有権をあえて断ち切り、受け手に贈与品の行く末を委ねるものである。そしてそのような互酬性を断ち切り、返礼の義務を否定するための制度的試みの多様性について、インド各地のさまざまな事例を用いて論じた。

ここで注目したいのは、広く受容されているこれらの著作をシャルマーが参照しなかった理由である。これらの著作では、利益配分についての聞き取りの際にヴァイディヤが言及した「ダーナ（*dāna*）」「ダヤー（*dayā*）」「セワー（*sevā*）」というタームが鍵概念として使われており、比較的適用しやすいと思われる。またシャルマーはたびたび「インドを対象とした人類学のオリジナリティ」としてパリーの著作［Parry 1986］に言及しており、当時執筆中の自身の博士論文（「ウッタラーンチャル州山岳地域における宗教儀礼」）においても、パリーの議論やダーナ・ダルマの事例を中心的に引用していた。ここにおいて、「なぜ一方だけがもう片方を退け、客観的真実と見なされるのか」［Graeber 2001: 29］というグレーバーが発した問いは、私にとっては理論的な問いではなく、一人の人類学者のプロジェクト内部での実践を理解するための経験的問いである。

## 4　再帰性の制限

### 所有主体をめぐるもう一つの解釈の可能性

「マリノフスキー派」と呼ばれる自己利益を最大化する個人間の限定（二者間）交換モデル解釈は、広く人類学の贈与論をめぐるディスコースとして流布しており、私自身も当初（それに根ざしていると考えられる）シャルマーの説明を受け入れていた。当時私はプロジェクトの民族誌を書くために、主に科学者を「追う」調査をしていたのである。つまり、プロジェクトの「内部」にいた私にとって、プロジェクトの内容や事前の想定（ヴァイディヤ個々人の知的所有権への意識、ドナーの期待など）にきわめて適合的な彼女の説明は、自然なものとして受け止められた。

それが変化したのは、私がチャモーリー県B村内のラグヴィール・シンの診療所兼自宅を初めて一人で訪れたとき、すなわちプロジェクト「外」での調査を開始したときのことだった。そのときの以下のような出来事を通して私は、シャルマーのヴァイディヤへの聞き取り結果の解釈やおそらく参照したであろう理論が、特定の場面での「選択」の結果であることを意識したのである。

事例6-1　ここにはない慈悲

B村での二週間の滞在の間、私はこのインタビュー以外でも、本当にラグヴィール・シンやその家族、その他の村の人たちにいろいろな面倒を見てもらった。しかしお礼を言ってささやかなお返しをしようとするたびに、「これは私たちのネイチャー（nature）だから」「あなたを奉仕（*sevā*）するのは私の幸せのために嬉しいことよ」と言って取り合ってくれなかった。

村の生活にも慣れてきた五日目の夜、私はラグヴィール・シンに（データの裏づけをとるために）「以前のプロジェクトのインタビューで薬草についての知識を無料であげるとおっしゃっていたのですが、本当の必要はなんですか」と尋ねた。するとラグヴィールは、「前にも言ったとおり、何も要らないよ。あなたはなぜここにないものをわざわざ掘り起こそうとするのか」と話した。

（二〇一〇年一一月二三日のフィールドノートより）

ここで私に、なぜ私やプロジェクトメンバーは、ヴァイディヤたちの言葉を字義どおり受け取らずに、「隠された意図」を探ろうとするのかとの疑問が生じた。そして、ヴァイディヤが語る「慈悲」という言葉が別の人類学的理論と結びつく可能性について、プロジェクトの「外側に」出て初めて考え始めたのだ。

このことに関連して、本書とも関係の深い事例を扱ったディーパ・レッディの論文［Reddy 2007］は、オルタナティブな解釈の可能性を示唆してくれる。

レッディは、「NIH-NHGRIコミュニティ参加型プロジェクト」にコンサルタントとして参加した。このプロジェクトは、テキサス州ヒューストン市のインド人コミュニティにおいて、人々にゲノムプロジェクトのための血液提供への協力を求めると同時に、そうした協力を彼ら自身がどのようにとらえているのかを調べることを目的とした。彼女がそこで見いだしたのは、生命倫理の政治性の対局にある、インド人コミュニティの非政治性であった。彼女がインタビューを行なった人々は皆、「人類の利益（the good for humanity）」「社会全体の利益（the greater good）」「大義（a good cause）」という語を用いて、血液提供をすること自体には何のためらいも見せなかったのである。この人々の返答は、本章の例と類似している。

ここでレッディは、彼らがサンプルの提供の見返りとして特定の商品やサーヴィスを要求していないとはいえ、血液提供には具体的な移民資格の試験の点数との交換という非金銭的なインセンティブがともなうことに注意を止める。しかしそのうえで、彼らが「人類の利益」「無償の贈与」という語を「見せかけ上」使いながら、実際には血液提供の対価を受け取ろうとしているという解釈を否定する。むしろ、彼女はそれらの言葉をパリーの理論のダーナ・ダルマの現代的な表現、すなわちそれ自体が送り手と贈与物の間の結びつきを断ち切るための形式（form）であると解釈する。そして彼らの期待が自分に対する利益ではなく、むしろ血液という贈与物を受け取る相手の責任として語られるという点に注意を促す。「これからは研究者の責任だよ」「研究者たちはサンプルから利益を得るが、その代わりにダーナという無償の贈り物、より偉大なる善への奉仕（*sevā*）の熱意を少なくとも見せてほしい」という語りによって、彼らは送り手である彼らと贈与物としての血液の分離を実現しようとしているのだとレッディは解釈するのである。

この議論は語りと実践、意図と効果の問題を混同していると考えられるかもしれない。人々が無償の贈与を語ったということと、それを実践し、一定の帰結をもたらしているということは別だからである。しかしレッディは彼らの無償の贈与の主張が事実として純粋贈与であると主張したわけではない。そうではなく、グレーバーの指摘した従来の贈与論の偏りに対して、もう一方の意図（親切心や理想）をいかに扱うことができるのかについての選択肢の一つを示したのである。

奉仕やダーナ、サーヴィスというロジックがヴァイディヤによって使われたのは、本事例の聞き取りにおいても同様である。だからこそこれらのロジックを、贈与品が後に返礼を運んでくる期待を「慈悲」という言葉で隠すための装置ではなく、自分と贈与物の関係を切断する仕組みとして理解する可能性もありえたはずである。すでに述べたように、彼女の学術的な人格はむしろ後者の議論との親和性があったと言える。ここで、なぜシャルマーがプロジェクトの内部においてこの方向で解釈を進めなかったかということにふたたび議論を戻したい。

彼女がこの解釈を生み出した文脈に目を向けたい。彼女は委員会向けの報告書の作成を常に一人で請け負っていた。報告書のフォームには、「今回のフェーズにおいて、新しい発見は何だったか」を記入する箇所（Feed back, new findings）があり、常に再帰的であることが求められた。ただし、それと同時にそのような再帰性は、プロジェクトを止まらせたり、過去に戻したりするものであってはならなかった。この時期はプロジェクト第二フェーズの立ち上げ期であり（第4章で触れたように、第一フェーズにおいてはプロジェクトの実体がなかった）、プロジェクトを前に進めてルーティンを確立すること、一定のペースで一定の仕事を生み出すことが重要であったのである。このような状況下でありうる解釈として、一段階前のウッタラーカンドの「個人」としてのヴァイディヤという想定と、利益配分をめぐる国際的／国家的ディスコース（知識の提供の見返りに必ず利益配分がなされなくてはならない）に背かない範囲で、ヴァイディヤの予期せぬ返答に対する解釈を生み出したのではないか。「利己心をむき出しにすることがはばかられるガルワールの文化」という彼女の翻訳は、慈悲（*dayā*）を媒介に西欧起源の所有概念の持つ排他性を部分的に（あくまでプロジェクトの文脈の中で）乗り越えようとした結果と言える。

## 再帰性の制限と人々の経験をめぐって

本章では、知識はどのようにして誰かのものになるのか、知的所有権をめぐる聞き取りと文書作成の過程に焦点を合わせて描写した。まず、知識の所有者をめぐるウッタラーカンド州のプロジェクト側の想定が、いかに利益配分についての聞き取りの方法や質問紙などの形式の変更につながったかを述べた。そして実際の聞き取りの場面におけるヴァイディヤの「予期せぬ返答」を経て、人類学者シャルマーが新たに施した解釈が、報告書という形でプロジェクトに再循環していく過程も考察した。それは、「知的所有権」と「慈悲」という二つの異なるロジックを翻訳することで、ウッタラーカンドの在来知の所有主体がどのような人たちなのか、彼らの関心事項は何なのかということへの新たな認識を作り出す過程と言える。知的所有権概念がウッタラーカンドの「在来知」に適用される際にみられる、そうした再帰的な過程自体が、「権利」概念に根ざした知的所有権という発想への批判となる。

本章を含めて、第III部で描いてきた「人々の生物多様性登録」プロジェクトが作られる過程――何が「貴重な知識」として、そして誰が「所有者」として含まれ、また排除されるのか――とは、「その普遍的・合理的手法によって個別具体的・経験的な在来知を一方的に切り取ってしまうプロジェクト側の権力」[Agrawal 2002]、といった単純なプロセスではない。それは幾重にも折り重なった翻訳を通して、知的所有権概念の持つ前提が問い直され続ける、創造的で再帰的な過程なのだ。本章での「慈悲」概念の翻訳を通して「コミュニティ」に対する利益配分という発想を問い直すシャルマーの態度は、「ローカルな名前」の安定性をもとに「種」という植物分類学を支える根本的な概念の普遍性を改めて問い直す科学者たちの実践と一致している。

ただしそれと同時に、そうした再帰性には一定の限界がともなっていることも、第Ⅲ部において強調してきた点である。プロジェクトにおける仕事は、一定の時間に一定の仕事量を終わらせようとする官僚的な側面も持った。そこでは、「時間」や「報告書の形式（形式の遵守）」に後押しされて意思決定がもたらされることが多々あり、それが科学者の持つ再帰性に一定の限界を与えていた。それは、非正規のコンサルタントとして勤務していた人類学者シャルマーにとっても同様であった。彼女は、独立した「慈悲」の行為として知識の提供および政府からのプロジェクトの実施を考えたいというヴァイディヤの言明を、「贈与に対する返礼を遅らせることで、利己心を隠し、それぞれを慈悲の行為と見せるためのローカルな戦略」と解釈した。この解釈は、知的所有権や利益配分という形式を維持したままプロジェクトを「進める」ための、彼女のプロジェクトの「内側」での知的実践なのである。そこに、彼女自身の博士論文やディーパ・レッディの論文のように、彼らの言明を字義どおり「純粋贈与」と受け止め、知的所有権概念を支える人間観をラディカルに問い直す可能性は捨象されている。

薬草の分類方法を問い直すことはできるが、「在来知」とは薬草であるという想定を覆すことはない。あるいは、利益配分の方法を「所有者」のあり方に合わせて変更することはできるが、知識の「所有者」に対する利益配分という前提自体を変えることはない。このことは、プロジェクト実践における再帰性の性質を示していると言えるだろう。第Ⅳ部以降は、そこで取りこぼされたものとは何かという点を意識しながら、より「人々」を巻き込んだプロジェクトの局面に焦点を絞る。第7章では、薬草ではなく、ヴァイディヤの治療全体に焦点を合わせたプロジェクト、第8章では薬草の商品化を通した「責任主体＝コミュニティ」の生成をめざした取り組みを扱う。「(もともとの所有者である) ヴァイディヤ」や「(新しい所有者となることが期待される) アロマ栽培者」は、いかに知識や周囲の環境との関係を作り直していくのだろうか。彼らの経験を描くことにより、知識の「所有」という考え方の基盤となる知識観、そして「人間」観をより根本的に問い直したい。

第Ⅳ部

# 「所有主体」を超えて

## ——「人々」の経験

# 第7章　「在来知」を超えて――「効果」としての治療と文化的所有権

すでに述べたように、「人々の生物多様性登録」は、生物資源や知識の登録・ドキュメンテーションのみならず、その過程と成果への人々の「包摂」や「参加」（「所有主体になる」）が一つの鍵となっていた。第Ⅳ部ではその過程において、プロジェクト側の知識や所有主体についての想定を裏切るような、ヴァイディヤやその他の人々の経験を照射することを試みる。それにより、第Ⅲ部までの科学人類学的アプローチとは別のやり方で、知識の所有という考え方の基盤となる知識観（第7章）、主体観（第8章）を問い直したい。

本章の舞台となるのは、山岳県チャモーリーの町、ピパルコーティーの周辺数キロメートルの範囲内に位置する複数の農村である。標高二〇〇〇メートル前後の地点にあるこれらの村々で、人々は古いガルワール式の住居に拡大家族ごとに住み、農業や牧畜を生業としながらつつましやかに暮らしている。稼ぎ手である成年男性は出稼ぎで家を空けていることが多い。恐ろしいほど静かな夜に、動物のけたたましい鳴き声や木々がひしめくように揺れる音が響く。そびえ立つ山々や鬱蒼と生い茂る周囲の森林の存在感に負けないように、人々は肩を寄せ合って暮らしているように思える。

新州の開発から取り残されたような、こうした山岳地帯の村々でひっそりと暮らす「ヴァイディヤ」の（薬草ではなく）治療全体にフォーカスした文書化実践を本章では扱う。ガルワール大学の人類学者の主導で始まったこの実践は、「文化的所有権（cultural property）」という発想を前提とし、特定地域の土着医療の「体系」を記録しようというものである。しかし、特定の知識の意味や定義を探り出し、その深層部にある体系を取り出そうとする人類学者たちの問いかけは、ヴァイディヤ自身によって環境や効果、出来事の結びつきへと置き換えられていく。それは、「境界化された在来知」というプロジェクトの前提に対し、「効果」を求めて地理的境界、知識間の境界を超えて広がっていくヴァイディヤの知識が照射される過程である。そうした知識の脱領域性の根底には、すでにある「在来知」の維持ではなく、失われてしまった「真理」の未来へ向けた探求としてのヴァイディヤの知識実践がある。本章では、プロジェクトを通して具体的に表現される、ヴァイディヤの未来志向の知識観が、いかに知的（文化的）所有権という発想の持つ空間軸・時間軸を相対化しているかを論じる。

# 1 「体系」としての在来知

## 薬草から医療体系へ

第5章で扱ったように、「人々の生物多様性登録」においてはまず「薬草」の特定とその効用についてのドキュメンテーションに主眼が置かれた。その過程において科学者たちは、「ローカルな名前」が「学名（種）」に対して通時的変化の少ないものであることを改めて認識し、「種」という植物分類学を支える根本的な概念の普遍性を問い直すにいたっていた。

ただし、この薬草分類をめぐる過程がどれだけリフレクシブなものであっても、プロジェクトが薬草という要素に焦点を絞り込む形で展開している点は変わらない。こうした「在来知＝薬草に関する知識」という想定は、プロジェクトの「前提」としてあるのだ。そこには、グローバルな製薬開発と知的所有権をめぐる言説、そしてウッタラーカンド地方固有の自然と社会をめぐる現状が重なっていることは第4章で述べた。

「人々の生物多様性登録」に限らず、生物多様性条約をもとにしたグローバルな取り組みの多くが、「在来知」と呼ばれるもののなかでも薬草に焦点を絞って、その他の要素を排除していることはさまざまな文脈で批判されてきた。人類学者は、「在来知」、とりわけ「民俗医療」の性質に注目して医療人類学的な観点から批判を行なっている。それは、土着のシンボリックな医療体系＝全体を無視し、薬草という近代科学と共約可能とみられる要素だけを取り出して在来知を表象することへの批判である。一方前章で述べたように、ウッタラーカンドにおいて「ヴァイディヤ」と呼ばれる対象は、薬草に詳しいことを共通項とした、多様なバックグラウンドを持った主体の集合体であった。このことは一見、「薬草」によってヴァイディヤの知識を括ることが合理的であるように思える。しかし、たとえウッタラーカンドの「ヴァイディヤ」の知識が薬草を基礎に組織化されているとしても、彼らの実践の中心は薬草の収集やその効用についての知識の向上にあるのではなく、患者を治療することにある、という基本的な事実を忘れるわけにはいかないだろう。「人々の生物多様性登録」プロジェクトにおいて捨象されていたのは、ヴァイディヤの治療「全体」を見る視点である。

プロジェクトに参加していたNGOの一つ、アーガーシュがガルワール大学出身の人類学者、P・C・ジョーシーとの協働により二〇〇八年以降進めていたのは[1]、まさにこうした土着医療の「体系」のドキュメンテーションである。それはまず、ガルワールの農村部におけるプライマリーヘルスケア充実のために必要不可欠な資源としての[2]「土着医療」を文書化することを目的とした。ジョーシーは、以下に取り上げるジャウンプリ（Jaunpuri）コミュニティにおける医療人類学的調査をめぐる論文において、「病い（主観的、社会的に構成された病いの経験）に関する文化的言説がローカルな文脈に埋め込まれた民族医療的なシステムを構成しており、そうしたシステムへの理解が国家の家族計画の鍵となる」と述べている[(3)]。こうしたプラクティカルな必要が、「固有の治療伝統」から得られる経済的利益への排他的独占権である「文化的所有権」という発想[(4)]と交わり、土着の治療体系のドキュメンテーションが進められるようになった。

## アーユルヴェーダと民俗医療

ところで、境界化された文化体系としての土着医療とは、インドの文脈で何を意味するのだろうか。第3章で述べたように、「アーユルヴェーダ／土着の民俗医療」というカテゴリーと分断そのものは、ポストコロニアルインドにおける生物医療とアーユルヴェーダの複雑な関係史によって作られたものである。すなわち、生物医療の制度の模倣によるアーユルヴェーダの制度化の過程において、「（生物医療と共約可能な）教典に基づく科学的なアーユルヴェーダ」と「それ以外の民間セクターに属するアーユルヴェーダ（残余として生まれた概念）」が区別されるようになっていった。

しかしこうした恣意性や歴史性は、現在のアーユルヴェーダをめぐる諸制度の中で忘却されている。本書の対象である、国家生物多様性法も「アーユルヴェーダ／在来知」の区分に基づいていた。つまり、それぞれが独立したカテゴリーであることを前提としたうえで、前者を中央政府、後者を州政府によるデータベース化の対象とすることを設定していたのである。

注目すべきは、こうした体系を前提とした見方は「民俗医療」の研究を行なう民族植物学、人類学のなかでも共有されていることである。たとえば、ケーララ州におけるシッダ医学[(5)]の治療者について研究した加瀬澤［2006］は、公的なアーユルヴェーダ「医師」資格を得た者たちが行なう治療と、従来の世襲制や徒弟制の中で治療技術を獲得した者たち（「ヴァイディヤ」）が行なう治療とは質的に異なるものであると論じる。その際に加瀬澤が強調するのは、「医師」の扱う知識は文字化され体系化された知識であり、すでに一般にも公開されているものである一方、「ヴァイディヤ」の扱う知識は徒弟関係の中で身体的経験を通じて習得されるものであり、言語的伝達だけでは獲得できないという点である。このような言説は一般に広く共有されている。さらにケーララ州ヴィヤナードゥ県の「民俗医療」について調査した古賀は、大学で教えられる「アーユルヴェーダ」との違いについて、加瀬澤が指摘した点に加えて、「アーユルヴェーダでは病気を三つのドーシャのバランスによって病気を診断するのに対し、民俗医療では病因を悪魔や神の怒りによっても生じると捉え、治療として呪術（マントラワーダム）が用いられる」と主張している［古賀 2002: 271］(6)。さらに、現代南アジアにおける医療多元的状況をめぐる研究は、複数の競合する医療体制として生物医療、アーユルヴェーダ、その他の民俗医療がそれぞれ独立した制度としてあることを前提としており、それらをいかに患者が選択し、使い分けるかを描いている［Nichter & Nordstrom 1989; Nordstrom 1989］。

むろんこれらの記述はそれぞれのカテゴリーに属するとされる医療の特徴をとらえている。しかしそれと同時に本書で繰り返しているように、「アーユルヴェーダ／民俗医療」のカテゴリーの分断自体ももともとあったわけではなく、生物医療との関係において科学的なアーユルヴェーダを意図的に「復興」させようとした試みのなかで作られてきたという面もある。そうした一面は、こうした知識「体系」間の境界やカテゴリーを実体的で自然なものと見なす、現代インドの伝統医療をめぐる諸政策、制度および人類学的研究の多くにおいて考慮されていない。その傾向は、土着医療体系のドキュメンテーションを行なう、ウッタラーカンド州のNGOの多くが参照するジョーシーの著作においても顕著であった。

## 文化人類学的知識の介在と「体系」としての知識

ジョーシーは、ウッタラーカンド州において私が薬草についての予備調査を始めたとき、「絶対に面会しなければならない人物」として頻繁に名前が挙がる人物であった。[7] 彼は一九八九年から一九九七年までガルワール大学の人類学部の学部長を務めていた人類学者である。現地のNGOネットワークであるサンバンドゥに所属するNGOの関係者のなかには、彼の学生であった者も多い。[8] ジョーシーは一九九七年にはデリー大学の人類学部に移り、ウッタラーカンドを離れていることを考えると、現在まで続く彼の影響力の特殊性がわかる。とりわけジョーシーの執筆したウッタラーカンド州内の部族医療についての文献のコピーは、サンバンドゥ内で流通している。サンバンドゥのメンバーにインタビューを重ねているとき、人類学者だと名乗ると、ファイリングされた彼の論文のコピーをよく見せられた。[9] 彼の著作は、多くの場合現地のNGOと協働して行なった調査に基づいている一方［cf. Joshi 1993］、その流通によってNGO関係者の間に土着の医療についての具体的なイメージを与え、彼らの活動を再帰的に構成している。

彼の著作の中で特に有名なのは、ジャウンプリ、ジャウンサール（Jaunsāri）、レワイ（Rewai）話者の人々についての医療人類学的文献［Joshi 1993］である。[10] この文献の中でジョーシーは「薬草ではなく、病因学的関心に基づいて」コミュニティでの民族誌的調査を行なった。ジョーシーの枠組みはアイゼンバークとクライマンの「疾病（disease）」と「病い（illness）」の区別に基づいている［Kleinman 1988］。[11] ジョーシーは、「病い」の経験に関する文化的言説に基づく民族医療的なシステムへの理解が国家の家族計画の鍵となると述べる。

ジョーシーはジャウンサールの「病い」をさらに精神的病い／自然的病いに分類する［cf. Foster & Anderson 1978］。そして前者（ドーシュ *doṣ*）を超人間的、超自然的力を病因とする病い、後者（ビーマーリー *bimārī*）を身体における体液（ドーシャ）の不均衡による病いとする。前者にはジャード・フーンク（*jhāḍ-phūnk*）と呼ばれる呪術的治療、[12] 後者には薬草治療が用いられる。さらにジョーシーは精神的病い（ドーシュ）を引き起こす超自然的な存在、すなわち神格（デーヴァター *devatā*）と女神（デーヴィー *devī*）の分類を作成している。デーヴィーはマトゥリ（*matri*）という「文化的に想像されている（culturally imagined）」妖精を含む。さらにマトゥリは良い妖精（*succi matri*）と悪い妖精（*masān matri*）に区分される。またドーシュを引き起こすものとして他に、魔女（ダーグ *dāg*）、邪視（ダンキン *dankin*）、世襲的に伝わる超自然的な力を持つ要素（ビス・ブーティー *bis-būti*）がある。[13]

またジョーシーは「民俗的なアーユルヴェーダ（folk wing of *Āyurveda*）」としてもジョウンサールの医療体系を表象している。彼によると、人々はインドの他の地域の人々と同じように食事、天候、生活習慣によって身体の熱／冷の原理が変わると考えている。一つのドーシャが過剰になった場合は、その他のドーシャに関連する薬によって治療される。空気（*bai, vāyu*）は熱に対置される。熱の病気はピッタの乱れと対応し、冷えの病気はカファやヴァータの乱れと見なされる。熱が過剰になると、発疹、熱、下痢などを引き起こし、冷えが過剰になるとむくみ、便秘、粘液不足、リウマチを引き起こす。ジョーシーによると、ジョウンサールは風（バグリ *baguri*）を外部から身体に入るものと認識しており、空気（バイ bai）と異なり身体に備わるエネルギーとはされていない。ただし、バイ、バグリともにオイルマッサージなどの熱の治療がなされるという。

このようにジョーシーはジョウンサールの民族医療を、病い、治療、治療者についての明確な分類に基づく一貫した象徴システムとして記述している。またジョーシーは治療者たちがその知識にばらつきを見せるものの、脈診[14]のみで病いを特定することを強調しており、それを「正規のアーユルヴェーダ」と異なる「民俗的なアーユルヴェーダ」であることの象徴と見ている。

## 2　体系としての知識と効果としての治療

### 治療者としての「ヴァイディヤ」

二〇一四年三月、プロジェクトチームのなかの文化人類学者シャルマー、アーガーシュの若手スタッフ二名、私は、チャモーリー県ピパルコーティーの周辺六村における一七名のヴァイディヤを訪ねた。このときの質問の形式は先述のジョーシーの論文に即していたが、調査対象の農村は指定部族地域ではなく、ガルワーリーラージプートあるいはブラフマンを主要なカーストとする人口三〇〇名程度の農村である。[15]

ウッタラーカンドで「ヴァイディヤ」と呼ばれるのは、前章で述べたように薬草治療の専門家である。[16]「チャモーリーでは関心さえあればカーストに関係なくヴァイディヤになれる」と一般に語られるとおり、「ヴァイディヤ」というカテゴリーには多様な主体が含まれる。たとえばウッタラーカンド八県に居住する六〇名の「ヴァイディヤ」に聞き取り調査を行なった現地の民族植物学者、C・P・カラは、「ヴァイディヤになるには、二つのルートがある。それは大学で学ぶこと、あるいは知識のあるヴァイディヤから学ぶことである。伝統的なヴァイディヤとは家系の伝統によって、あるいはその他の訓練されたヴァイディヤから薬草治療の知識を得た者である」と述べ、「ヴァイディヤ」という主体の範囲を広くとっている［Kala 2005: 257］。そのような「ヴァイディヤ」のなかには、薬草治療だけでなく、呪文（マントラ *mantra*）あるいはジャード・フーンクに関する知識を（実際にはほとんど使われることがないもの）部分的に持つ者もいる。

ガルワールの農村部は地域や農村の神（*gāmva-devatā*）、主要なヒンドゥーの神々（シヴァ、ドゥルガー、ガネーシャ、ヴィシュヌ、クリシュナ）への崇拝、パーンダヴァ（*Pāṇḍava*）儀礼、家系やクラン神（*kul devatā*）の崇拝、州内の四つの聖地（ガンゴートリー、ヤムノートリー、ケーダールナート、バドリナート）への巡礼など、多元的な宗教生活に特徴づけられる。それぞれにおいて適切な儀礼を行なわないことは、集合的な病を招くと言われる。その他、個人的な心身の不調もしばしば神霊――そこにはジョーシーの分類にあるようなチャーヤー（*chāyā*）、妖精（マトゥリ）などの誰もが知る一般的な霊のみならず、森林の中に存在する無数の霊的存在（その多くは不慮の事故で森の中で命を落とした者の亡霊と言われる）も含まれる[17]――に結びつけてとらえられる。そうした場合、プッチュ・ワリ（*pucch vali*）と呼ばれる特定の人物の託宣を受け、そのうえでグルによる各種の儀礼を受けるのが正当なやり方である。しかし、次の事例にもあるように、人々はしばしば出版された本に記載された呪文を自分で唱えたり、「ヴァイディヤ」に頼ったりする。後者の場合の正当化の論理とは、「ガルワールの山岳地帯では移動が困難であり、プッチュ・ワリやグルのいる場所にたどり着くのが困難であった。だから今や人々は呪文による治療ではなく、薬草治療を行なうようになった」というものである。このように、呪文による治療、ジャード・フーンクと薬草による治療は、私たちが調査した農村部では、ジョーシーの言うように異なる領域を構成しているというよりは、前者から後者への緩やかな移行としてとらえられているようだった[18]。

いずれにしても、ジョーシーの調査した部族地域とは異なる背景を持つものの、「ヴァイディヤ」の治療を固有の文化的背景をもつ包括的体系としてとらえるためのプロジェクト実践は、ジョーシーの論文に基づいたものであった。彼らの質問の形式の特徴は、ジョーシーが生み出した分類の用語に即しながら、表面に表われた語りからより深部にある意味を読み取ろうとするものであった。しかし、彼らによる特定の知識の「定義」や「意味」をめぐる問いかけは、当の治療者自身によって環境や効果をめぐる別の結びつきと置き換えられていく。

以下で取り上げる事例は、そうした典型的なインタビューの光景のうち、薬草だけでなく呪文やジャード・フーンクについても知識を持つ二人のヴァイディヤへの聞き取りについての記述である。こうしたインタビュー場面において現われるのは、ヴァイディヤの知識それ自体ではなく、先述のようなプロジェクトチームとヴァイディヤの知識のあり方、そして経験のずれである。

## 環境としての霊

ラグヴィール・シン・ネーギーは、ピパルコーティーから七キロメートル、標高一六〇〇メートルの場所にあるB村に居住する四五歳の男性である。農民である一方、二一年間B村唯一の「ヴァイディヤ」として脈診と薬草を中心とした治療を続けている。(19) 彼は一〇年間の教育を受け、また(インタビュー時休暇で帰省していた)彼の息子はデーヘラードゥーンの有名な陸軍学校に通っている。したがって、自身の経歴、あるいは家族を通して近代教育の思考法に馴染みがあるため、以下の彼の返答は質問の形式への不慣れさに起因するものではないということを付言しておく。

インタビューは、ヴァイディアの村や診療所で行なわれた。すなわちそれは、主にNGOの事務所で、植物標本、ヴァイディヤの持ち寄る乾燥させた薬草の根、プロジェクト指定のフォームなどを媒介としてサーヴェイ形式で行なわれた「人々の生物多様性登録」と異なっていた。背後にアウリー山の頂上を望めるラグヴィールの自宅兼診療所では、彼の近所に住む人たちや彼の息子とその友達が一〇名集まっている。また家には扉がなく、ラグヴィールの家畜や犬が定期的に入って来ては外へ出て行く。

**事例7-1　霊が起こる環境**

まずシャルマーが、ジョーシーの論文に従いながら、ジャード・フーンクの内容と、サヤード(*sayyad*)、ブートゥ(*bhūt*)、バイラウ(*bhairav*)などの霊の区別について尋ねると、次のような答えが返ってきた。

「それは次のようにして起こるだろう。ささいなことが彼に起こる。熱が出る。心が彼から離れる。彼は悪くなる

(*kharāb*)。ジャード・フーンクはこのようなときのためのものだ。あるいはサヤード（ムスリムの霊）が誰かを攻撃する。ブートゥでもいい。どうせ同じことだ。サヤードと呼んでも、ブートゥと呼んでも、バイラウ（シヴァ神と関係の深い霊）と呼んでも。ジャード・フーンクはそれらのためのものでもある。またビーマーリー（自然的病い）のためのものでもある」。

さらにシャルマーが「ブートとチャーヤーとピシャーチュ（piśāc）の違いはなんですか？」と続けて聞くと、ラグヴィール・シンは「ただの言い方の違いだ。同じものだ。古い言語ではチャーヤーで、新しい言語ではブートとピサーチ、ムスリムの言語ではサヤードだ」と答えた。ここで、インタビュー時にラグヴィール・シンを取り囲んでいた人々も「ダーグ、ダンキン、ビス・ブーティーは同じものである。名前は違っても状況は同じである」と口々に言い始める。彼らは、ウッタラーカンドは「神々の住みか（*deva-bhūmi*）」であり、さまざまな種類の神や霊がいるとまとめる。なお、このB村出身で、（分類を作るという実践を行なう側であるはずの）アーガーシュの若手スタッフの一人であるジャスワンも、「それは同じ箱の中にあるフルーツの種類にすぎない」と違いがあることを示唆しつつも、それが重要でないことを主張し始めた。

その後、シャルマーが質問を変えて、「チャーヤーとはなんですか？」と聞くと、ラグヴィールは「子どもが怖がっているとき、暗闇の中で犬が吠えているとき」と答えた。その後、周囲の人々がまた「何も食べられないし、飲めないとき」「夜本を読んでいたら突然涙が出てきて止まらなくなった」「（私に向かって）森の中へ行くときにお前は外国人だからカラフルな服を着て行ってしまうだろうが、われわれはそういうことはしない。黒の服を着ていく」と言い始めた。

さらに、アーガーシュのジャスワンは、「霊と遭遇した経験をシェアしあおう」と話題を変える。そこでラグヴィールの息子が五年ほど前に夜中に部屋で繰り返し幽霊なるものに遭遇し、そのつど父親の持つ経典にある呪文を唱えることで対処し続けた話や、偶然通りかかった老婆が森の中で幽霊に遭遇した際、靴を持って威嚇しながら「ふーふー」という叫び声を上げて勇敢に闘った話が共有された。

（二〇一四年八月一三日のフィールドノートより）

この典型的なインタビューの場面において注目すべきなのは、ジョーシーの論文で中心をなしていたはずの霊の分類へのラグヴィールの無関心である。[20] またジャード・フーンクは霊によって引き起こされた病を治すためのものだけでなく、ビーマーリー（自然的病い）を治すものとしても表現されている。さらに次第に、霊や病い、治療法の分類体系を作成する側である、B村出身のNGOスタッフにもこうした態度が共有されはじめる。そして最終的には霊との遭遇経験についてのさまざまな語りが展開される。

この一連のプロセスの中で、人々が霊をいかに定義し、分類するのか、すなわち霊の名前に対してその意味、存在の定義を特定しようという問いかけは、ラグヴィール・シンや周囲の人々によって無化されている。彼らは、「チャーヤーとは子どもが怖がっているとき」「森の中へ行くときには黒の服を着ていく」というかたちで、チャーヤーという名前とそれが立ち現われる環境や予防法とを結びつけている。考えてみれば当然のことだが、彼らにとって霊とは抽象的な体系の一要素ではなく、特定の環境や状況そのものであり、またそれへの具体的な対処法や治療法との関連の中にあるものなのだ。そして、最後に語られるように、こうした内容を語るとき彼らが想起しているのは、それに遭遇し、また対処した際の個別的かつ具体的経験である。

このインタビューの場面においては、こうした霊、環境、予防法、治療法の間の人々にとっての実体的なつながりとの対比の中で、「意味するもの」と「されるもの」の間に恣意的なつながりを見いだし、象徴体系を抽出しようというプロジェクトの試みがむしろ特殊なものとして浮き彫りになっているのではないか。「それらは同じ箱の中のフルーツの種類にすぎない」という、霊ごとの差異があることを認識しつつも、それが重要でないことを示唆するNGOスタッフの語りは、こうした知識実践の差異が顕著に現われた場面における、彼なりの調整、翻訳と考えられるのである。

## 効果としての治療

このことを、さらに別のスワーミー・デヴィと呼ばれる別の女性のヴァイディヤへのインタビュー場面を通して発展させて考えてみたい。スワーミーは、ピパルコーティーから三キロメートルの場所に位置するH村で小学校の校長を務めている。彼女もラグヴィール同様、代々続く家系の有名なヴァイディヤであるが、ラグヴィールと異なり「娘のうちの一人に必ず知識を伝授したい」と語る。農村内では彼女の治療に頼る者は少ないものの、かつてリシケーシュから彼女の知識を学びに訪れた若者がいることが噂されていた。

**事例7-2　霊と法廷のあいだ**

スワーミーは勤務中に、薬草で作った粉末状の薬が無数に並べられた「校長室」でシャルマーの質問に答えていた。彼女の語り口は、小学校の生徒に語りかけるような雰囲気で、短文を重ねながら徐々に語気を強め、聞き手を一つの説得的な物語の中に巻き込んでいた。途中で肩の痛みに悩む一人の若い女性患者が彼女のもとを訪れた。彼女は脈診を行ないながら、複数の粉末を調合して、新聞紙にくるんでそれを処方した。

「時々チャーヤーは誰かを襲う。そのときに私はジャード・フーンクを行ない、患者はよくなる。山ではこういったことはしょっちゅうある。それが起こったとき、風（*havā*）が吹く。それは風の問題だ。それは星回りが悪い人たちに起こる。それは確かなこと。私はそういった人たちをたくさん治療してきたのよ。人々は恐れる。それは恐れに関係している。あなたがどこかへ行って、何かがあなたを襲ったと想像してごらん。それは石も動物でもない。あなたの身体は恐れ始める。そのときにそれは起こるのよ。チャーヤーが起こる。ブートゥが誰かを襲う、ピシャーチュが誰かを襲う、サヤードが誰かを襲う。たくさんの存在がある」。

「……中略……　裁判所は邪視やこういった霊を真実だと認定しない。しかしそれらは文書に書かれているのだから、古いに違いない。それはまるで最近法廷が人々に同じやり方で攻撃するようなもの。もし邪視がなかったらなぜ文書に書かれているのだと思う？　それらは力を持っているのよ」。

続けて彼女は、今までの人生のなかで六回裁判に勝ったと言い始めた。また彼女は邪視について、「霊は人々が腹を立てたとき（*cidh se*）に呪文によって攻撃する」と言及している。たとえば彼女の父親の牛は多くの乳を出していたが、彼が近所の人たちとケンカをするやいなや、まったく乳を出さなくなった。彼女はこれらのことについて、「ガルワールの人々は嫉妬深い。彼らは他人が豊かになるのを見た瞬間に、害悪を与えようとする」「彼らは動物を通して（家畜の邪視）、あるいはルピーを通して他人に攻撃するのである」[21]とまとめた。

その後、私の調査助手であるラクシュミーが現在係争中の離婚訴訟について話し出した。ラクシュミーは、夫のアルコール依存症とドメスティック・バイオレンスという背景のもとで、弁護士に五万ルピーという高額の金額を払うことで、離婚を秘密裡に（夫の気づかないうちに）進めようとしている。[22]彼女はガルワールの農村部出身の「伝統的な」両親を持つが、デーヘラードゥーンで生まれ育っており、ふだんは「霊のような迷信的な（superstitious）ことは信じない」と語っている。それでもこの場面では、スワーミー・デヴィの呪文と裁判のアナロジーによって、彼女も自分の経験について語りだしたのだ。

（二〇一三年八月一七日のフィールドノートより）

このインタビューの場面において印象的なのは、まず前半部において、ラグヴィールと同様に彼女もチャーヤーを特定の意味と結びつけるのではなく、「起こる」もの（出来事）として、それが起こったときに人々に生じる「恐れ」との関係を主張していることである。[23]また、チャーヤー、ブートゥ、ピサッチ、サヤードの違いについても同様に無化している。

さらに注目すべきは、他のヴァイディヤと比べても、「近代的な」諸制度に馴染みがある彼女による、霊の間の区分だけでなく、法廷と呪文の境界を越えてしまうような語りである。「ガルワールの人たちは他人が豊かになるのを見た瞬間に、害悪を与えようとする」「彼らは動物を通して（家畜の邪視）、あるいはルピーによって攻撃する」と彼女が語るとき、富の喪失という結果が邪視（呪文）によるものか、法的文書によるものかが特定されずに話が進められているのである。もちろん彼女が二つの存在（裁判所／霊）をまったく同じものだと考えているとは考えにくい。しかし、カテゴリー間の差異を明確化することで、「土着の治療法」の分類体系を抽出しようとするプロジェクトの質問との対比のなかで、彼女は裁判所と霊の区別が重要ではない現実の局面について語っているのではないか。そこでは、裁判所／霊は、近代的／非近代的領域を象徴するシンボルというよりは、それが持つ「力」、あるいは与える「効果（害悪）」において、それによって脅かされる人間と結びつく存在なのである。こうした語りは、霊を信じないラクシュミーをも巻き込み、自身の離婚手続きについて語らせる力を持った。五万ルピーを弁護士に支払うことによって（ルピーによって）、夫にそのこと自体に気づかせないまま、離婚という効果を与えようとすること、それは呪文による（呪文を唱えた主体を隠したままの）霊の攻撃に近いとされた。

さらにこのように分類よりも効果の重視という点については、多くのヴァイディヤの治療の専門領域についての語りにも表現されていた。たとえば、前節で扱ったラグヴィールの語りに「ジャード・フーンクは精神的病い（ドーシュ）のものであると同時に、自然的病い（ビーマーリー）のものでもある」というものがあった。ここに、ジョーシーの論文の中で中心を占めていた、自然的原因による病いの治療としての薬草、超自然的原因による病いの治療のためのジャード・フーンクという分類も無化されている。このような語りは、他の多くのヴァイディヤにも共有されている。先に述べたように、現在の多くのヴァイディヤは、薬草治療を主とする。彼らにとってそれは、ジャード・フーンクと異なる治療領域の選択というよりは、ジャード・フーンクから薬草への緩やかな移行なのである。このことについて、あるヴァイディヤは、「私たちのゲストは常にジャード・フーンクではなく、薬草を欲しがってきた」と述べる。そうした「ゲスト」のなかには、彼のもとを訪れて治療を学ぼうとする者だけでなく、第5章で取り上げた植物学者や近年の（「人々の生物多様性登録」も含めた）NGOも含むのである。いずれにしても、ジャード・フーンクではなく薬草を用いるという治療の選択は、彼にとって他者との接触という偶発的な経路によるものである。すなわち、ここで（プロジェクトチームが依拠する）ジョーシーの抽出したシンボリックな体系との対比のなかで焦点化されているのは、霊とそれが人間に与える害悪、そして治療とその効果の間の実体的な結びつきである。ヴァイディヤたちにとって、チャーヤーはブートとの違いや法廷のような「近代的な」力との対照ではなく、それが攻撃したときにもたらされる効果との関係のなかで「現実」として経験されている。さらには、ジャード・フーンクも薬草を用いた治療との対比のなかで「超自然的な領域」の病いが割り振られているのではなく、病因が自然的であっても超自然的なものであっても治療できるか否かが問われていると言えよう。

以上の二つの典型的なプロジェクト中のインタビュー場面において立ち現われたのは、プロジェクトチームとヴァイディヤの知識実践の差異である。ヴァイディヤにとっての霊とは、それが現われる具体的な環境や出来事、予防法との実体的な関係の中にある。そして、重要なのはその存在が人に与える効力（恐れ）である。また呪文であっても薬草であっても、霊に対して働きかける実際の「力」が重要なのである。このことに基づくヴァイディヤの回答によって、霊や治療法の定義や意味を同定し、深部にある体系を抽出しようとするプロジェクトの試みは相対化されている。そのことが、そうしたヴァイディヤや周囲の語りに半ば巻き込まれた、ＮＧＯのスタッフや調査助手の態度に現われていると言えよう。

こうした具体的なプロジェクトの現場で現われた知識実践のずれをもとに、次節では「知識の所有（文化的所有権）」という考え方が想定する知識観と、ヴァイディヤの知識や経験のあり方のずれについて、さらに考察を深めたい。

# 3 「ヴァイディヤ」にとっての知識とプロジェクト経験

## 知識の脱領域性と文献

第1節ですでに述べたように、「土着の医療体系」を取り出そうとする試みは、それが「正規のアーユルヴェーダ」とは異なる口承伝統であるという前提によって支えられている。さらに「知識の所有（文化的所有権）」という発想によって、そうした体系は、境界化された、固有かつ真正な知識と想定されている。しかし以下に述べるように、ヴァイディヤにとっての知識とは、まさに効果の探求によって、地理的境界、あるいは「民間の医療／アーユルヴェーダ／生物医療」という知識体系間の境界を越えて広がっていくものなのである。

私がウッタラーカンド州の「ヴァイディヤ」についてなんらかの全体像を把握しようと聞き取りを続けていたときに印象的だったのは、「ヴァイディヤ」というカテゴリーに属する主体の多様性だけでなく、彼らの多様な知識習得の方法とその結果としてのブリコラージュ的な知識の構成であった。たとえばあるヴァイディヤは、ベンガル地方出身のヴァイディヤから二年間脈診を学んだと言う。また他のヴァイディヤは、彼の祖父から知識を学んだ。しかし、祖父はジャードー・フーンクの専門家であり、薬草についてあまりよく知らなかった。そのため彼の小学校の同級生の父親である他村のヴァイディヤの薬草収集に同行し、逐一薬草の名前と薬の製法を説明してもらいながら知識を習得したという。

さらに知識の習得はこうした口承によるものだけではない。たとえば先のスワーミー・デヴィは、かつて彼女の祖父が持っていたアーユルヴェーダの教典、また近年「土着の医学に関心を持った医者、ヴァイディヤ、ハキーム」のために出版された『家庭のヴァイディヤ（*Ghar kā Vaidya*）』［Kakkar 1977］などの民間向けの本にも言及している。前

写真7－1　ラグヴィール・シンの持つアーユルヴェーダ教典の写本

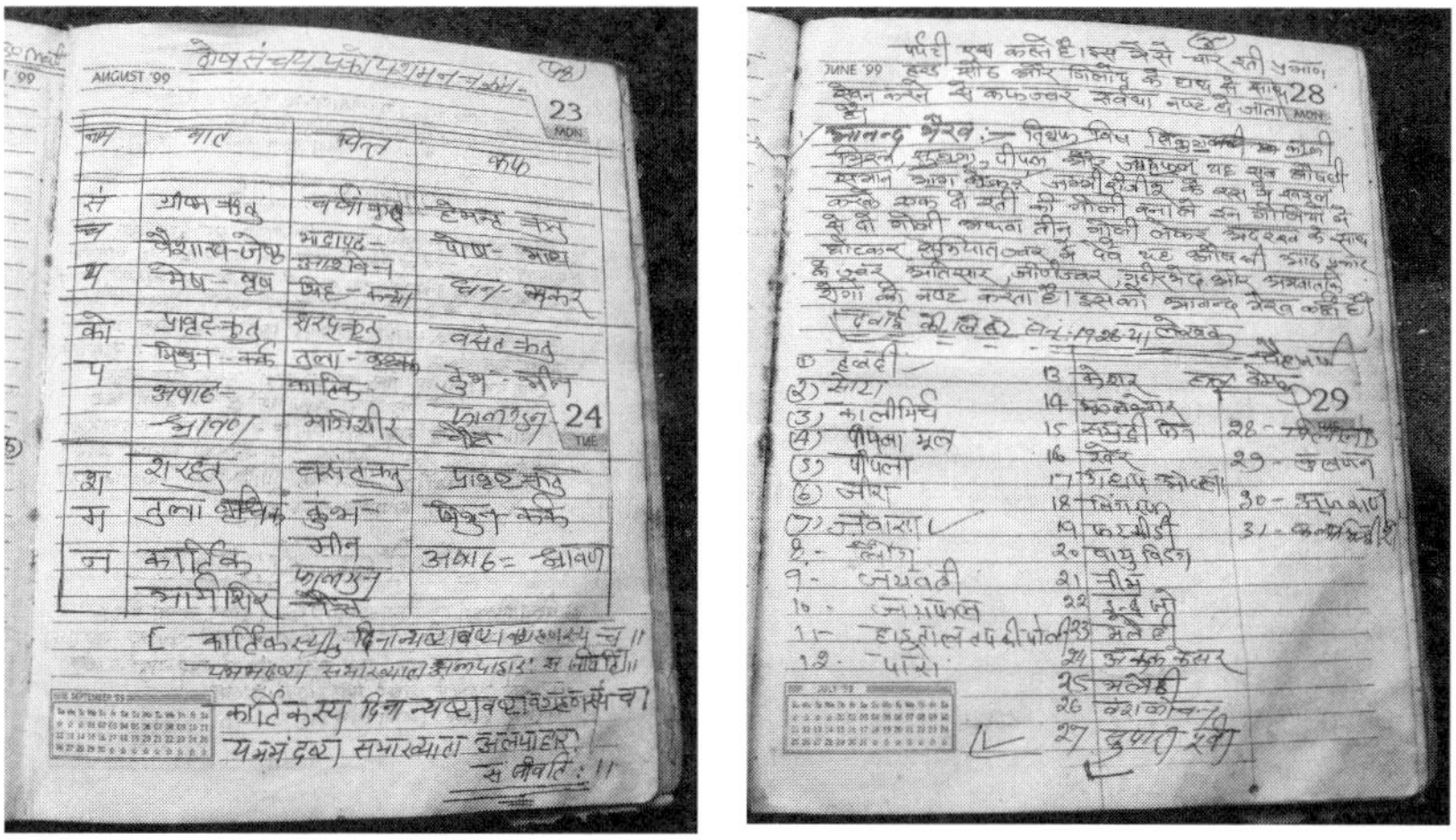


写真7－2　ラグヴィール・シンのノート

者についてスワーミーは失われた「本物のアーユルヴェーダ」の知識への憧憬を口にする一方、後者については「どの薬草がよいのか、どんな効果があるのか、本から学べるのだ。本には写真もあるだろう」と述べる。ここに、みずからにとっての「真の知識」を口承伝統にではなく、アーユルヴェーダの教典の中に求めると同時に、シンボリックな知識体系を守ることよりも、「効果」を求めて(一般向けに簡略化・標準化され、流通する文献も含んだ)新しい知識を吸収していくことに関心を持つスワーミーの態度がある。[24]

さらにラグヴィール・シンも、全部で五二ページあるサンスクリット語で書かれた写本を持っている(写真7-1)。ラグヴィールはこれらを一八世紀の *sārandhar* というアーユルヴェーダの教典の写本であるという。それらをコピーして後日文献学者の助力を得て調べたところ、『チャラカ・サンヒター』などを含む複数の教典の一部分を組み合わせたものであることがわかった。[25] また彼はこうしたサンスクリット語の写本を読むことができるが、ふだんの生活の中で参照することは少なく、その代わりにそれらの内容を自分の手でまとめた五冊のノートを参照している(写真7-2)。このノートの内容は、アーユルヴェーダの基本法則を記したもの(写真左)から特定の薬の作り方や治療法(写真右)までを含む。他のページには、腹痛、風邪、歯痛などの一般的な病気から、へび咬傷、害虫による感染症などガルワールの農村部に頻繁にみられる疾患のための薬についてまとめられている。

いずれにしても、このような「効果」を重視したヴァイディヤにとっての知識は、境界化された知識伝統、とりわけ「正規のアーユルヴェーダ」とは異なる口承伝統であるという人類学者の想定とは異なるものである。

## 生物医療の知識

さらに注目すべきは、彼らの知識が、「アーユルヴェーダ/土着医療」という分断に基づいていないのみならず、「生物医療/アーユルヴェーダ」の境界をも当然のように超えうることを示す以下のケースである。それは、ジョーシー［Joshi 1993］が「ジャウンプリやガルワールの農村において、腹の中にいる食べ物を消化する虫（キーレー *kīde*）がいるという信念（belief）がある」と記述していた内容についてである。

ある日このことについて質問すると、ラグヴィールは、「そうした虫は時に害をもたらし、また時にそうではない」そして「それは消化を司っている」と話した。また別の二人のヴァイディヤは頭蓋骨にいるキーレーが毛根を食いちぎることによって脱毛症が起こるとも言った。続けてスワーミー・デヴィは脱毛症の治療のために用いるサウンリー（［G］*saunḍi*）という薬草を、腸の虫や癌、結核にも使えると説明する。こうした回答を聞いているうちに私は、彼らが生物医療における不可視の存在を表わしたもの、細胞やかん菌を含めてキーレーと呼んでいるのではないかと思うようになった。

こうした疑いは、あるヴァイディヤが血液中にある赤と白のキーレーについて言及したときにより強められた。「これらは裸眼では見えない、とても小さいものである」と彼は言う。どのようにしてそういった知識を得たのかと聞くと、彼はアーユルヴェーダの本で学んだと答えた。

本には次のように書いてあった。赤いキーレー、つまり血液のキーレーが生まれると、人は健康になる。彼は病気にならない。白いキーレーが広まり、赤いキーレーを押し出すようになると、人は病気になる。

（二〇一三年三月二三日フィールドノートより）

このように、このヴァイディヤにとってキーレーとは、ローカルな象徴、信念ではなく、事実や出来事としてある。その結果、生物医療の細胞やかん菌、血球といった不可視の抽象的な存在も、生物医療的な知識としてではなく、事実としてキーレーというカテゴリーの中に再文脈化しているのである。重要なのは、それぞれのキーレーの定義や分類ではなく、どのようにそれらが病気や健康をもたらすのか、その効果やそれが存在する環境である。

## 「人々の生物多様性登録」における経験のずれ

本節では、前節でのインタビューの場面の記述を発展させて、ヴァイディヤの知識のあり方について記述してきた。「正規のアーユルヴェーダとは異なる、秘儀的な口承伝統」という想定は、文化的所有権という考え方と交わることによって、境界化された知識体系を取り出そうというプロジェクト実践を生む。その一方で、ヴァイディヤの知識は効果を求めて地理的境界、あるいは「口承伝統／教典」「民間の医療／アーユルヴェーダ／生物医療」という知識体系間の境界を越えて生成し続けていくものである。

こうした差異は、「人々の生物多様性登録」プロジェクトにおいても表われていた。前章でのインタビュー場面を振り返ってみよう。そこでは「知識の提供と引き換えにどのような見返りが欲しいですか」という質問には答えずに、「政府からどのような慈悲が欲しいですか」という質問に対して、特定の薬草プロジェクトやトレーニングと回答するヴァイディヤの姿があった。本章での議論を踏まえると、そこにすでにある「「自分の」固有の知識を提供することと引き換えに、利益を得る」ということ以上に、植物分類学者やその他の関係者との接触を通してみずからの「知識を成長させる」ことへのヴァイディヤの関心が表現されているともみることができる。それはもちろん「知識を提供する」より「習得する」ことを志向した利己的な態度ではない。ヴァイディヤたちは、薬草についての知識の提供を「慈悲」と表現し、利益配分というロジックを否定していたのだ。むしろ、その根底には一つの固定的な体系としての「在来知」とは異なるヴァイディヤの知識についての考え方、すなわち効果を求めて常に新しく刷新し続けるものとしての知識観があるのではないだろうか。

その一方で、薬草よりも治療にフォーカスしたプロジェクトの一局面において、ユニークな土着医療の体系としての「在来知」という想定は強固なものであった。その局面においては、「人々の生物多様性登録」プロジェクトのような、切迫した文書作成の義務はなかったのにもかかわらず、そうした想定が改めて問い直されることはなかったのである。たとえば、私が一人でB村に滞在した際に撮影した、写真7-1のラグヴィール・シンの有するアーユルヴェーダの教典の写本を、デーヘラードゥーンに帰って（もちろんラグヴィールの許可を得て）アーガーシュの主催者であるメイターニーに見せたときのことである。メイターニーは、「すごいね、これを発見したのはモエの功績だね」と興奮気味に語り、「この歴史的文書をラグヴィールさんの助けを借りて、将来の世代のためにヒンディー語に翻訳するべきだよ。しかしラグヴィールさんは嫌がるだろうね。コピーライト扱いにしたらどうだろうか」と提案した。メイターニーにとっては（そして当時の私にとっても）この文書は彼の家系やその周辺に伝わる固有の知識を表象したものとしか考えられず、広く流通するアーユルヴェーダの写本であるとは考えつかなかったのである。[26]

# 4 「在来知」を超えて

## どこかにある真理の探究

このようにプロジェクトの過程では、ヴァイディヤの日常的な治療実践とプロジェクトの前提である「土着の体系」としての知識という考え方の差異が、具体的な対話のなかで浮き彫りになっていた。その一方で、プロジェクトはそうした差異を表出させると同時に、ヴァイディヤたちに日常の治療の現場から離れて、彼らにとっての「知識」とは何か、改めて問い直す機会をもたらした。

以下ではプロジェクト中のヴァイディヤたちの雑談の事例をみておきたい。

ヴァイディヤ1：インドではヴェーダ文化はサンスクリットで書かれている。アーユルヴェーダもそこにあるのだ。しかし、インドはムガールやイギリスのような異なる帝国に支配された。だから徐々にヴェーダ文化も失われていった。イギリス人たちは西洋医学を持ち込んだ。政府はアーユルヴェーダを支援しなかった。だからこそアーユルヴェーダは重要性を失い、治療者たちすら正しい知識を持たなくなってしまった。政府は今後アーユルヴェーダと薬草のために多くのことをしなければならない。われわれの周りにはたくさんの薬草があるのだ。われわれの神々は、薬を作ることのできない薬草など一つもなく、またそうした薬から治せない病気など一つもないと言った。

アーユルヴェーダはインドから中国へ渡り、中国人たちは今でもそれを実践している。今では三〇％のヴェーダ技術は中国によって与えられているという。……（中略）……中国では、非常に注意深く薬草を育てていて、また多くの利益をそこから得ているという。一方、われわれは……。

ヴァイディヤ2：インドでだって、人々が実践していないというわけではない。われわれは実践している。ただし今や正しい知識を持っていないということだ。たとえば、ある儀式においては、たった一人の料理人だけが料理を担当し、他の者は掃除と配膳を担当することが決まっている。このことの科学的な理由は、一人が料理を担当することにより、香辛料や塩加減が完璧になるからだ。そして配膳を担当する者が掃除も担当することにより、衛生面も確保される。こうしたことはわれわれの行ないや態度の中にはあるが、われわれはそれを完全には理解していない。

ヴァイディヤ3：アーユルヴェーダはヴェーダの一部だ。われわれが見ることができるもの以上にたくさんのものがそこにある。これらは霊的なものだ。たとえばある女性が難産に苦しんでいたとする。彼女の腰に、ある薬草を括りつけることで、子どもが出てくる。こうしたことは驚くべきことだ。……（中略）……アーユルヴェーダは魔術的なのだ。

ヴァイディヤ2：先ほど言ったように、伝統はわれわれのなかにある。たとえば、出産のときに女性は牛の納屋の近くの部屋にいなければならないとされる。そこには牛の尿が細菌の繁殖をおさえるという科学的な理由がある。こうしたことは実践されているが、それは伝統として受け入れられていて、科学的な理由が考えられることは少ない。それが問題なのだ。

ヴァイディヤ4：かつてチャラカという偉大なる神[27]がいた。彼がアーユルヴェーダを作ったのだ。彼がすべての植物に名前をつけ、すべてを記し、その使用法を含めた『チャラカ・サンヒター』という書物を記した。しかし今ではこの内容について理解している者はほとんどいない。

ヴァイディヤ5：われわれは社会を教育し、システムを変えるべきなのだ。最近の病院では出産直後の赤ちゃんは牛の納屋の近くに置かれるのではなく、すぐに親戚や皆の手に渡されてしまう。病院ではたいてい新生児が黄疸にかかっているというが、かつての村ではそのようなことは言われていなかった。近代医療が広まる一方、ヴェーダは失われつつある。政府は人々を教育するべきなのだ。

ヴァイディヤ6：ヴァイディヤは薬草を必要としている。低地で育つ植物は収集が簡単であるが、高地で育つものはそれが難しい。それに加えて最近では、森林局は薬草収集に関して多くの制限を設定している。[28]州政府は最近われわれに薬草を栽培するように勧めている。しかし、それはコストがかかるし、第一ここでは人々は薬草の栽培についてのトレーニングを受けていない。

ヴァイディヤ7：そうしたプロジェクトの多くは平地で行なわれている。[29]われわれに対してもするべきだ。

（二〇一二年一二月一七日のフィールドノートおよび録音したテープより）

この会話のなかで話はさまざまな方向へ導かれているが、共通しているのは、普遍的真理としてのアーユルヴェーダがある（かつてあった）という想定である。そうした真正なるアーユルヴェーダは、科学的ロジックへの理解に基づくアーユルヴェーダ、魔術としてのアーユルヴェーダ、あるいは『チャラカ・サンヒター』などの教典など、さまざまに表現されている。そのうえで、自分を含めて「今ここ」では誰も実践していない、という喪失が表現されている。その意味で、彼らが実践しているのは、彼らの認識のなかでは「土着の医療」ではなく、部分的な（不完全な）アーユルヴェーダなのである。

また彼らはそうした「喪失」の原因を植民地支配やその結果として導入された西洋医学への政府の過剰なサポート、さらにはウッタラーカンド固有の事情としての薬草採集の制限に求めている。そして「政府は社会を教育するべきだ」「薬草プロジェクトを実施するべきだ」など、そうした知識を取り戻すための具体的な方策を提言している。彼らにとってのアーユルヴェーダとは、かつて存在し、「今ここ」にはなく、しかし未来に向かって取り戻すべき普遍的真理なのだ。

ここに、前節までに描いてきた「効果」を求めて脱領域的なものになる、ブリコラージュ的なヴァイディヤの知は、こうした「普遍的真理としてのアーユルヴェーダ」を取り戻そうとする志向性とともにあることがわかる。それは具体的な出来事や環境に即して生成し続ける器用仕事と、「今は失われてしまった」普遍的な真理の探究としての両面を持つ。いずれにせよ、「今あるもの」としての固定的な「土着の医療体系」を抽出しようという実践とは矛盾するものなのだ。(30)

## 「在来知の所有権」を超えて

本章では、「文化的所有権」という発想と分類学的・民族学的手法を合わせることによって、ヴァイディヤの知識から、土着の医療文化的体系を取り出そうとするプロジェクトの局面を扱った。実際の聞き取りの場面では、「土着の体系」としての知識という考え方とヴァイディヤの治療実践の差異が表出していた。ヴァイディヤにとって重要なのは、知識体系の維持ではなく、日常的な治療の効果、すなわち特定の人、環境、出来事への具体的な働きかけなのである。彼らは治療におけるより多くの効果を求めて、アーユルヴェーダの教典、『家庭のヴァイディヤ』などの民間向けの本、生物医療の概念など、さまざまな知識源から道具、要素を取り入れている。

こうした具体的な場面のなかで常に知識を刷新し続けていく実践の根底にあるのは、「普遍的真理としてのアーユルヴェーダ」の探究であることも、プロジェクトの過程で明らかになっていった。彼らにとってアーユルヴェーダとは、かつて存在し、「今ここ」にはなく、しかし未来に向かって取り戻すべき普遍的真理なのだ。ヴァイディヤによって表現された、こうした未来志向の知識観は、「固定的かつ完全な「土着の」知識体系がすでにあり、それに対する権利の主体が存在する」というプロジェクトの前提を相対化するものだ。「文化的「所有権」」という考え方は、特定の主体が「過去」から「現在」にかけて生産し、価値づけてきた知識」に対する主体の「権利」を意味する。[31]

このように本章では、薬草ではなく治療にフォーカスした文書化の局面において、プロジェクト側の計画からはみ出す「人々」の経験を扱うことで、知識の所有という考え方を支える知識観をより根本的なかたちで問い直そうとしてきた。これを踏まえて次章では、薬草の商品化を通した「責任主体＝コミュニティ」の生成をめざした取り組みを扱う。そこでは、知識の所有主体についての考え方、人間観を、具体的な人々の経験を通して問い直せるはずである。

# 第8章 自然と「責任主体」の生成?――薬草と生み出されつつある関係

前章に引き続き、本章でも、「人々の生物多様性登録」プロジェクトにおいて、より「人々」を巻き込んだ局面に焦点を合わせる。具体的には、薬草の商品化を通した「コミュニティ」の生成をめざした、州立薬草研究機構の活動を扱う。

第6章で論じたように、利益配分についてのヴァイディヤへの聞き取り・登録の場面においては、「コミュニティ」ではなく「(ヴァイディヤ)個人」が「知識の所有主体＝利益配分の対象」として設定されていた。ただし、生物多様性条約、国家生物多様性法が適切な知識の所有主体として設定する、「人と植物と知識が一体となった」コミュニティ[Hayden 2003; 中空 2009a]は、ウッタラーカンドのプロジェクトから完全に捨象されたわけではなかった。そこでは、生物資源や知識の登録を行なうと同時に、製薬化の可能性があると特定された薬草を集団で生育し、それについての知識の「責任主体」となりうる「コミュニティ」を生成することが目標として掲げられていたのである。すなわち「人、植物、知識が一体となった」地理的に境界化されたコミュニティは、ウッタラーカンド州のプロジェクトにおいては、「すでにある」ものではなく、「作り出す」ものとしてあったのだ。

私が長期フィールドワークを行なっている間、プロジェクトで集められたヴァイディヤの「知識」から、新たに製薬化の可能性がある薬草が特定されるということはまだなかった。その一方で、そうした特定化に先立って、すでに経済的価値が定まっている薬草（主にアロマ草）の商業的栽培を通した社会開発、コミュニティの生成をめざした取り組みが、州立薬草研究機構アロマセンターを中心に行なわれていた。そうしたプロジェクトの多くは、前章で取り上げたヴァイディヤの会話にあるように、ヴァイディヤのいる山岳地帯の農村部ではなく、州都デーヘラードゥーンの農村部で行なわれている。

街のシンボルである時計台を中心に商業施設の開発が進み、けたたましいクラクションと排気ガスで覆い尽くされたデーヘラードゥーン。「州が分離するまではこんなうるさくなかったのに」「昔は小さくて美しくて静かな街だったのに」……人々は口々につぶやく。人口の三二％を占めるガルワーリーがもっとも多いエスニック・グループであるが、高級カフェやショッピングモールではパンジャービーの姿が目立つ。その他、ネパール系（とりわけグルカ）住民やチベット人、そしてドゥーンスクールなど著名な寄宿学校に全国各地から集まってきた生徒たちの姿も見られる。そんな中心部からほんの数キロメートル、オートリクシャで移動すれば、青々とした森林と豊かな農村が広がっている。しかしその農村部からまた数キロ進むと、州の設立後に設置された「製薬都市（pharma city）」という名の巨大な工業団地がそびえ立っている。

このように開発の狭間にあるデーヘラードゥーンにおいて、薬草の栽培を通した集合的主体の形成というプロジェクトを、人々はどのように経験したのだろうか。ここでは、人々がプロジェクトで伝えられる科学的知識と「それ以外の知識」を不断に比較し、翻訳しながら、「責任主体」「特定のコミュニティの成員」として以外にも自己を再定位し続ける様子を描く。そうした人々の「主体化」のあり方は、知識の所有主体についての考え方、人間観を根底から揺るがすものであった。

## 1　環境主体と統治性

### 森林パンチャーヤトと環境主体

まず、州立薬草研究機構が生み出そうとする「コミュニティ」と「主体」とはいかなるものなのか、その複雑な構成を明らかにしておこう。

第4章で論じたように、ウッタラーカンド州の林野制度は、森林パンチャーヤトと呼ばれる植民地期以来の住民組織による森林管理制度の存在に特徴づけられる。この森林パンチャーヤトの形成と森林に対する地域住民の意識の変化を、「環境主体（environmental subject）」の構築という観点から分析したA・アグラワールの議論がある。興味深いことに、アグラワールの議論は、新州ウッタラーカンドにおける「薬草州」政策の中に再帰的に組み込まれているのである。アグラワールの著書『環境性――統治の技法と主体の形成』［Agrawal 2005］は、薬草研究機構だけでなく、第5章で取り上げた森林研究所、ドゥーン図書館（デーヘラードゥーン中心部にある私設の社会科学系図書館）などに置かれていた。

アグラワールによると、「環境性（environmentality）」とは、規制と保護の対象としての「環境」という領域の出現と結びついて形成されてきた知識、政治、組織、そして主体性のあり方を示す［Agrawal 2005: 266］。アグラワールは、植民地期の森林資源をめぐる統計、分類、数値化などの科学的知識と技術が、人間が保護、統制すべき客体としての「環境」という領域を出現させたと論じる。そうした「環境」という領域の出現は、環境規制と意思決定を脱中心化させる、新たな統治のテクノロジーを生み出した。その一例としての森林パンチャーヤト制度の創出は、単に「官僚主義から民主主義へ、植民地主義から自由へ、国家からコミュニティへ」といった美しい物語ではなく、国家と地域社会の関係が再定義されるなかでの、新たな住民統治のあり方なのだ。

かくして農民が「自分たちの」環境を管理するようになり、コミュニティ内で委員会の設置、会合の開催、処罰の行使がなされるようになると、より正確な規制が施されるようになった[1]。クマーウーンの人々は、森林パンチャーヤトという制度を通じて、森林管理や環境保護という新たな規範を内面化し、自他の行為と思考をこの規範との関連において監視し、律するような「環境主体」へと構築されたのである。

以上のフーコーの知識と権力、主体形成についての議論に影響を受けたアグラワールの議論は、森林パンチャーヤトをめぐる実証主義的な事例研究から批判を受けてきた［大田・増田 2014, Saxena 1996］[2]。ウッタラーカンドの森林制度の現状とアグラワールの議論の乖離を指摘するこうした見解は正しい。ただしそれと同時に、近年のウッタラーカンドの森林政策は、アグラワールの議論や制度派経済学の議論を改めて取り込んでいるということ、すなわち理論に合わせた現実を作り出そうとしていることにも目を向ける必要があるだろう。とりわけ二〇〇〇年の新州設立後には、新州政府の主導で急速に森林パンチャーヤトの設置が進んでいるのである[3]。さらには以下に述べるように、集合的主体の形成を志向したプロジェクトは、森林政策以外の環境セクターにも広がりを見せている。「人々の生物多様性登録」プロジェクトにおける新たな動きも、この文脈上でとらえられる。

## 「人々の生物多様性登録」における「コミュニティ」

繰り返しとなるが、「人々の生物多様性登録」においてはまず、「コミュニティ」ではなく「（ヴァイディヤ）個人」が「知識の所有主体＝利益配分の対象」として設定されていた。「人と植物と知識が一体となった」コミュニティは、ウッタラーカンドにおいて「もともとある主体」ではなく、「作り出されるもの」としてあったのだ。具体的には、州立薬草研究機構は、ヴァイディヤの用いる薬草から将来製薬が開発された場合、その薬草の栽培方法を特定し、その方法とそれについての価値ある伝統的知識を「コミュニティ」に対して（再）教授することを計画しているという[4]。そうした特定化に先立って、すでに経済的価値が定まっている薬草（主にアロマ草）の商業的栽培を通した「コミュニティ」開発が、「人々の生物多様性登録」だけでなく「薬草州」政策の担い手でもある州立薬草研究機構アロマセンターを中心に行なわれていた。

第4章で概観したように、「薬草州」政策においては、科学的知識、市場、「コミュニティ」の形成が主軸となっている。州政府の主導で特定の薬草を栽培するための技術が開発され、また希少種の収集可能範囲が「科学的に」特定されると同時に、適切な市場構造を作り出すための多様な試みがなされる。そのようにして薬草の栽培から一定の経済的権利が得られるという条件のもとで、自然資源の保護と維持に対して強い動機を持つ「コミュニティ」が形成される。こうした「責任主体としてのコミュニティの形成」を自然資源の維持と社会開発の基礎とみる見方と、その形成過程についての計画は、アグラワールの議論と親和性が高い[5]。実際、対象となる自然資源が木材か薬草かという違い、管理と栽培どちらに比重が置かれるかという違いがあるものの、薬草州政策の顧問を務める社会学者、A・アラムは、アグラワールの森林パンチャーヤトについての議論を複数の論文の報告書の中で引用している。それはたとえば「アグラワールはクマーウーンにおける生態学的知識と環境管理の一五〇年間にわたる変化を追いながら、「共有資源」を守るコミュニティは自明の事実ではなく、統治のテクノロジーの産物であると主張した」[Alam 2009: 4]といった形で引用されていることからもわかるように、批判すべき権力のあり方ではなく、現在の政策において利用すべき統治形態を示唆するものなのである。このことは、州立薬草研究機構アロマセンターが具体的なプロジェクトの中で作り出そうとした、「コミュニティ」の具体的内容にも反映されている。

## 異なる薬草、統治性、クラスター

### アロマセンターと平地デーヘラードゥーン

州立薬草研究機構（Herbal Research Development Institute）は、一九九二年に山岳部チャモーリー県ゴーペーシュワルに設立された。最初の機構長が一九九四年に退任して以来、二〇〇二年まで常任の所長がおらず、活動実績も不明であったが、新州設立後の国家薬草会議（National Medicinal Plants Board）などの資金援助により活動を再開した。(6)

その後二〇〇三年に薬草研究機構の支局として、州都デーヘラードゥーン県に設立されたのが、アロマセンター（Center for Aromatic Plants）であった。「製薬都市（pharma city）」と名づけられた県内の新興工業団地セーラークイーに三エーカーほどの試験農場を持つこのセンターは、薬草（medicinal plants）ではなくアロマ草（aromatic plants）に焦点を絞り、科学活動および「ソーシャルワーク」を行なっていた。センターの活動内容を紹介するパンフレットには、以下のように書かれている。

> よく聞かれる「薬草とアロマ草（Medicinal and Aromatic Plants）」という表現は、一般の人々にアロマ草は薬草ではないという誤解を与えがちである。それゆえに、薬草州政策における薬草の保護、栽培、商品化プログラムにおいては、いわゆる薬草（so called medicinal plants）にのみ焦点が絞られていた。しかし実際には、すべてのアロマ草は薬草である一方、すべての薬草はアロマ草とは限らないという関係がある。ゆえに、薬草はアロマ成分を含む薬草／含まない薬草に分類されるべきである。薬草運動（Herbal movement）を成功させるためには、両方のカテゴリーに注目するべきである。この点を考慮し、アロマセンターが二〇〇三年に設立された。
>
> ［CAP 2003: 3］

この説明は入り組んでいるが、センターが扱うアロマ草も「薬草」の一つのカテゴリーであり、それゆえ薬草州政策のプログラムの対象とされるべきものであること、そのうえで従来のプログラムが対象としてきた「いわゆる薬草（ここでは、アロマ成分を含まない薬草として消極的に定義されている）」とは別物であることを強調している。このようなセンターの対象設定の背景には、初代センター長のローハーニーの前職[7]に加え、標高の高い山岳地帯でのみ栽培可能な、（州立薬草研究機構の対象とする）クトゥキーやクートゥなどの薬草とは異なり、レモングラス、ラベンダーなどのアロマ草はデーヘラードゥーンのような平地でも栽培が容易であるということがある。[8] 組織上、アロマセンターは薬草研究機構の支局であるが、双方の関係はスムーズではなかった。私が長期フィールドワークを行なっていた二〇一〇年には、それ以降の年次報告書を別々に作成するという決定がなされた。[9] また立地条件の悪さから科学者が常駐せず、設備も乏しい薬草研究機構と比較して、[10] アロマセンターには三名の科学者と一〇名の正規雇用技術スタッフ、[11] および多数の非正規雇用スタッフがいた。第4章で論じたように、「人々の生物多様性登録」を組織する州生物多様性会議の代表に選ばれたのも、薬草研究機構長のスンドリヤールではなく、アロマセンターのローハーニーとチャウハーンであった。彼らは委員会で、「アロマの栽培および商業化を通してデーヘラードゥーン県農村内にまず「インセンティブを持つコミュニティ」を作り出し、そのうえで将来ヴァイディヤの知識から特定された薬草の栽培を行なわせる」と発言していた。

**科学的知識、市場、クラスター**

アロマセンターの具体的な活動と、そのなかで作り出そうとした「コミュニティ」は以下のとおりである。まず研究開発部門では、栽培の対象となるアロマ草を特定し、林学・農学を通して苗の「生産性」と「質」を高める方法を考案すること、さらに「質」の生化学的証明などが行なわれる［CAP 2003: 3］。アロマ草の特定に関しては、最初に二六種[12]が栽培の対象として選ばれたが、新しい種を導入するための（部族地域での民族植物学的調査を含めた）試みが継続的に行なわれている［HRDI 2008］。セーラークイーにある実験農場においては、農法、植栽のパターンや間隔がどのようにアロマ草の「質」に影響するかについての実験がなされている［Sher et al. 2008: 267–268］。アロマ草の「質」とは、ガスクロマトグラフ質量分析計（GC-MS）で測られる、アロマ草から作られるエッセンシャルオイルの化学成分とその量を意味する。

またアロマセンターは、工業団地に立地しているという条件を生かし、六つの製薬企業とエッセンシャルオイルの販売契約を結んだ。農民一人あたりの生産量は少量であると予想されるため、それらをまとめてアロマセンターが販売するのである。なお、このときのエッセンシャルオイルの価格も、やはりサンプルとして提出されるオイルに含まれる主成分の量（たとえばレモングラスオイルにおけるシトリルの割合）によって決定される。

蒸留機

このようにして栽培における科学的知識と市場を確立したうえで、「適切な主体（proper subject）」の形成のために、このセンターでは「クラスターアプローチ」という集団化アプローチが採用されている。二〇一〇年の時点で、州全体で二五の「クラスター」が形成され、八二八人の「アロマ栽培者」が登録されている［HRDI 2008: 28］。「クラスター」とは、農地、多様な農民、薬草、知識、蒸留機で構成されるコミュニティである［HRDI 2008: 28］。「クラスターアプローチ」においてはまず、運搬による喪失を防ぐために、半径五～六キロ以内に合計四ヘクタールのアロマ栽培のための土地を確保することになっている。それぞれのクラスターで、異なる収穫期を持つ三～四種類のアロマ草が選ばれる。またオイル抽出のための蒸留機が「ローカルな人々によって選ばれた」土地に設置される。

「アロマ栽培者」として登録された農民たちは補助金を受けて苗を購入し、また栽培のためのトレーニングを受ける。各クラスターにはアロマセンターから技術員が派遣され、農民たちの技術的な問題を解決することになっている。またアロマセンターはクラスターでもっとも成功した農民を「熟練農民」と認定し、アロマ草についての知識を他の農民たちに伝える役割を任せる［Naithani 2006］。それにより、「ローカルなコミュニティ」において最終的には小中規模の産業が確立し、「コミュニティ」全体の経済状況向上がなされることをめざすという。

この「クラスターアプローチ」は二〇〇五年にラージャーワーラー村で開始された。このアプローチは、「技術移転と資金援助を通して適切な主体を作る」という標語で語られる[13]。ここで作り出そうとする「適切な」主体とクラスターの関係について、ローハーニーは以下のように説明している。

今や私たちはインドという国家を通してのみならず、ウッタラーカンドという「薬草州」を通してビジネスを行なう段階に来ている。この機構には中国やタイ、フランスからも研修やビジネスの目的での来客がある。質の良い薬草を安定して供給できるようになって初めて「薬草州」と認められるのよ。質を確保するには、有機農法が大事。ただし農民たちは、お金のことしか頭にないから、急にマインドを変えて、そちらへ移行するのは難しい。たとえばある農民が五ナリ（nari: ウッタラーカンド固有の測量単位）の農地を持っていたら、そのうち一ナリで栽培する薬草を有機農法で育てるよう頼む。時間はかかるだろうけど、今や私たちは「真正な薬草」を追求しなければならないのだから、取り組まなければならない。農民を教育するには、クラスターが必要なのよ。

（二〇一〇年九月二四日のフィールドノートより）

ここに、「薬草州」ウッタラーカンドとしてビジネスを行なうために、国際市場向けに「質の良い」薬草を安定して供給できる農民像が強調されている。そうした「質の良さ」とは、ガスクロマトグラフ質量分析計で測られるアロマオイルに含まれる主成分の量を意味する。ここでは有機農法という実践とそうした「質」の向上が結びつけられている。先述のようにセンターでは「質」の良いアロマ草を生み出すために多様な農学的実験が行なわれており、その成果は研修を通してそのつど農民に伝えられる。ここではそうした「技術」にとどまらず、農民に守られるべき「価値」や「規範」を代表するものとして、有機農法が取り上げられているのだろう。ローハーニーが「教育」という言葉で明確にしているように、このセンターが「クラスター」というコミュニティを必要とする理由とは、そうした「質の良い薬草を生み出す」という「価値」や「規範」を内面化し、実践する「適切な」主体を生み出すためである。ここに、知識、政治、コミュニティ、主体の形成の関係を論じたアグラワールの議論が、ソフトな統治の技法として新たな文脈の中で援用されているのだ。

## 2 新しい薬草と主体の生成？

### 「責任主体」としての「コミュニティ」の失敗？

二五のクラスターの多くはデーヘラードゥーン県、ウダム・シン・ナガル県など、開発が進む平地に集中している。私はそのうち、デーヘラードゥーン県二つ（ラージャワーラー、ヴィカースナガル）、ウダム・シン・ナガル県一つ（ライプル）のクラスターを選定し、二〇〇九年九月から一二月まで集中的に、またその後も二〇一一年三月まで断続的に調査を行なった。各クラスターにおける調査対象者の基本的な情報をまとめたものが表8-1である。

そうした調査の過程で見いだされたことの一つが、いずれにおいても、クラスターアプローチが想定する集合行為の鍵となる「農民委員会」がほとんど機能していないということであった［Nakazora 2009］。たとえばもっとも初期に設立され、プロジェクトの「モデルケース」となってきたラージャワーラー・クラスターでは、二〇〇五年にラジーヴ・ガーンディー基金とフランス系ドナーの支援のもと、農民委員会が設置された。しかし、結局代表がそれぞ

表8-1　各クラスターにおける調査対象者［Nakazora 2009: 14］

| | クラスター | | |
|---|---|---|---|
| | ライプル | ラージャーワーラー | ヴィカースナガル |
| インタビューした農民数 | 5 | 25 | 20 |
| 農民の割合（パーセンテージ） | | | |
| 農民の年齢グループ | | | |
| 21-30 歳 | 0 | 20 | 20 |
| 31-50 歳 | 100 | 20 | 40 |
| 51 歳以上 | 0 | 60 | 40 |
| 世帯 | | | |
| 拡大家族 | 100 | 40 | 80 |
| 核家族 | 0 | 60 | 20 |
| 世帯収入（Rs.） | | | |
| 〜 10000 | 0 | 48 | 35 |
| 10000 〜 25000 | 0 | 16 | 25 |
| 25000 〜 50000 | 0 | 16 | 15 |
| 50000 〜100000 | 0 | 12 | 10 |
| 100000〜 | 100 | 8 | 5 |
| 所有地面積（ha） | | | |
| 〜0.5 | 0 | 28 | 40 |
| 0.5〜1 | 0 | 36 | 30 |
| 1〜2 | 0 | 28 | 15 |
| 2〜5 | 40 | 8 | 10 |
| 5〜 | 60 | 0 | 5 |

れの農民の蒸留機の使用を調整することができなかったことが、二〇〇七年時点でドナーへの報告書に記載されている［RGF 2007］。この状況は私が調査をしていた当時も変わらず、「農民委員会」ではなく、アロマセンター側が雇用した技術普及員のマヘンドラが、個々の農民のアロマ草およびエッセンシャルオイルの販売、蒸留機の使用のシフト組みなどを担当していた(14)。

このことの一つの理由と考えられるのが、集合的に（村単位で）その栽培・管理・販売を行なう「地縁的なコミュニティ」というプロジェクト側の当初の想定と異なる、「クラスター」の構成である。たとえばラージャーワーラー・クラスターには一八一人、ヴィカースナガル・クラスターには一一三人の「アロマ栽培者」の登録がある。それぞれの「栽培者」は一つの村だけでなく、複数の行政村（前者は一五、後者は一三）に点在している。先述のプロジェクトの立ち上げ期におけるドナー報告書には「ラージャーワーラー村におけるプロジェクト」という記載がなされており［RGF 2007］、「クラスター」という単位と行政村の境界が一致していることが想定されていたとみられる。しかし

アロマ栽培者が蒸留したエッセンシャルオイル

二〇一〇年時点で二年間務めているラージャーワーラーのパンチャーヤト長にインタビューしたところ、プロジェクトの活動についてまったく知らないとのことだった[15]。今や「ラージャーワーラー・クラスター」が意味することは、ラージャーワーラー村を中心とした地縁的「コミュニティ」ではなく、ラージャーワーラーに設置された蒸留機を使用する栽培者の集合なのである。プロジェクト開始時よりラージャーワーラー・クラスターの技術員を務めているマヘンドラは、「当初の計画とあまりに話が違う。栽培者が各村に散らばっているため、彼らを訪問するのに多くの距離を移動せねばならず、ハードワークだ。月収三〇〇〇ルピーではまったく割に合わない」と話す。

マヘンドラによると、問題となるのは、「アロマ草」という薬草の新しさである。農民にとって情報が少なく、またすぐに成果が出るわけではないので、多くの農民は穀物の栽培を犠牲にしてそれに取り掛かろうとはしないのだろうと彼は語る。たしかに、クトゥキーやクートゥなど、チャモーリー県の農民がその学名まで把握しているような「歴史的にもつれ合った」在来種と異なり、レモングラスなどの外来のアロマ草はウッタラーカンドの農民にとって脱文脈的なものである。また次節で詳しく述べるように、すでに農民にとって馴染みのある外来種であっても「エッセンシャルオイル」として商品化されることで「雑草」から「有用なアロマ草」へと作り直されたものもある。いずれにしても新しい薬草と科学的知識は、一つの農村の人口の大部分を集合的な栽培実践へと駆り立て、「人、植物、知識が一体となったコミュニティ」を作り出す力はなかったのである。

それでは、そのような不完全な「クラスター」制度のもとでアロマ草の栽培を始める「アロマ栽培者」とは、どのような人たちなのだろうか。彼らは、政府系プロジェクトとの関係の中で、どのようにみずからを新しい主体として再構成しているのだろうか。ここではアロマセンターの科学者たちが対照的な評価を下す、デーヘラードゥーン県内の二つの「クラスター」、すなわちラージャーワーラー・クラスターとヴィカースナガル・クラスターにおける人々の経験から考えてみたい。

表8-1から明らかであるように、この二つの「クラスター」は、ウダム・シン・ナガル県のライプル・クラスター[16]と比較して、アロマ栽培者の登録者数の多さとその多様性——所有地面積、年収にばらつきのある農民の参加——に特徴づけられる。このことこそが、アロマセンターのローハーニーとチャウハーンがラージャーワーラー・クラスターを「進んでいる」と評価する際の一つの理由づけとなっていた[17]。一方で同様の構成を持つヴィカースナガル・クラスターに関しては、「自分勝手に独自の路線を走っているうえに、遅れている」と私に何度も話した。

しかし先述のように「クラスター」という単位が実際には機能していない以上、こうした評価の差異は、実際には科学者と彼らが認識する特定の農民との関係の差異に他ならないことが、調査を進めるうちに明らかになってきた。本節では以下、それぞれの「クラスター」における、そうした特定の人々のプロジェクト経験について記述する。ここでは、プロジェクトの基礎となる科学的知識を何と比較するのか、それぞれが生み出す比較の文脈のずれが、「国家」との関係の中でみずからをいかに主体化するかの差異とつながっていることを示す。

## 「政府」としての科学的知識の矛盾

私が調査を始めたときに、「ラージャーワーラー・クラスター」において、技術員であるマヘンドラの他に紹介されたのが、モハンラール・シャルマーであった。モハンラールは「ラージャーワーラー・クラスター」の蒸留機のすぐそばに住んでおり、またプロジェクト初期からの「アロマ栽培者」の一人である。彼の住むラージャーワーラー村は、アロマセンターのある工業団地セーラークイーからわずか二キロメートルの距離に位置していることもあり、「薬草州」にかかわる数々のプロジェクトの対象地となってきた。村の人口の多くはデーヘラードゥーン県内のその他の農村と同様、ティヘリー・ガルワール県とパウリ・ガルワール県からの移民（主にブラフマンとラージプート）で構成されている。モハンラールは一九五四年にティヘリー・ガルワールから移住してきた移民の第一世代である。[18]七二歳になる今、彼の妻と息子家族、彼の兄夫妻とその息子家族といった拡大家族で生活している。また彼の近隣の住民も同様の家族形態をとる移民前からの知り合いが多い。[19]モハンラールのヒンディー語には、ガルワーリー特有の強い訛りがあった。

モハンラールは二〇〇九年時点で二ヘクタールある彼の土地の半分を使い、レモングラスとカモミールを栽培していた。こうしたアロマ栽培から年間に五万ルピーから一〇万ルピーの利益を得ていると言う。また現在は「土地や薬草をダメにするとわかっていながら」経済的理由により大部分で農薬を用いているものの、一部有機農法に切り替えていると話す。こうした事実のみを考慮すると、まさにプロジェクトの生み出した科学的知識と「質の良い薬草を栽培する」という規範を内面化した、「適切な」主体のように思える。

しかしモハンラールが繰り返していたのは、薬草をめぐってプロジェクトが提供する科学的知識の信用できなさであった。モハンラールによると、どの薬草の質が良いのか政府がテストを行ない、その数字を提供されるが、そうした薬草の「内部」を表わしたデータは薬草の外観と即座に結びつかず、農民にとって理解しにくいものであるという。[20]

そのような「質」の不可視性に加え、モハンラールが強調していたのは、政府が提供する知識の明らかな矛盾である。それが端的に表われたのは、ランタナ（[E] *lantana / lantana camara*）という「雑草」を「アロマ草」として商品化する取り組みについて彼が知った際の以下の場面であった。

### 事例8-1　信用できない「政府の知識」

二週間ぶりに助手のラクシュミーと一緒にモハンラールを訪ねた。モハンラールはいつもどおり「子どもたち（*baccā log*）にはこれでいいだろう」と言ってミルクを出してくれた後、午前中にアロマセンターのマヘンドラが新しいパンフレットを持って訪ねて来たことを話してくれた。「荒れ地に生い茂るランタナを新たな収入源に」と題されたそのパンフレットは、ランタナという、「アロマ草」としてはマイナーであるが、ウッタラーカンドに多く見られる外来の草からエッセンシャルオイルを抽出し、虫除けとして商品化するという取り組みについて説明していた。それは、その前年にセンターで行なわれていたランタナのスクリーニング実験の成果を反映していた。

モハンラールは「ランタナ[21]は役に立たない有毒な雑草だ。経済的価値なんてあるわけがない。こんなこと農民にとっては常識だ。これだから政府は信用できない」と文句を言っていた。セーラークイーからモハンラールの家までの三キロメートルの道路沿いにも、ランタナが多く生い茂り、雨季には鮮やかな橙色の小花をつけている。するとこの日偶然遊びに来ていたモハンラールの次女（三〇代）が、「でもお父さん、私が子どもの頃はこの花の実を食べたり、口を染めたりして遊んでいたものだわ。これが危険なものだなんて誰も教えてくれなかったから」と口を挟んだ。同世代のラクシュミーもこの意見に同調する。モハンラールは「だから政府は信用できないといつも言っているんだ。言うことがすぐに変わる」とさらに語気を強めた。そこにモハンラールの兄（八〇歳）が現われ、ある国際援助機関が発刊したパンフレットを私に見せながら、「政府は約束を一つも実現しない」と話した。

（二〇一〇年一〇月二五日のフィールドノートより）

ここで最初に表現されているのは、ランタナを「有用なアロマ草」として活用しようとするプロジェクトの科学的知識が、いかに農民の持つ感覚、すなわち「在来知」と食い違うかというモハンラールの見解である。農民にとってランタナとは「有毒な雑草」なのだ[22]。しかしその場にいた次女の言葉によって、実はこうした「在来知」自体が過去数十年の間に共有されるようになった認識であることが示されている。

ランタナという外来種が危険なものであるという認識は、おそらく科学的知識の媒介によるものである。ランタナは二〇〇〇年に国際自然保護連合[23]が作成した、世界の外来種ワースト一〇〇リストに選定された。インドでは第3章で取り上げたデリー大学の植物学者C・R・バーブーが、二〇〇一年に環境システム悪化マネージメントセンター設立以降、インド固有の生態系を破壊する「侵略的外来種[24]」としてその管理を呼びかけるキャンペーンを行なっている。そこでは、ランタナが森林の下層植生の構造を変化させるなど、在来植生・生態系に影響を及ぼす「危険」と、その種子や葉が人体や動物にとって有毒である「危険」が重ねられて議論されている［cf. Love & Babu 2009］。ウッタラーカンドは「インドでランタナがもっとも侵食した七つの地域のうちの一つ」とされ、デーヘラードゥーンにおいてはローカルNGOを中心に、二〇〇二年以降その危険性と生態系への悪影響を訴える啓発キャンペーンが行なわれている。二〇〇二年に『インディア・トゥデイ（*India Today*）』誌に掲載された記事には、ラージャーワーラーの隣のラッチワーラー村で開かれたワークショップが紹介され、「ランタナの毒性についての科学的評価は村にはまだ届いておらず、住民たちは家の壁や家具を作るのにランタナを利用している」と書かれている［Gupta 2002］。

したがって次女の言葉を聞いた後の、「だからこそ政府は信用できないと言っているんだ」というモハンラールの言葉は、プロジェクトで伝えられた科学的知識と農民の「在来知」ではなく、農民の有する科学的知識どうし――「新しい」科学的知識とすでに「在来知」に組み込まれている科学的知識――を比較し、その矛盾を見いだしたものであると言えよう［cf. Gupta 1998[25]］。ランタナという種は、自然の「管理」、生態学的観点、人体への影響からすれば「危険な外来種」である一方、自然の「利用」、生化学的分析を踏まえれば「経済的価値のあるアロマ草」という意味づけがなされる。注目すべきは、モハンラールの認識においては、こうした異なる二つの知識は別々のプロジェクトではなく、単一の「政府」という主体に帰属するものとされていることだ。それゆえ、矛盾した科学的知識を押し付けてくる（「言うことがすぐに変わる」）「政府の信用できなさ」というイメージがここに表現されている。

新州の設置以前より、工業団地セーラークイーから近く、またデーヘラードゥーン中心部からのアクセスも良いラージャーワーラーは、多くの国際援助機関、中央政府、州政府、NGOのプロジェクトの対象地となってきた。たとえばモハンラールや近隣の住民たちに、移民してきた当初からのラージャーワーラーでの生活の変化について尋ねると、以下のような内容が語られた。

一九四八年にガルワール王国(26)の王が退位した。ラージャーワーラーはガルワール王国時代には罪人の流刑地になっていたので、テーリー・ガルワール県にも多くの情報も入って来ており、資源や土地が豊富であることはすでに知っていた。われわれ(27)はその当時からの知り合いだった。私が移民してきた当初、ラージャーワーラーには二〇から二五の拡大家族しか住んでいなかった。当時は道路も交通手段も整備されていなかった。ウッタル・プラデーシュ州の政府は土地購入の上限を決めた。私は数年してポーリー・ガルワール県出身の妻と結婚した。

そのうちに、政府の区開発プロジェクトが始まり、ラージャーワーラーもサハーランプル区として指定されると、さまざまなプロジェクトが降りてくるようになった。学校が八学年目までしかなかったのが、高等学校までできた。私の息子は大学はデーヘラードゥーンで、二人の娘はラージャーワーラーで高等学校まで出た。その後ザミンダーリー制(28)が廃止され、高額な地代を払わなくても良くなり、個人の私有地が確保された。一九七五年にはインディラー・ガーンディーの農村重点政策で、道路が整備され、バスも通るようになった。一九七八年にはジャナタ党がウッタル・プラデーシュ州の政権を掌握すると、六〇％を農村開発へ、四〇％を都市開発へと掲げてさらに農村への重点化を進めるようになった。そして二〇〇〇年にウッタラーンチャル州が設立されて、薬草州が始まった。

（二〇一〇年六月二三日フィールドノートより）

こうした語りには、多層的かつ複数の「プロジェクト」との関連のなかにあり続けた地域史と個人の半生が表現されている。その一方でこの中で特徴的なのは、ウッタル・プラデーシュ州の州政府、中央政府、新州ウッタラーカンドの州政府の区分が重視されずに一続きに置かれ、そうした「政府」のプロジェクトとラージャーワーラーの変化の関係に焦点が絞られていることである。こうした区分への無関心は事例8-1において、アジア・アフリカの農村地域でマイクロファイナンスプロジェクトを展開する国際援助機関のパンフレットを示しながら、「政府は約束を一つも実現しない」と語ったモハンラールの兄の態度にも表われている。[29]

よって「薬草州を担う環境的主体の生成」という新州ウッタラーカンドのプロジェクト[30]は、ラージャーワーラーに生きるモハンラールにとっては、単独で存在するものではなく、これまで彼が経験してきた数ある「政府」プロジェクトの一つにすぎない。事例8-1では、以前別のプロジェクトで伝えられた科学的知識とアロマ草に関する生化学的知識を特定の薬草を媒介として比較し、その不一致から「政府」への疑義を表現するモハンラールの態度があった。そのような矛盾に満ちた「政府」への懐疑の一方で、先述のような多層的な「政府」系スキーマは、モハンラールや近隣住民の人たちの日常生活にとって不可欠であり、それゆえにうまく利用すべきものとしてあるようだった。住民たちはモハンラールの家に集まっては、ある日は「貧困線以下（Below Poverty Line, BPL）」[31]として登録されるための戦略について、別の日にはアロマセンターのプロジェクトにおいて、受け取る補助金額を増やすための方策について話しあっていた。後者について、アロマセンターは類似のプロジェクトを複数実施しているが[32]、一度あるプロジェクトに登録されると、同じ名前で別のプロジェクトに登録することができなくなる。よって、同一世帯内の別の人物の名前で登録し直すことが多いという。[33]

このように「ラージャーワーラー・クラスター」の他のアロマ栽培者と同様、モハンラールがアロマ栽培を行なう理由の一つとして補助金の受け取りが挙げられるが、その一方で別の理由もある。それは、先述のような、アロマセンターのプロジェクトで伝えられる知識の既存の科学的知識との矛盾、その新しさにかかわっている。モハンラールによると、ウッタラーカンドの農民の多くは「新しい薬草」であるアロマ草についての栽培方法や市場についての知識を持たない。そのためアロマ草は盗まれる心配がないという。彼は、「ランタナという危険で不要な雑草を売ろうなんて馬鹿げたことは、誰も考えないだろう。普通農民にとっては食べ物を作ることが第一なんだから」とも話した。実際、ラージャーワーラーでは、私が調査していた間にも、ピーナッツなどの商品作物が盗まれる事件が多発していた。[34]そのつどモハンラールたちが犯人として疑っていたのは、セーラークイーの開発により近年ますます増加している、ウッタル・プラデーシュ州サハーランプルからの日雇い労働者であった。

昔は一日五〇パイサ[35]で働いてくれて、労働者家族も住み込みで、三世代ずっと面倒を見たんだ。何て言ったって、同じガルワールの県から連れて来たんだから。われわれガルワーリーは正直で働き者で、関係（*sambandh*）を重視するからね。今や労働者たちは、一日八〇～九〇ルピー、場合によっては一五〇ルピーを要求してくる。信用できるはずがない。

（二〇一一年二月一二日のフィールドノートより）

先に述べたように、ガルワーリーはデーヘラードゥーン県最大のエスニックグループである。また彼らは、他のガルワール系の山岳県からの「古い」移民でもある。新州設立の際には、出身山岳地域と結びついた（平原地域を中心としたウッタル・プラデーシュ州の人々との違いを強調する）彼らのアイデンティティの主張が重要な役割を果たした。一方で州設立以降は、急速な開発のなかで「自分たちとは異なる」人々であるウッタル・プラデーシュ州からの労働者が増加している。こうした背景のもと、モハンラールの語りにおいては、「ガルワーリーであること」があくまでもプロジェクトの具体的な文脈のなかで、明確に表現されている。

以上、本節でみてきたように、モハンラールにとってのプロジェクト経験とは、プロジェクトの基礎となる科学的知識と「質の良い薬草を生み出す」という価値規範を内面化し、「責任主体」としてみずからを再構成するという単純なものではない。まずモハンラールはアロマ科学の知識を独立した知識として吸収するのではなく、他のプロジェクトで伝えられた科学的知識と「比較」していた。そしてその矛盾や不一致をもとに、「政府」への疑義を表現したり、「正直で働き者で、関係を重視する」自分たちガルワーリーとは異なる「外部者」による盗難からみずからの作物を守るための戦略を立てたりしていた。

## 科学的知識と実践の距離

一方、アロマセンターの科学者たちが「ラージャーワーラー・クラスター」と正反対の評価を下す「ヴィカースナガル・クラスター」についてはどうだろうか。ヴィカースナガルとは、デーヘラードゥーン県西部に位置する、デーヘラードゥーン市に次ぐ商業の中心地である。(36) 大規模な紅茶園やマンゴーのプランテーションが存在し、紅茶、マンゴー、バスマティ米、ライチーなどの国内外への輸出が有名である。教育レベルが高いことでも知られ、二〇〇一年の国勢調査によると、識字率は男性が七九%、女性が七三%であり、全国平均(五九・五%)を大きく上回っている。また指定部族のジョウンサーリーの人々が暮らすチャクラーターと隣接しており、彼らにとってもっとも近隣の平地のマーケットであることから、「ジョウンサールへの入り口」と呼ばれる。(37)

ヤシカーの事務所

先述のように、「ヴィカースナガル・クラスター」は、ヴィカースナガル周辺の一三の行政村の栽培者八九名で構成されている。このクラスター担当の技術員は、三五歳のマヘンドラ・シンである。彼はチャクラーター出身の指定部族、ジョウンサーリーである。彼が七歳の頃に、それまではジョウンサーリーの有名なヴァイディヤであった父親が政府の県事務所関係の仕事に就いたことで、ヴィカースナガルに移住してきた。デーヘラードゥーンの大学で植物学を学んだ後、NGOやパントナガル大学などでコンサルタントを務めた。彼の家族のジョウンサーリーの女性たちは色鮮やかな民族衣装に身を包んでいた。

私がマヘンドラ・シンに最初に連絡を取ったとき、彼は電話口で「自分はあまりおしゃべりが上手ではないから、もう一人のおしゃべりな奴を呼ぶよ」と話した。そして、彼が待ち合わせ場所に指定してきた、レーマン病院のすぐそばにあるヤシカー（*Yashika*）という団体の事務所――それはパソコン二台とデスク、祭壇が置かれただけのプレハブのような空間であった――にマヘンドラと共に現れたのが、ラトゥーレであった。私は一緒に現れたのが、「ヴィカースナガル・クラスター」の農民委員会の代表[38]ではないことに当時は驚いた。ラトゥーレはこのヤシカーという会社の経営者であると同時に、八ヘクタールの土地（借地）にレモングラス、ステビア、サターワル、シトロネラ、アロエヴェラ、パルマローサなどを栽培する「アロマ栽培者」であった。

ラトゥーレはデーヘラードゥーン生まれのパンジャービーであり、亡くなった彼の父はハーバートプルで紅茶の貿易関係の会社を経営していた。パンジャーブ州の大学で英語とジャーナリズムを学んだ後、メディアの仕事をしていたが、六年前に幼なじみのマヘンドラ・シン[39]に誘われて薬草州のプロジェクトにかかわるようになった。彼は先述のアロマ草の栽培を通して月に三万ルピーもの収入を得ており、「ヴィカースナガル・クラスター」でアロマセンターから唯一「熟練農民」として認定された栽培者である。三年前にヤシカーを設立し、「アロマ栽培者」たちの媒介となって、アロマ草（主にステビアの葉）やエッセンシャルオイルをパンジャーブやデリーにある企業に販売している。また彼の会社は、糖質フリーのステビア成分スティックや、ステビア、ジンジャー、バジルなどの成分を含むハーブティーなど独自の製品を開発している。

ラトゥーレの活動は一見、プロジェクト側が描く「責任主体」の条件と一致しているように見える。そこでは、

「熟練農民」が他の農民に対してアロマ草についての知識を伝える役割を背負うと同時に、最終的には小中規模の産業が確立し、「コミュニティ」全体の経済状況向上がなされることが志向されていたのだ。しかしアロマセンターの科学者たちは、「ヴィカースナガル・クラスター」を「ラージャーワーラーよりずっと遅れている」「全体を無視して独自の路線を走っている」と位置づけ、研修などでヴィカースナガルを訪れることはなかった。すでに述べたように、「クラスター」という単位が実際には機能していない以上、アロマセンターの科学者たちの「ヴィカースナガル・クラスター」への評価は、クラスターの特定の栽培者、主にラトゥーレとの関係に起因しているようだった。科学者たちはラトゥーレがアロマセンターを訪れるとあからさまに嫌な顔をした。任期つき雇用の身分のマヘンドラは、両者の関係性が自身のポジションの更新の妨げになるのではないかといつも心配していた。一方でラトゥーレも他の農民に対し、「(アロマセンターが販売契約をしている)IGLというのはいかさま企業だよ。ステビアを他の民間企業なら四〇ルピーで買い取るところを、二五~三五ルピーで買い取ろうとする」「薬草州へ国家薬草会議から六五億ルピーの資金提供があったそうだが、そんなのまったくもって無駄だよ」などと話していた。

それでは、「独自の路線を走っている」というラトゥーレのプロジェクトにかかわる実践とはいったいいかなるものだったのだろうか。

### 事例8-2　トライすれば何とでもなる

ラクシュミーと一緒にヤシカーで待っていると、三〇分遅れてラトゥーレとマヘンドラの二人がやって来た。ラトゥーレは中古で購入したばかりのホンダ製の中型車に乗っている。この日はいつも彼らが「偉大な人物」「本当は彼こそがウッタラーカンドで最初のアロマ草の栽培者」などとほめ称えていた、トーマル博士の邸宅と種苗場に連れて行ってくれるという。二人はトーマル博士のもとを一週間に一回は訪れている。

トーマル博士はマディヤ・プラデーシュ州出身の植物学者であるが、インド植物調査(Botanical Survey of India)の仕事で一九七〇年代にデーヘラードゥーンに移住してきた。チャクラーターの部族地域で長年にわたって民族植物学的調査を行なった関係で、一九八六年ヴィカースナガルに邸宅を構え、定年退職後には「トーマル農民種苗場（Tomar Kisan Nursery）」と呼ばれる種苗場を開いた。有名なジョウンサーリーのヴァイディヤであったマヘンドラの父親とは、マヘンドラの家族がチャクラーターで暮らしていた頃から友人関係にある。マヘンドラ自身のことも子どもの頃から知っているという。トーマルは彼らとの関係について、「昔はジョウンサーリーの人たちが私の植物の師匠だったが、今はその子孫が私に植物について習いに来る。私は媒介者（mediator）だ」と話していた。

この日、白いクルタを着て登場したトーマル博士は、「私の畑を見てみたいかい」と言って種苗場を見せてくれた。広大な土地に数十種類の薬草が栽培された畑、有機栽培用のコンポストを作るための実験畑、カボチャやニンニクなどが有機栽培で育てられる畑などが広がっている。薬草については標高二一一八メートルのチャクラーターで収集したものが多い。マヘンドラは「トーマルさんは薬草州の前から薬草の栽培をしているんだ」と自慢げに話した。トーマルが栽培する薬草の中には、アルテメシア、ステビア、レモングラスといったアロマセンターのプロジェクトの対象となっているアロマ草から、ベヘラ、アミル、サブンプルといった標高二〇〇〇メートルから三〇〇〇メートルの土地でしか栽培できないと薬草州が設定している（それゆえアロマセンターではなく、薬草研究機構の対象とされている）ものまで含まれている。後者について不思議に思った私は、「科学的にはこういう薬草を標高四五〇メートルのヴィカースナガルで育てるのは不可能だと言われていると思うのですが、どのようにしてこれを可能にしたのですか」と尋ねると、いかにもバカバカしく、的外れな質問だといった様子で三人が笑った。トーマル博士が「科学の知識を生み出すことと、実践することとは異なる」と言うと、ラトゥーレは「博士がやっているように、トライすれば何とでもなるのさ」と言った。

（二〇一〇年一〇月一〇日のフィールドノートより）

この一連の場面の中でまず印象的なのは、マヘンドラやラトゥーレが薬草についてのプロジェクトにかかわるうえで、「薬草州の前から薬草の栽培をしている」トーマル博士の種苗場――興味深いことにそれは、トーマル博士のジョウンサーリーの人々との長年の交流を反映した「科学的知識」でもある――がすでに参照点としてあったということである。よって「ラージャーワーラー・クラスター」のモハンラールの事例と同様、アロマセンターのプロジェクトで伝えられる科学的知識や規範はここでも単独で吸収されるのではなく、他の科学的知識と関連づけられている。ここで注目すべきなのは、彼らが自身の実践のなかでトーマル博士の「知識」をどのようなものとして参照しているのかという点である。

すでに述べたように、アロマセンターのプロジェクトにおいては、「質の良い薬草」の栽培がめざされた。その「質の良さ」とは、ガスクロマトグラフ質量分析計で測られるアロマオイルに含まれる主成分の量を意味した。そして、そうした「質」の向上は、有機農法をはじめとする、セーラークイーにある実験農場で「科学的」有効性を証明された農法、植栽のパターンや間隔によって実現すると伝えられた。しかしラトゥーレの実際の栽培実践は、こうしたプロジェクトがパッケージ化する、「薬草の質の向上」と「有機農法」の結びつきを独自のやり方で解体していた。

ラトゥーレは、彼のフィールドにおいて三種類の農薬を用いているが、そのことについて尋ねると、「重要なのは有機農法で栽培するか否かよりも、植物の中に含まれる主成分の量である」と話した。彼によると、薬草栽培において一番重要なのは「空気、水、気候」であり、その条件さえ守れば「質の良い薬草」が栽培できるという。その証拠として、ラトゥーレは独自にウクライナの生化学者に依頼し、自身が栽培したレモングラスとステビアのサンプル成分分析の証明書を受け取っている。その証明書は、ラトゥーレのレモングラスの中に含まれるシトロネラの成分が六五～七五％という、「セーラークイー（アロマセンター）より良い数字」を示しているのである。

ラトゥーレによると、「空気、水、気候」が薬草栽培にとってもっとも重要であるという知識は、トーマル博士から習ったものであるという。その一方でラトゥーレは、トーマルが重視している有機農法を採用せず、アロマセンターが伝える「有機農法で栽培した薬草は、主要成分を多く含む質の良い薬草である」という科学的パッケージを解体している。ここに彼は、トーマル博士から、薬草についての科学的知識の内容だけでなく、「科学的知識と実践の距離＝両者が一致しないこと」も学んでいるのではないかと私には思われた。それは先述の事例8-2において、「科学的には」標高四五〇メートルのヴィカースナガルでは栽培不可能とされる薬草を育てているトーマル博士の実践に対する、「博士がやっているように、トライすれば何とでもなるのさ」というラトゥーレの言葉に端的に表われている。

　このことについて、以下の事例においてさらに考えてみたい。モハンラールと同様、ラトゥーレは、ランタナを有用なアロマ草として商品化するというプログラムに関する研修を受けていた。研修の翌日に私がマヘンドラを訪ねると、彼はラトゥーレと他の五名の農民と一緒に蒸留機のあるハーバートプルにいた。彼らはさっそく前日の研修で習った知識を「実践」しようとしていたが、ランタナだけでなく、ユーカリの葉からもエッセンシャルオイルを製造してみるつもりだと言った。ラトゥーレは、『家庭のヴァイディヤ』[Kakkar 1977] や著名なヨーガ実践者であるスワーミー・ラム・デーヴィーが出版した本を通して、ユーカリのエッセンシャルオイルがアーユルヴェーダ実践にとって有用なものであるという知識を得たという。

> 栽培するのではなく、すでに豊富にある植物を商品化できるという発想を得たら、ランタナだけでなく、ユーカリも、と拡大して考えてみるのさ。ユーカリでうまくいくかは、トライして（*try karnā*）みなければわからないよ。トーマル博士だってそうしてやっているだろう。それに、それは科学だけじゃなくて何事もそうさ。たとえば僕の祖父は、パンジャーブから追われてデーヘラードゥーンへ移住してきたとき、家もビジネスも何もかも失ったんだ。他のパンジャービーだって同じだよ。デーヘラードゥーンに来たってイギリス人やムスリムが残したボロボロの家を与えられた。それが今ではバリスタ[40]で座ってコーヒー飲んでいるのは、ほとんどパンジャービーさ。フォトスタジオ、インターネットショップ……新しいビジネスで生き抜いてきたんだ。政府の言うことをそのまま聞いてたんじゃ、今の地位はなかったよ。

（二〇一〇年一〇月三一日のフィールドノートより）

パンジャービーはデーヘラードゥーン県内の人口の三〇%を占める、ガルワーリーに次ぐ第二のグループである。ラトゥーレの語りにあるように、その多くは一九四七年のパキスタンの分離独立の際にパンジャーブ（パキスタン）から移住してきた。その人口はシク教徒（運輸関係の仕事に従事する）と非シク教徒（貿易関係の仕事に従事するBannuwalあるいはSindhi）に分けられる［Sisodia & Sisodia 2009］。ラトゥーレは後者のラージプートである。デーヘラードゥーンに移住した当時、「何もかも失った」パンジャービーは、イギリス人が第一次世界大戦中に戦犯を収容するために建設した兵舎や、ムスリムが立ち去った家に住むことになったという［Sisodia & Sisodia 2009: 34］。そうした不利な状況のなか、パンジャービーの一部は新しい形態のビジネスに挑戦することで、自身の経済的状況を改善してきた。ラトゥーレの語りには、こうしたパンジャービーとしての矜持が、プロジェクトにおいて「トライすること」との関係の中で示されている。

以上、本節では、「クラスター」という集合的単位が実際には機能していないことを指摘したうえで、デーヘラードゥーン県内の代表的な二つの「クラスター」に所属する特定の人々のプロジェクト経験について記述してきた。ここで明らかにされたことは、いずれの人々にとってのプロジェクト経験も、そのなかで伝えられた科学的知識や規範を内面化し、自己を「環境主体」として再構成するという受動的なプロセスではなく、そうした知識を他の知識と柔軟に関連づけ、比較するという、創造的なものであったということだ。そしてプロジェクトが生み出す知識と何を比較するのか、比較対象の違いは、「政府」との関係のなかでみずからをいかなる主体としてイメージするのかの差異を生んでいる。「ラージャーワーラー・クラスター」のモハンラールは、「ランタナを価値づける新しい科学的知識」を「それを危険な外来種と見なす古い科学的知識」と比較することで、矛盾を押し付けてくる「政府」イメージを生み出したうえで、その矛盾を戦略的に利用している。その一方、「ヴィカースナガル・クラスター」のラトゥーレは、

「プロジェクトにおけるパッケージ化された科学的知識」を、「トーマル博士の種苗場が実証する、科学的知識と実践のギャップ」を参照しながら解体し、「無駄が多く、形式主義的な政府」像と「実践の中で柔軟に新しい何かを生み出していく自己」像を作り上げている。そしてそのそれぞれの比較実践の中に、デーヘラードゥーン県においてガルワーリー、パンジャービーとして生きるということも部分的かつ後づけ的に映し出されている。[41]

これらのことを踏まえたうえで、次節では、「クラスター」というプロジェクトの枠を超えて、デーヘラードゥーン県内の外国人（マクロビオティック、ホメオパシーなど「代替医療」の専門家）に対して、アロマ草および関連商品を販売する人々の経験を取り上げる。そこでは、科学的知識どうしではなく、科学的知識と代替医療的知識が比較され、また「政府」ではなく、「欧米／インド」とは何かが問い直されているのである。

## 3　比較を生きる[42]

### アロマ草とマクロビオティックの知識

二〇一〇年以降、農民の一部はアメリカ出身のマクロビオティックの専門家であるモナ・シュヴァルツが運営するオーガニック・マーケットにおいて、アロマ草および関連商品を販売するようになった。[43] そこには、州内の外国人（主に代替医療の専門家）[44]や他州からデーヘラードゥーンに移住した知識人が集まってくるのである。

モナは、二〇一〇年時点で三〇年間デーヘラードゥーンに居住していたユダヤ系アメリカ人の女性である。彼女は著名なマクロビオティックの実践者であり、「モナ・オーガニック・シュヴァルツ」として知られる存在であった。[45] その名の由来は、彼女がインドに初めてその概念を持ち込んだとされる、日曜市（*Sunday Bazaar*）にある。彼女は毎週日曜日になると、ラージプルロード沿いにある自身の邸宅を開き、オーガニック食品、野菜、玄米、手作りのナームキン、ピクルス、ジャム、豆腐などを販売するファーマーズ・マーケットを開催していた。

マーケットには、モナの邸宅の近隣に住む人々が集まってきていた。植民地期にヒルステーションとして栄えたムスーリーやラージプルと、デーヘラードゥーン市内を結ぶラージプルロード沿いの一か月あたりの家賃相場は七万ルピーである。これは、市内の同程度の広さの家の約三倍となっている。州外の富裕層、知識人層がウッタラーカンドの気候や自然に魅了されて、退職後に移住することも多い。たとえばモナの隣人であり、タゴールや岡倉天心についての著書で知られる作家スマンサ・バナージーは、二〇〇〇年にデリーから移住した。その理由は、妻[46]がウッタラーカンドの恵まれた気候のもとで農業をやりたくなったからであるという。こうした主に州外出身のインド人たちに加え、ウッタラーカンドに長期滞在する外国人も新鮮な野菜やマクロビ食品、あるいは社交の機会を求めて日曜市を訪れていた。その多くはリシケーシュなどでヨーガやアーユルヴェーダ、ホメオパシーなどのコースを受講する者か、NGO関係者であった［中空　2012］。

モナが実践するマクロビオティック[47]とは、第二次世界大戦前後に日本の食文化専門家の桜沢如一（ジョージ・オーサワ）が考案した[48]、独自の陰陽論[49]をもとに食材や調理法のバランスを考える運動である。玄米を主食、野菜や漬物や乾物などを副食とすることを基本とする。近代科学の身体観・人間観とは異なる全体論的な身体観・人間観やエコロジカルな自然観・宇宙観を提示していることもあり、一九七〇年代以降欧米においてニューエイジ運動に属するものとされ、新たな活力を得るようになった［島薗　1999: 171］。

モナ自身は、一九七〇年代半ばに西洋医学で解決できない数々の深刻な健康上の問題を抱えたことを理由に、マクロビオティックと出会っている。彼女は身体の激しい痛み、むくみ[50]、呼吸困難などで生命の危機を日々感じていた。しかしフィラデルフィアで医師デニー・ワックスマンのカウンセリングを受け、一年間の二四時間体制の食事・生活指導を受けることにより、あらゆる病気を完治させたという。また激しい夫の暴力に耐えかねて離婚を決意し[51]、幼い娘と息子を置いて家を出た。その後ワックスマンの師であり、アメリカにおけるマクロビオティックの第一人者である久司道夫から直接教えを受けるようになる。そして、久司の師である桜沢如一の「もしマクロビオティックによって病気を治したなら、その一万倍の恵みを返さなければならない。それが自然の摂理である」という精神をもとに、マクロビオティックの普及に努めるようになった。ワックスマンは、彼がカウンセリングにおいて「療法」に終始し、マクロビオティックのもっとも重要な部分を伝えていないこと、今後マクロビオティックをより精神的・思想的なものにし、人格と社会の変革を強調していかなければならないことをモナから繰り返し忠告されていたという[52]。単なる食事療法ではなく、思想としてのマクロビオティックという考え方は、もともと政治学者であり、マクロビオティックの実践を平和運動と結びつけた久司に顕著である。また最初に久司がアメリカで活動を始めた際に彼のもとに集まってきたヒッピーたち――彼らは「東洋思想」に関心を持っていた――の影響もみられる。さらに先述のように北米においては、深遠なる固有の自己の内的探究、伝統的な宗教から解放された個人の霊性を求めるニューエイジ運動と交わったことも、この方向性の強調を強固にしていた。

モナの「お返し（pay back）」[53]の対象はやがて「古代文明の源」であり、マクロビオティックの実践や哲学がその多くを引き出したインドへ向かっていった。彼女はマクロビオティックの「精神的な故郷」であるインドにおいて、その思想的な恵みを彼女自身が受け取り続けると同時に、「現代のインド人がその価値を認識していない」「人々がみずからの心身を健康に保つために何を食べればよいかわかっていない」現状を変えるために移住を決意した。こうした彼女の決意のなかに、古来インドに存在した真理、価値であり、しかし現在のインドにおいて失われており、未来に向けて回復すべきものとしての精神性・生活実践という主張が表われている[54]。彼女はマクロビオティックの指導者やシェフを育成し、シャーカーンバリー・ソサイエティ（*Shakhambari Society*）という団体を設立して、玄米の栽培と豆腐の製造を行なった。

モナがデーヘラードゥーンに居を構えることを決意したのは、ウッタラーカンドの気候のもとではあらゆる野菜や果物を栽培することができるからであるという。マクロビオティックには、「身土不二」――環境とわれわれの身体は一つである――の考え方に即して、できるだけその土地の野菜を食べるようにとの教えがある。彼女のなかでは、こうした「身土不二」はその土地原産でなくてもよく、その地域の「土」を使って有機栽培されたもの、と柔軟に解釈されているようであった(55)。そのため、キウイフルーツや舞茸などの嗜好品が日曜市で販売されていることもあった。一部のアロマ草の栽培者たちが彼女の日曜市で作物を並べ始めたのも、こうした背景のもとである。

## インドの科学的知識と欧米の代替科学的知識

先述のように、二〇一〇年一〇月以降、ヴィカースナガル周辺の一部の農民たちは、モナの日曜市でレモングラスの葉とエッセンシャルオイル、ラトゥーレのスティヴィア・スティックを販売するようになった(56)。それは、数年前から有機野菜と果物を日曜市に持ち込んでいた、彼らの知り合いの農民の紹介を受けてのものだった。私の調査助手であったラクシュミーも、彼女自身のビジネスの一環として、「ヴィカースナガル・クラスター」の農民から買い取ったアロマ草やエッセンシャルオイルをモナのもとで販売するようになった。ここでは、特定の「クラスター」の成員ではない彼女の物語を取り上げたい。ラクシュミーは他の「アロマ栽培者」たちと異なり、販売を始めて数週間後にはモナに認められ、身の回りの世話をするために毎日彼女の家に通うようになった。すなわち彼女は私にともなってアロマセンターのプロジェクトが展開するさまざまな場を訪れると同時に、モナのマクロビオティックの実践の場にも深くかかわるようになった。ラクシュミーにとってのプロジェクトとはいかなるものだったのだろうか。

ラクシュミーは、パウリ・ガルワール県出身の両親を持つ、三一歳の女性である。両親は結婚を機にデーヘラードゥーンに移り住み、父親はバスの運転手として働いて家族を養ったが、ラクシュミーが一五歳のときに病気で亡くなった。成績優秀だったラクシュミーは親戚の援助により短大に通い、英語を学んだ。しかし一九歳のときに、家族の反対を押し切って幼なじみのクリスチャンの男性と恋愛結婚をしたのを機に、一年で退学することになる。二一歳で長女を出産した後、二女一男の母親になった。夫はオートリクシャー（三輪タクシー）の運転手となって家族を養った。不安定な夫の収入を補うために、ラクシュミーも自宅でサリーやサルワール・カミーズを縫う仕事をして家計を支えてきた。

宗教の違う男性と恋愛結婚をするという選択をしたラクシュミーだが、母親や二人の兄の家族、義父母、夫の兄弟の家族とは同じヴィカースナガル内に住み続けていた。長兄の妻と折り合いの悪い母親は、頻繁にラクシュミーのもとを訪ね、泣きながら愚痴を言っていた。一方で、ラクシュミー自身も長兄夫妻や義父母、義兄弟との関係に常に問題を抱えているようだった。

しかしもっとも彼女を悩ませていたものは、定期的に働かなくなる夫の存在である。さらに悪いことに夫は時に酒を大量に飲んでは、ラクシュミーの浮気を疑い、彼女に暴力をふるっていた。そのことをラクシュミーは母親と私以外には誰にも打ち明けていなかった。母親は嘆きつつも、「誰にも打ち明けずに耐えなければならない。あなたは恋愛結婚をしたうえに、離婚までするとなると、他の人が何を言うかわからないから」とラクシュミーを諭していた。モナに会う頃にはラクシュミーは、夫の状態がひどくなるなかで、離婚という選択肢と、子どもの教育にかかわる経済的な問題、「自分が見放したら夫は自殺してしまうかもしれない」危惧からそれを踏みとどまろうとする思いの双方を頻繁に口にしていた。この頃彼女は、原因不明の全身の浮腫を経験し、数か月の間に二度入院した。

私を通してこうした事情を理解したモナは、「ラクシュミーはマクロビオティックを必要としている」と言って、月五〇〇〇ルピーでラクシュミーに自身の身の回りの世話やマーケットの手伝いをする仕事を与えた。ラクシュミーは、ヒンディー語を解さないモナや客の外国人と農民たちの通訳としても活躍した。彼女は、プロジェクトの場とモナのオーガニック・マーケットを往復しながら、どのように両者を関連づけていたのだろうか。両者の矛盾が端的に表われた以下の場面から考えてみたい。

### 事例8-3 科学的なインド人と精神的な西洋人

朝、オーガニック・マーケットの場でモナがラクシュミーを怒鳴りつけていた。事情を聞くと、ラトゥーレたちが持ち込んだ、ステビア・スティックの原料であるステビアやレモングラスの栽培に農薬が使われていることを、ラクシュミーがモナに話したらしい。ステビアとレモングラスは、砂糖の摂取を禁止するマクロビオティックの実践者にとって、天然の甘味料として重宝されている薬草である。

ラクシュミーは、その場にいたラトゥーレの「でもマダム、このアロマ草の質（quality）は素晴らしいのです。有機栽培をした薬草よりもむしろシトロネラの成分量が多いのですよ」という言葉を通訳した。モナは、「ノーノーノー、あなたたちが何をやったかすべてお見通しなんだからね」とヒステリックに叫んで、部屋に閉じこもってしまった。そして、目の痛みと下痢を訴えて、一日中寝込んでいた。

ラクシュミーは私に対して、「結局インド人にとっては量と数字が大事。私たちは貧しくて科学的なのよ。でも西洋人にとっては質が大事。彼女たちはとても精神的だわ」と話した。

（二〇一〇年一一月七日のフィールドノートより）

この一連の出来事の中で、「有機農法を採用すること」に対するプロジェクトとモナの態度の差異が表われている。アロマセンターのプロジェクトにおいては、有機農法はアロマ草内の薬効成分の量＝彼らにとっての薬草の「質」[61]を向上させるための「手段」ととらえられている。だからこそ前節で述べたように、農薬を用いて栽培したアロマ草の主成分量の多さという「結果」をもって、ラトゥーレは有機農法という「手段」を手放したのだ。それに対して、モナは有機農法自体を目的と見なす。モナが（自分がすでに口にした）ステビアやレモングラスに対する農薬の使用を知って寝込んでしまったことからもわかるように、モナにとって、野菜やその他の作物が有機農法で生育されたものであるということは、それを摂取する人の心身に肯定的に働きかける価値（「身土不二」）としてあるのだ。印象的なのは、この二つの立場の媒介者となったラクシュミーが、この場面においては、「物質主義的なインド人」と「精神的な西洋人」という対比でその差異を表現していることだ。これはたとえば、カースト体系の分析を通して、インド社会における精神的なるものの、物質的なものに対する優越と包摂を説いたデュモンの古典とは正反対の理解である。それは、「インドの生化学的知識」と「欧米の（反科学としての）代替医療」がアロマ草を通して遭遇し、矛盾する現場が生み出した文脈に適合的な比較なのだ。

ラクシュミーは別の日には、この「量を重視する科学的なインド人」「質を重視する精神的な西洋人」という比較を、先述の出来事と自分自身の人生を関連づけるかたちで表現していた。午前中のモナの家での仕事を終えた後、彼女の家で私と二人でチャイを飲んでいるとき、彼女は次のように話した。

> いつも彼女たち（モナとその他の日曜市の客たち）を見るたびに、今までの人生を思い出して絶望的な気分になるの。彼女たちはサモサ一つとっても、何が使われているのか、どのように調理されているのか、とても敏感なの。私は今までの人生の中で食べ物の質に気を遣ったことなどなかったし、食べられるものはすべて食べてきたわ。お腹を満たすことが大事で、量を食べられればいいと思ってきた。子どもたちも私の料理で育ってきたの。私の母は今五二歳だけれども、絶対にモナの歳まで生きられないわ。でも彼女たちの目的は何なのかしら？　一人で自分のケアに集中して、子どもと離れて何を目的に人生を楽しむのか、私にはわからないわ。〔中略〕
>
> ラトゥーレさんが農薬を使ってたくさんの量のオイルを作ろうとするのも、ビジネスマインドだけじゃないと思うわ。彼はパンジャービーだから賢すぎる（*zyada smart*）ところがあるけれど、でもそれも家族のためではないかしら。ラトゥーレさんのお母様がどんなにシンプルでいい人か、そして彼らの家が意外にも小さくて、二部屋に五人が住んでいたのを、あなたも見たでしょう？　それからマヘンドラさんのためでもあるし。ラトゥーレさんはマヘンドラさんのお兄さんが事故に遭ったとき、一番先に献血したのよ。
>
> （二〇一〇年一一月二四日のフィールドノートより）

ここではまず、マクロビオティックをその一つとする欧米経由の代替医療実践が内包する矛盾が、ラクシュミー自身の生き方との比較の中で映し出されている。第3章で触れたように、欧米の代替医療は、生物医療へのアンチテーゼとして、環境、食べ物、天候、他者との特定の関係の中で流動する関係的な人格に焦点を合わせている。その一方でそれは、個人の霊性の向上をめざしたニューエイジ運動と交わったために、自己の伝統的な宗教道徳や社会関係からの解放と内面への集中を通した潜在能力の開発をも視野に入れている。すなわち、代替医療におけるホーリズムとは、周囲の環境や人とのエコロジカルな関係であると同時に、深遠なる「固有の」自己の内面、私的アイデンティティの探求でもあるという二重性を持つ。

夫からの暴力と原因不明の病という現在のラクシュミーと同様の状況をかつて経験したモナは、マクロビオティックの実践を通じて病を治すと同時に、夫と離婚し、子どもたちを置いて家を出た。そして今は遠く離れたインドで、質の良い野菜や食品に囲まれ、ラクシュミーの言葉を借りれば「自己のケア」に勤しんでいる。[62] そのようなモナに対し、ラクシュミーは、「私は今までの人生の中で食べ物の質に気を遣ったことなどなかった」[63]「子どもと離れて何を目的に人生を楽しめばよいのかわからない」といった言葉で、恋愛結婚をしてもなお関係性を手放さないみずからの生き方との明らかな差異と違和感を主張している。[64]

さらに、この「質の良い食べ物を通した自己のケア」と対照的なラクシュミー自身の生き方の表明は、事例8-3の出来事の再解釈へとつながっている。ここでは、薬草内の薬効成分の「量」を重視して農薬を使用するラトゥーレの態度は、ラクシュミーと同様に、家族を守ることに関連させてとらえられている。そしてそれは単なる想像ではなく、ラクシュミーが実際に「見た」ことに基づいているのだ。彼女は私の「クラスター」についての調査に付き合って、数々の「アロマ栽培者」を訪ね続けてきた。「プロジェクトについて調べるならもっと効率の良い方法があるはずよ」「なぜあなたは事前に質問リストを作ってはっきりと質問しないの」などと最初は文句を言っていたが、最終的には私の調査について「特定の何かについて調べるよりも、農民と交流すること自体を望むもの」という形で理解し、ラトゥーレのフィールドや家も何度も訪問した。そのなかで「ラトゥーレの母親がシンプルな良い人であること」「彼らの家が意外にも小さいこと」「ラトゥーレがマヘンドラの兄のために献血したこと」などの、プロジェクトについて調べることとは一見関係なさそうな情報を得ていたのだ。そして、こうした関係性の中で生きる人格についての具体的情報が、成分量を重視して農薬を用いるラトゥーレの態度への理解につながっている。すなわち先の場面においては、「アロマセンターのプロジェクトで生み出された科学的知識」は「プロジェクトについての私(筆者)の人類学的調査を通してラクシュミーが得た知識」と関連づけられたうえで、「モナの代替医療的知識」と比較されていたのだ。

そして、そうした私自身の調査を織り込んだ彼女の比較実践を、以下、ふたたび私はその他の「アロマ栽培者」たちの経験と比較することで、本章の結論としたい。[65] そこでは彼女の「身体」を巻き込んだ比較実践が、(単一の)自然に対する複数の知識を比較してきた他の「アロマ栽培者」の実践を超えて、「知識とは何か」の質を根本的に変えうる可能性を秘めていることを示す。

## 4 等質性なき比較を通した主体化実践――身体と物質の比較へ

本章では、「知識の所有者」を登録する場面においてはウッタラーカンドの文脈に適合的ではないとされた、「人、植物、知識が一体となったコミュニティ」をあえて作り出そうとするプロジェクトの局面について扱った。具体的には、平地デーヘラードゥーンにおいてアロマ草の栽培を通して「責任主体」を形成することをめざしたプロジェクトに焦点を合わせた。そうした「責任主体」とは、特定の制度(「コミュニティ=クラスター」)のもとで、「質の良い薬草を生み出す」ための科学的知識と規範を内面化し、それに従い自他の行為を律する存在として想定されていた。

しかし実際には、デーヘラードゥーン県内では、薬草（アロマ草）の新しさを理由の一つとして、集合的にその栽培、管理、販売を行なう地縁的な「コミュニティ」は形成されなかった。このような不完全な制度のもとで、「アロマ栽培者」となる人々のプロジェクト経験とはいかなるものなのか。本章では、デーヘラードゥーンにおいて、科学者たちが対照的な評価を下す二つの「クラスター」を代表する人々の経験と、そうした「クラスター」の枠を飛び出して州内の外国人（代替医療の専門家）にアロマ草を販売するようになった人々の経験からみてきた。そのすべての事例において共通していたことは、プロジェクトが伝える知識を常にその他の多様な知識と部分的に関連づけ、比較するための文脈を生み出す人々の姿であった。

そうした人々の比較とは、それぞれが固定的な体系としての「（プロジェクトがもたらした）科学知」と「（自分たちの側にある）在来知」を比較するという単純なものではない。「ラージャーワーラー・クラスター」のモハンラールは、ランタナという外来種を媒介として、それを有用な資源と見なす現在のプロジェクトの生化学的知識と、現地の生態系にとっての脅威ととらえる以前のプロジェクトの生態学的知識を比較した。そして彼は、その矛盾をもとに政府への疑義を再構成すると同時に、それを戦略的に利用してもいた。「ヴィカースナガル・クラスター」のラトゥーレは、「トーマル博士の種苗場――それ自体がトーマル博士と指定部族、ジョウンサーリーの人々の長年の関係の反映である――が実証する、科学的知識と実践のギャップ」を参照しながら、プロジェクトが主張する有機農法と薬草の「質の良さ」の結びつきを解体していた。モナの日曜市でアロマ草を販売することになったラクシュミーは、有機農法を「薬草の薬効成分量の増加のための手段と見なすプロジェクトの知識」と、「それ自体を目的ととらえる代替医療的知識」の矛盾が顕著に表われる場面で、「科学的なインド人」と「精神的な西洋人」という独自の対照を表現していた。さらに彼女の比較実践には、プロジェクトの知識だけでなく、「プロジェクトについての私（筆者）の人類学的調査を通して彼女が得た情報」も媒介していたのだ。

すなわち、人々は常に複数の知識と接触し、それらを部分的に関連づけることを通じて、「プロジェクトの（科学的）知識」とは何か、その一方で「それ以外の知識」とは何かを定義し続けている。そしてそのようにして比較の対象物を生み出すと同時に、それらをどのように比較するのか、比較のための文脈――それは時に同一の「政府」という主体が生み出す知識としてであったり、科学的知識と実践の関係であったり、薬草の量と質、科学と反科学の関係であったりする――自体も実践のなかで生み出していた。つまり人々は、固定した文脈における、対象の等質性に基づいた比較ではなく、規模も質も異なる対象を部分的に関連づける比較［cf. Strathern 1991］に従事している。そしてその中で彼らは、自分とはいかなる存在なのか――それはたとえばガルワーリー／パンジャービーであり、インド人であり、あるいは関係の中で生き続ける一人の女性である――を探究していた。

一方で、「クラスター」を超えて「欧米の代替医療的知識」とプロジェクトの知識を比較したラクシュミーの実践は、他の「アロマ栽培者」のそれと異なり、そもそも知識とは、そして主体とは何かを根本的に問い直す次元を含んでいることを指摘しておきたい。前節の事例においてラクシュミーは、「インドの生化学的知識」と「欧米の（反科学としての）代替医療」がアロマ草を通して遭遇し、矛盾する現場において生み出した「物質主義的なインド人」と「精神的な西洋人」という比較を、彼女やその他のアロマ栽培者とモナの生き方の対比に関連づけていた。そこで強調されているのは、持ちうる知識や思想の違いのみならず、「質の良さ」を重視して食べ物を摂取してきたモナと「量」を重視してきた自分たちの「身体」の違いである。「私の母は今五二歳だけれども、絶対にモナの歳まで生きられないわ」という言葉には、具体的な身体の強靱さの差のなかにラクシュミーの絶望が表現されている。さらに、事例の後半のラクシュミーの語りにおいて、薬草内の薬効成分の「量」を重視して農薬を重視するラトゥーレの態度は、彼女と同様に関係性のなかに置かれた彼の生き方を通して再解釈されている。そこでも関係性のなかで生きる人格を表現するものは、社会関係のみならず、身体を構成する物質の共有である。それは、「ラトゥーレさんはマヘンドラさんのお兄さんが事故に遭ったとき、一番先に献血したのよ」というラクシュミーの言葉に端的に表われている。そうした周囲との身体＝コードの共有をともなうラトゥーレの生き方は、（周囲の環境との調和を語りながらも）「自己の

（心身の）ケア」に終始するモナの生き方と対照されているのだ。

プロジェクトを支える知識を生み出す生化学者たちの実践や、本章で取り上げた他の二人の「アロマ栽培者」の比較実践は、一つの自然に対する複数の「知識（表象）」の比較を基礎としていた。たとえばモハンラールは、ランタナという単一の外来種に異なる意味、表象を付与する生化学的知識と生態学的知識を比べていた。その一方で先のラクシュミーの比較は、知識や精神、考え方だけでなく、身体や物質にも違いが立ち現われることを前提としている。

こうした比較は、ヴィヴェイロス＝デ＝カストロは、われわれとは「自然／文化」についての考え方がラディカルに異なるアメリンディアンの世界において、人間性こそが普遍性・単一性を持ち、自然や身体は多様である（多様性は身体の中に存在する）とした。それゆえに一つの自然に対する複数の文化（表象）の間の協調を訴える「多文化主義」は、こうしたアメリンディアンの世界観を受け止めるには適切な枠組みではないということになる［Viveiros de Castro 1998］。

さらにはインド固有の「人格」を追究した分人（dividual）論[66]は、南アジアの思考は一元論的であり、「精神（spirit）」と「物質（matter）」、「自然」と「モラリティ」あるいは「法」は分断されていないと主張した［Marriott & Inden 1977: 231］。このような思考を基礎とした人々の日常世界は、周囲の人々との食物、性行為、儀礼、日々の会話などのやりとりを通した物質＝コードの共有と、それによる具体的な身体（物質）の変化の過程である。田辺［2006］によると、こうした在地の論理（田辺は「生モラル」と呼ぶ）はポスト植民地状況下の分断（近代国家が統べる政治経済的領域／現地社会の社会儀礼領域）においては、後者の領域に押し込められていた。しかし一九九〇年代以降の国家の後退と地域社会への権限委譲において、こうした在地の価値が（とりわけ資源分配における生命の保証に関する）生政治の領域に影響力を持つ可能性が出てきたと田辺は述べる。田辺が論じた文脈とは異なるが、前章でのヴァイディヤのプロジェクト経験も、環境、出来事、効果、そして心身の「恐れ」の間の具体的で実体的な結びつきの中にある彼らの「知識」が、プロジェクト側の表象としての知識観を揺るがしていく過程と言える。

一方でここでのラクシュミーの比較実践に関して言えば、在地の論理をプロジェクト実践のなかに移管したものというよりは、モナの「欧米の代替医療的知識（それ自体が複合的に構成されている）」の介入を受け、それを翻訳することで発動した比較と言えるのではないか。同じく在地の側に立つはずの他のアロマ栽培者たちが同様の比較を展開していないことも、このことを裏づけている。すでに摂取したレモングラスやステビア・スティックが有機農法で栽培されていないと知った後に、モナが体調を崩した出来事などは、ラクシュミーの想像力に働きかけるに十分なインパクトを持ったと考えられる。おそらくそうした出来事の翻訳を通しても生み出された、身体や物質を巻き込んだラクシュミーの比較は、一つの固定的な自然に対する複数の知識を想定しているプロジェクトの枠組みや他のアロマ栽培者の知識実践を根底から揺るがすものだ。そこには、（人間と同様に魂を持った）川、山、その他の「自然」に法的人格を与えることで、開発プロジェクトに反対する先住民の運動が多文化主義の前提を変えていく可能性を秘めているような［de la Cadena 2010］、あるいは身体＝コードの結びつきという在地の論理を体現したさまざまな社会運動がインド国家の政治を揺るがしていくようなダイナミックさはないかもしれない。しかし、ここで示したかったのは、「はっきりと理由を述べられる批判よりも、特異な経験に根ざした語りが、時にリアリティの強固さを揺り動かす可能性」［中川　2011: 89］であり、ラクシュミーの経験こそが、知識とは何か、「責任主体」とはいかなる主体かについてのプロジェクトの認識を変える潜在的な可能性である。

以上、前章に引き続き本章でも、プロジェクトの計画からはみ出し、その知識や所有主体についての想定を裏切るような、人々の経験を照射してきた。こうした人々の経験を通して、知識の「所有」というテーマについて何が言えるだろうか。終章では、第1章で取り上げた人類学的所有研究が仮想敵としてきた、ジョン・ロックの所有と労働についての考え方に立ち返って考えてみたい。

終章

# 未来へ拓かれた所有

過去は私たちのものだが、私たちは過去のものではない。私たちは現在を生き、未来をつくる。

マハートマ・ガーンディー

## 1 知識が誰かのものになるとき

本書が試みたのは、知識の「所有」という大きな問題を、インドの新州ウッタラーカンドを生きる人々の具体的な知的営みと経験を通して考えることだった。ウッタラーカンドの生物資源の領域に「知的所有」概念が新たに持ち込まれたとき、いったい何が起こるのか。実際に人々の活動や経験、そして人とものの関係はどう変わっていくのだろうか。本書では、「知識は誰のものか」という規範に根ざした問いではなく、「知識はどのようにして誰かのものになるのか」という経験についての問いを追究してきた。

第1章で論じたように、一九八〇年代以降の他の人類学的な所有研究の多くも、新たな地域や対象への私的所有パラダイムの拡張をテーマとして扱ってきた。旧ソ連圏の崩壊と民営化改革、先住民の遺伝子や血液、薬草や開発種の特許化……対象社会の人々の生活の変化と混乱を目の当たりにして、新しい議論の形式を人類学者たちは模索してきた。本書も基本的にこの試みを引き継ぐものである。

ただし一方で本書は、今までの人類学の枠組みでは、今まさに起こりつつある事態をとらえきれないと主張してきた。まず、「権利の束」［メイン 1990］という考え方を用いて、「所有権」を構成する複数の権利（使用権、処分権、販売権など）は、実際の社会生活の中で特定のものをめぐって異なる個人や集団に配分されることを主張する立場がある。この枠組みを用いながら、多くの論者たちが、集団所有から個人所有へという単純な図式に還元できない、旧ソ連崩壊後の社会の複雑な現実と所有制度の移行を記述してきた。しかし新たな地域や現象に対して私的所有パラダイムが拡張した際に起こる混乱とは、本当に諸権利の配分をめぐる混乱にすぎないのだろうか。それはむしろ、たとえば「身体情報は所有できるのか」といった、特定のものと人との関係性を「権利」という言葉に矮小化してしまうことへの抵抗なのではないだろうか。「権利の束」という考え方では、この点を把握できない。

一方で、「権利」という言葉に還元できない、人とものの豊かな関係に注目するもう一つの立場にも問題はある。彼らの主張は所有概念の文化的多様性であり、土着の所有概念と「西洋の」私的所有概念の相容れなさである。しかしこの主張は、（そうした差異にもかかわらず）新しい地域や対象にすでに「私的所有」という考え方が導入されつつあること、すなわち「所有」をめぐってグローバルなつながりのなかで今まさに展開している現象をとらえるのを難しくしてしまう。

「権利が配分され直す」という限定的な理解を超えて、人とものの多様な結びつきのなかに「（私的）所有」という概念が持ち込まれたときに起こる、変化をとらえる視点をいかに見つけ出せるだろうか。本書では、マリリン・ストラザーンの「所有」についての一連の著作を参照しながら、この問題を考えてきた。ストラザーンは、メラネシアのハーゲン社会から、現代の西洋社会の生物医療や知的所有権の問題にいたるまで大胆に比較する。そして彼女は、特定のものや知識に対して普遍的権利を持つ主体は存在しないこと、それにもかかわらずものや知識が別の文脈に移されるとき（豚が交換されるとき、科学的発明がビジネスに利用されるとき、著作が出版されるとき……）誰がその恩恵を受けるべき「もともとの所有者」なのかを明確にする必要が生まれることに目をつけた。ストラザーンによれば、知的所有権の本来の機能はこの点にある。知的所有権とは、特定の主体に本源的に備わる権利ではなく、科学とは別の商業的基準＝利用可能性によって、一時的に「知識」とは何かを決定し、また誰が（発明の経済的恩恵を受ける）所有者として含まれ、誰が排除されるかを決定するものなのだ。つまり、ストラザーンが提起したのは、権利という言葉を当てはめるのが適切でない状況で、人はいつどのように所有主体になるのかという問いである。新しい地域や現象に「所有」概念が持ち込まれるときに観察すべき対象は、すでにある主体にどのように権利が配分されるかではなく、所有の主体そのものがどのように生み出されるのか、そのプロセスである。

生物資源と所有をめぐる問題においても、たとえばフーディアやニームといった薬草にもともと「所有者」が存在したわけではない。しかし一九九〇年代以降、「人々の知的財産」が問題になるにつれ、資源や在来知を用いる製薬会社は、それを維持してきた国家や先住民のコミュニティの人々に対して利益配分を行なうことが義務づけられた。もともと在来知は、権利の主体が曖昧なもの（特定の「コミュニティ」の知識というかたちで区分されるものではない）である。しかし、それが製薬開発に利用されるとき、誰に対して利益を配分するべきなのかを明確に定める必要が生まれる。本書が対象としたのは、こうした所有主体の設定の動きのなかで、資源国でもあり科学先進国でもあるインドで展開する、もっとも新しい現象であった。将来製薬特許の対象となりそうな「知識」を記録・データベース化し、その所有者を登録する。そうすることで、不正な特許取得を予防し、公正な利益配分を呼びかける。こうしたプロジェクトのなかで、何が貴重な知識として、また誰が所有者として選ばれるのか。また「知識の所有者」として選ばれた人たちは、プロジェクトの影響を受けて、いかに、どのような主体としてみずからを再構成していくのか。本書がウッタラーカンドにおける、植物分類学者や人類学者、行政官やNGO関係者、そしてヴァイディヤから農民にいたるまでの多様な人々の織りなす諸実践を通して迫ろうとしてきたのは、このプロセスだった。

この所有主体の生成プロセスを追うことによって見いだされたのは、ウッタラーカンドの生物資源の領域に知的所有概念が持ち込まれたときにみられる、微細でありながら根本的な実践の変化だった。そうした変化のなかで人々は、知的所有権という外来の概念と、慈悲、治療、薬草栽培をめぐるさまざまな「ローカルな」実践を比較し、翻訳し続けている。

たとえば、第5章で描いた「在来知」の登録活動においては、「在来知」として特定の知識を選び、それを分類して記録する実践によって、ウッタラーカンドにおけるこれまでの植物分類学の実践、そして科学知と在来知の関係自体が揺らいでいた。

ウッタラーカンドの現在の植物分類学者たちの日常的な植物収集実践は、植民地期の植物学的知識に大きく依存している。彼らは、森林研究所に保存されている標本——それ自体がヴァイディヤなどの当時のローカルな薬草専門家の協力によって収集されたものだ——をもとに、一八三〇年代から一八四〇年代にかけてイギリス人植物学者が行なった植物収集を「たどる」。そういった植物収集では、通りがかりの少年やサードゥなどに簡単な質問をすることはあっても、現在の薬草の専門家に聞き取りなどをすることは少ない。

州内の貴重な「在来知」を登録することを目的とした「人々の生物多様性登録」プロジェクトにおいても当初、この植民地期の科学に依拠した方法が採られていた。植物分類学者たちはまず、植物標本のラベル部分にある、（過去のヴァイディヤがイギリス人植物学者に提供した）「民族植物学的情報」を読み解く。そのうえで、現在のヴァイディヤたちにインタビューを行ない、情報を補う。しかし、この過去の植物標本と現在のヴァイディヤの知識を比較する過程で見いだされたのは、ヴァイディヤたちが用いる土着の植物名が学名に対して通時的変化の少ない安定した命名体系だということであった。第5章で詳しく描いたのは、このことが改めて意識され、植物学者たちが「種」という植物分類学を支える根本的な概念を新たな文脈で問い直すようになった経緯である。つまり、ウッタラーカンドの生物資源をめぐる「在来知」が改めて焦点化され、その登録が進むなかで、既存の科学の枠組み自体、そして科学と在来知の関係自体が問い直されていったのだ。

第6章で扱った「知識の所有者」の登録の過程では、知的所有権概念によって「ヴァイディヤ」とは誰かが選ばれる一方で、その主体のあり方（「知識の所有者」としての「ヴァイディヤ」とはどのような人たちなのか）については、現地の概念「ダヤー（*dayā*）：慈悲」を媒介として新たな理解が生まれていた。

そもそも現在のウッタラーカンドにおいて、「ヴァイディヤ」とは特定のカーストやジャーティでも、また特定の治療体系の専門家でもなく、「薬草についての知識を持つ者」という実践に根ざした曖昧なカテゴリーである。そうしたなかプロジェクトでは、「特定の場面で経済的価値のある薬草についての知識と関心を持つと判断された者」が「ヴァイディヤ」と見なされ、「知識の所有者」として登録の対象となっていった。このように知的所有権概念によって限定された主体の登録が進む一方で、所有者のあり方に関しては、知的所有権の持つ「知識の使用に対して正当な利益配分を求める主体」という前提が部分的に変更されていた。ヴァイディヤたちは、利益配分についての聞き取りの場で、「ダヤー」や「助けることの義務（*kartavya*）」という語を使いながら、知識の提供に関してなんらかの「見返り（*fayda*）」を受け取ることを拒否する。その一方で彼らは、政府に彼らのために薬草プロジェクトを実施する「ダヤー」を発揮してほしいという。このことを受けて、現地の人類学者とNGO関係者は、知的所有権とダヤーという二つの異なるロジックを翻訳しながら「現地の文脈に即した」利益配分のやり方を見いだそうとする。このとき生まれた「利己心をむき出しにすることがはばかられるガルワールの文化」という彼らの翻訳は、ダヤーを媒介に西洋起源の所有概念の持つ排他性を部分的に（あくまでプロジェクトの文脈の中で）乗り越えようとした結果である。

本書の後半で扱った、ヴァイディヤや薬草栽培者の人たちの経験は、知的所有権の持つ知識や主体についての前提がより根本的に問い直される過程であった。

第7章で描いたのは、知的（文化的）所有権という発想で囲い込まれた知識が、ヴァイディヤの治療実践に取り入れられるなかでさまざまなかたちで相対化される様子である。知的（文化的）財産として土着の医療体系を保護するという現地の人類学者の試みは、その所有主体となるコミュニティに独自の体系が存在することを前提としている。しかしヴァイディヤたちにとって重要なのは、知識体系の維持ではなく、日常的な治療の効果、すなわち特定の人、環境、出来事への具体的な働きかけである。彼らは治療におけるより多くの効果を求めて、アーユルヴェーダの教典、『家庭のヴァイディヤ』などの民間向けの本、生物医療の概念など、さまざまな知識源からさまざまな道具、要素をそのつど取り入れている。プロジェクトの過程では、こうしたヴァイディヤの治療実践とプロジェクトの前提である「土着の体系」としての知識という考え方の差異が、具体的な対話のなかで浮き彫りになっていた。

その一方で、プロジェクトはそうした差異を表出させると同時に、ヴァイディヤたちに「知識」とは何か、改めて問い直す機会をもたらした。ヴァイディヤたちは、真の「知識」とは、「普遍的真理としてのアーユルヴェーダ」であると語る。その内容は、科学的ロジックに基づくアーユルヴェーダ、魔術としてのアーユルヴェーダ、あるいは『チャラカ・サンヒター』などの特定の教典など、さまざまに表現される。しかしヴァイディヤたちは一貫して、自分を含めて「今ここ」では誰も実践していないと主張する。彼らが実践しているのは、彼らの認識のなかでは、完結した知識体系としての「土着の医療」ではなく、「部分的な（不完全な）アーユルヴェーダ」なのだ。

彼らは知識が失われた原因を植民地支配や政府の生物医療優遇策、ウッタラーカンド固有の事情としての薬草採取への政府の制限などに求めている。そして「政府は社会を教育するべきだ」「薬草プロジェクトを実施するべきだ」など、失われた知識を取り戻すための具体的な方策を提言する。つまり彼らにとってアーユルヴェーダとは、かつて存在し、「今ここ」にはなく、しかし未来に向かって取り戻すべき普遍的真理なのだ。

このようなかたちで表出したヴァイディヤたちの知識観は、土着の知識を求めるプロジェクトの前提と、効果を求めてさまざまな要素を取り入れ続ける彼らの日常的な治療実践を「翻訳」した結果である。知識はかつてたしかにあった。しかし今は失われている。だからこそ試行錯誤をしながら、未来へ向けて取り戻さなくてはならない。こうした未来志向の知識観は、固定的な知識体系がすでにあり、それに対する権利の主体を明確化しようとする、知的（文化的）所有という考え方を根本的に問い直すものだ。

第8章では、プロジェクトで特定された経済的に価値を見いだされた薬草を集合的に生育し、それについての知識を共有する「コミュニティ」を生み出そうとする局面を扱った。それは、デーヘラードゥーンの特定の農村部の人々を自然知識の「責任主体」とする試みである。やはりここでも人々は、プロジェクトで伝えられる科学的知識と「それ以外の知識」を不断に比較し、翻訳しながら、「責任主体」として以外にも自己を再定位し続けている。特に、プロジェクトを通して欧米の代替医療の専門家向けに薬草を販売するようになった女性は、周囲との（薬草を含めた）食べ物や物質のやりとりを通して変容する自己や他者の身体を意識化していた。このことは、人間に外在する自然「に対する」知識を持つ主体というプロジェクトの設定を根底から揺るがすものであった。

このようにウッタラーカンドの生物資源の領域において「知識が誰かのものになる」過程を追いかけることによって本書が描いてきたのは、知的所有概念との比較の中で「ローカルな場に存在しているはずの」なんらかの実践や考え方を見いだし続ける人々の姿であった。それは、ダヤー（慈悲）としての知識の提供、効果としての治療、薬草によって変容する自己の身体など、そのつど別のかたちで提起される。そして多様な人たちがそうした「ローカルな」実践と知的所有概念を翻訳するなかに、知識の「所有」についての新たな考え方が立ち上がっている。こうしたさりげない創発の瞬間は、知識やそれに対する権利主体がすでに存在し、その間でいかに権利が配分され直すか、といった視点ではとらえきれない。「知識が誰かのものになる」過程とは、そのなかで知識とは何か、主体とは誰かについての新たな理解が生まれていく、生成的で創造的なプロセスである。そしてそこではまさに、所有を「権利」としてのみ把握するものの見方自体が問い直されていた。

## 2 ジョン・ロックを読み超える

このように本書は、ウッタラーカンドの科学者からヴァイディヤ、農民にいたるまでさまざまな人たちの翻訳実践を追ってきた。第2章で用いた表現を繰り返せば、本書にとっての「フィールド」とは、人々の翻訳の只中に存在するものであった。そこでは、私自身も含めて、観察・分析する者とされる者は——まるで第4章で見た、ウッタラーカンドの山岳地帯と平原地帯を結ぶ不安定な道のように——常にもつれ合って存在していた。その関係の複雑さは、自然を観察する「人々」を「二次観察」する科学者の解釈をさらに分析する人類学者の私、といった直線的な構図ではとてもとらえきれない。

プロジェクトを動かす植物分類学者や人類学者、NGO関係者は、何重にも折り重なった解釈に媒介されて、ウッタラーカンドの「在来知」や「知識の所有者」と向き合っていた。一方でヴァイディヤやアロマ栽培者たちも、そうしたプロジェクト実践をそれぞれの立ち位置から解釈・分析し、「真理としてのアーユルヴェーダ」を取り戻すためのきっかけの一つとみたり、「自分とはいかなる主体なのか」を見いだす材料としたりしている。そして、私自身はプロジェクトのなかでの人々の翻訳を追う。その一方で、そうした私自身の調査活動は人類学者シャルマーやアロマ栽培者となったラクシュミーにとっての観察対象となり、その翻訳のなかに織り込まれていた。

アナリーズ・ライルズは、人類学者が現代的な領域を調査対象とすることで生まれる、人類学者とインフォーマントの知的作業の類似性と重なりを、「距離の崩壊（collapse of distance）」という言葉で表現している［Riles 2000］。一方でロイ・ワグナーは、「私の文化と彼らの文化が異なるのではない。彼らの私に対する誤解が、私の彼らに対する誤解と同じではなかった」［Wagner 1975: 20］と述べ、人類学者と同様に、異なる対象を比較し、文化を「発明」し続ける存在としてインフォーマントであるダリビの人たちをとらえている。ストラザーンは、メラネシアのハーゲンの人たちが周辺社会と自社会を比較するやり方と、人類学者がメラネシア諸社会を比較するやり方を対称的に扱おうと試みる。本書でもこれらの民族誌の影響を受け、科学者をはじめとする専門家、ヴァイディヤや農民の人たち、そして私自身の比較・翻訳実践がもつれ合ったフィールドの状況をできる限り忠実に再現しようとしてきたつもりだ。

ただし民族誌的記述を終えた今、課題として残されているのは、こうしたフィールドでのさまざまな翻訳とその中で生み出された知識の「所有」についての新たな考え方を、どのように自文化の読者向けに私自身が改めて翻訳するのか、ということである。本書の第I部でまとめたような人類学の側にある「所有」をめぐる視点と、ウッタラーカンドの人々が具体的な場面のなかで創発する視点のあいだで、どのような「所有」についての新たなものの見方を私自身が見いだせるのだろうか。第1章でみたように、「所有」の人類学はさまざまなやり方で、しかし一貫して民族誌的記述に基づいて、私的所有という考え方を相対化してきた。その際に私的所有を基礎づける思想として常に仮想敵となってきたのが、ジョン・ロックの思想である［cf. 松村 2008; 杉島 1999］。ここでは、先述のウッタラーカンドの人たちの翻訳を通して、ロックに異なる角度から光を当ててみたい[1]。

そもそもロックが知的所有権について直接言及したのは、一六六二年に制定された当時の著作権法（印刷法）を厳しく批判する書簡のみである[2]。その一方で、彼が匿名で出版した[3]『統治二論』では、土地や有形財を念頭に、人間にとって本源的な所有とは何かということについて論じられている。「どのようにして人々が、神が人類に共有物として与えたもののある部分に対して、しかも全共有者の明示的な契約もなしに所有権をもつようになったのか」という問題提起に基づくこの短い著作は、知的財産法を正当化する論拠としてもしばしば援用されてきた[4]［山根 2010a］。

第1章で論じたように、文化人類学の所有研究において、ロックの労働所有理論は排他的私的所有権を基礎づけるものとして、単純化された形で消費されてきた。たとえば第1章では、従来の人類学的研究に従い、ロックの労働所有論を以下のようにまとめた。

われわれは身体が自己の所有物であることを知っている。よって、その身体の延長としての「労働」が投下される土地などの財産も自己の所有物となる。こうした考え方により、個人と特定のものの間の絶対的な関係を「所有権（ownership）」という言葉で表わすようになったのである。（第1章より）[5]

このように、個人が自己の身体＝労働を投下した対象に対する私的権利の正当化として、ロックの労働所有理論を理解する人類学的著作は多い。しかし『統治二論』の第二篇第五章「所有について」と題された短い文章を読めば、ロックは、自己の利益を最大化する個人ではなく、「神に与えられた共有物としての世界を、生活の最大の利益と便宜となるように利用するための理性」［ロック 2010: 325］を与えられた存在としての人間像を想定していることがわかる。彼は「神が世界を与えたのは、あくまでも勤勉で理性的な人間の利用に供するためであり、断じて、喧嘩好きで争いを好む人間の気まぐれや貪欲さのためではなかった」［ロック 2010: 332］とも書いている。したがって、自己の労働を投下した財の私的所有に関しても、法学者が「十分性の制約」と呼ぶ「それが他者にも十分に、同じようにたっぷりと残されている場合」というただし書きを付けている。このようにロックは実際には、他者への配慮と自己の労働に対する権利の双方を考慮しながら、所有を正当化する論理について多角的に語っているとみた方がよいだろう。

このことを前提として、ロックにとっての「労働」とは何かをもう一度考えてみたい。ロックは労働を「勤勉で理性的な人間の不断の努力、なおかつ骨の折れる、苦痛をともなう活動」として理解していた［森村 1997: 124］。『統治二論』第五章において、「労働」という言葉と並んで、「勤勉」や「勤労」、「労苦」「骨折り」「汗」などの表現が頻繁に登場している［山根 2010a: 170］。このように労働は苦痛をともない、また真面目な人間の努力に基づくものであるからこそ、労働を行なった者はその対象から正当な報償（benefit）を受け取る権利があるという主張をロックは導く。

この過去の労働に対する報償という「功績論」の発想は、知的所有権の正当化の論理としてさまざまな法律に引用されてきた。たとえばそれは、日本の現行著作権法の「著作権制度を確立する趣旨は著作者などの労苦に報い、その結果として選りすぐれた著作物すなわち文化的所産ができあがっていく」という起草者の見解や、「創造的な活動に捧げられた犠牲的な日々というものは、なされた仕事にふさわしい報酬に値する」というアメリカ連邦最高裁判決の一節に見て取ることができる［山根　2010a: 171］。さらには、この発想は生物資源をめぐる「コミュニティ」の知的所有権の主張においても用いられている。たとえば社会学者であるクロッペンブルグは次のように述べる。

遺伝子と文化的情報は何百万年もの間、農民や先住民によって繰り返し生産、再生産されてきた。したがって、価値はすでに収集された資源の中に含まれているのである。しかし、女性の無賃金労働と同じように、彼らの労働はその有用性に反して認められてこなかった。一方で、先進国においてそうした情報が加工され、改変させられるとき、その価値は法的、政治的手段によって認定されてきた。［Kloppenburg 1991: 16］

本来ならば、資源に（知的）労働を投下した人々は所有権と補償を与えられるべきなのである。［Kloppenburg 1991: 18］

その一方でロックは、過去の労働に対する正当な報酬としてのみ所有をとらえていたのではなかったことに注意する必要がある。『統治二論』第五章には、所有権は労働によって獲得されるのみならず、「保持」されなければならないことが明記されている。土地は耕し続けなければならず、獲得した資源は腐敗させてはならない。このことは、先述の「十分性の制約」と並んで「腐敗の制約」として知られる、ロックが課した所有の制約条件である。ただしここで重要なのはおそらく、法学者たちが議論するように実際に資源を腐敗させたかどうかではない(6)。第五章全体を鑑みれば、「腐敗の制約」は資源の状態ではなく、それを許した人間の態度についてロックは語っていると思われる。彼は、「自分自身の労働によって自ら土地を専有する人間は、人類から共有する貯えを減少させるのではなく、むしろ増加させるということである」と述べている［ロック 2010: 337］。さらに、そのように行為しなかった場合について、以下のように論じている。

自然の自生的な産物のどれかに対して労苦を払い、それらに何らかの労働を投下することによって、自然がそれらを置いた状態にいずれかの方法によって変更を加えた人は、それを通して、その産物に対する所有権を獲得した。それらが、彼が所有している間に適切に使用されることなく朽ち果ててしまったとすれば、つまり、彼が消費する前に果実が腐ったり、鹿の肉が腐敗してしまったりした場合には、彼は、万人に共通の自然法に背いたことになり、処罰を免れなかった。

［ロック 2010: 338］

すなわち、ロックにとっての所有権とは、過去に資源に対して付加した価値に対する権利というだけではなく、価値を生み出し続ける、未来へ向けた継続的な責任と義務でもある。(7) 先述のように、後者の「所有」のあり方は、知的所有権を正当化する論理として私たちがロックを引用する際にはこぼれ落ちている。

しかし、この民族誌で描いてきたヴァイディヤやアロマ栽培者をはじめとするさまざまな人々の知識の「所有」に対する姿勢は、むしろこのこぼれ落ちた論理と響きあうものである。第7章でヴァイディヤが表現した知識観は、過去に彼らが生み出した（労働を付加した）知識体系を取り出そうとする「文化的所有権」の発想を否定するものであった。それは、「効果」を求めて知識体系の境界を越える、具体的な働きかけとしての治療実践において、あるいは真理としての「アーユルヴェーダ」を取り戻すためのさまざまな提案においても、優れて未来志向性（未来へ向けてみずからの知識を価値づける姿勢）を持つものである。また実際には、第8章で描いた「薬草州」政策のプロジェクト、薬草の栽培を通して「責任主体」としての「コミュニティ」を生み出そうとする取り組みも、「過去の知識の所有者」

に権利を与えることではなく、「未来の自然の管理者」を作り出すことをめざしていた。そこでの人々の経験は、そうした未来像をそれぞれ異なる比較を通して変化させていた。

さらに、第6章においてヴァイディヤたちが「助けることの義務（*kartavya*）」「国のために（Bharat ke lie）勉強をしている政府の人たちを助けるのは良いこと」という言葉を用いて、知識の提供に対する報酬の受け取りを拒否した事例は示唆的である。ヴァイディヤたちは、過去から現在にかけて受け継いできた知識に対して彼ら自身が報酬を受け取ることよりも、それを受け渡した相手がそれを「国のために（Bharat ke lie）」使う責任を果たすことを望んでいるということになる。それは、同じく第6章で取り上げたディーパ・レッディの論文において、ゲノムプロジェクトのための血液提供を求められたインド人移民たちが、「これからは研究者の責任だよ」「研究者たちはサンプルから利益を得るが、その代わりにダーナという無償の贈り物、少なくともより偉大なる善への奉仕（*sevā*）の熱意を生み出してほしい」として、報酬の受け取りを断った事例とも一致している。

もちろん私はここで、ヴァイディヤたちが語るヒンドゥーの論理――ただしそれは、第6章で述べたように、ダーナ・ダルマのある種普遍化された、「現代的」な表現である――と、キリスト教道徳に基づくロックの労働所有理論のある側面が完全に重なり合うと主張しているわけではない。しかしそれらは異なる文脈上にあるにもかかわらず、「知識の所有」を過去の労働に対する権利としてのみとらえる一般的な理解が取りこぼしてきた所有のあり方、より広くは人間観に等しく光を当てているのではないか。第6章で取り上げたように、デイヴィッド・グレーバーはモースの贈与論の再解釈のなかで、「人間生活において自己利益に基づく計算がみられない領域など、もちろんないだろう。しかしだからと言って親切心や理想への固執がまったくみられない領域も存在しないのだ。ここでの論点は、なぜ一方だけがもう一方を退け、「客観的真実」とされるのかということである」［Graeber 2001: 29］という問いを発した。モースが『贈与論』で主張したのは、贈与における利害関心と無欲さ、自由と制限の「共存」だった。それにもかかわらず後続の人類学者たちは、贈与における寛大さは「見せかけ」にすぎず、実際には狡猾な計算があると解釈してきた。このような解釈は、「人々の生物多様性登録」プロジェクトにも反映されていた。薬草や知識の提供の見返りに、「本当は」ヴァイディヤの人たちは利益の配分を求めているはずだ。それに対してヴァイディヤの一人であるラグヴィール・シンは次のように問いかけていた。「あなたたちはなぜここにないものをわざわざ掘り起こそうとするのか」と。

知識の所有という事態があるとしたら、それは権利としてだけでなく義務や責任としてもあるのだということ。そしてそれは、すでに生み出した知識ではなく、生み出し続ける知識のなかにあるのだということ。これらのことを、生物資源の「所有」という課題に向き合うウッタラーカンドの人々の経験は示している。私はその翻訳活動に巻き込まれながら、フィールドワークの間ずっと、「西洋的な」知的所有概念の奇妙さと可能性を彼らと一緒に感じていた。だからこそ民族誌的記述を終えた今、最終的に試みたのは、「西洋的な」知的所有権概念を批判することだけではなく、それを基礎づけるとされてきた根源的な思想のなかに、隠された可能性を見いだすことだった。それが私にとって「相対化」ということであり、また「所有」というテーマを超えて、オルタナティブな人間観は可能かという問いを発することだ。私たちは、過去の労働に対する権利を要求する個人としてのみならず、労働の成果物を他者の未来へ向けて投企する（せざるを得ない）関係的な人間としても、みずからや周囲を認識することができるだろうか。そうした人間観が可能になったとき、世界はより肯定的なものになるのではないだろうか。

## 3 所有をめぐる新たな想像力

このようにして、ウッタラーカンドの人たちの経験と人類学的所有論や西洋思想の「翻訳」を通して「所有」をめぐる新たな視点を見いだしたとき、本書の冒頭で紹介した私の個人的なエピソードも、より希望に満ちたものとして描き直すことができるだろう。オーストラリアのヨルングの人たちについてのフィールドノートを取り上げられたとき、彼らの「過去の歴史」を振り返れば正当な行為だと考えつつも、私はなぜ割り切れなさを感じたのだろうか。それは今思えば、「自分の」フィールドノートが奪われ、「自分がすでに生み出した」知識に対する権利が侵害されたことへの抵抗ではなかった。むしろ当時の私がより強く感じていたのは、ヨルング自身の融合的、生成的な神話世界・知識観（異なるものが交わるなかで新しいものが生成し続ける場所としての「ガーマ」）が否定され、またそうした文化世界との対話を通して、私自身が新たな知識を生み出す「未来の」可能性が閉ざされたことへのやりきれなさだったはずだ。

さらに私を「人々の生物多様性登録」プロジェクトへ導いてくれた、列車で偶然隣り合わせたインドの紳士たちの言葉を思い出したい。彼らはなぜ「インドの農民の権利を守ることは重要」「モンサントをはじめとする製薬会社はインドの権利を侵害している」と主張しつつも、「本当は知的所有権なんて発想はインドにそぐわない」「知識を持っているなら分け与えるのが基本」という、それとは一見矛盾するような見解を同時に示していたのだろうか。今考えるとそれは矛盾でもなんでもなく、「過去の労働に対する正当な権利」としての知的所有権が前提とされる場面で捨象されてしまうもう一つの所有の側面、つまり責任や義務としての所有のあり方の正しい強調だったのだ。実際に彼らはそのとき「われわれには外国からのゲストを助ける義務（*kartavya*）がある」と言って、彼らが持つさまざまな知識を用いて私を具体的に助けてくれた。

本書の出発点を思い出しながら、私は本書の達成と「所有」の人類学の新たな可能性について改めて思いを馳せる。本章の第1節で振り返ったように、本書では、権利概念に依拠したこれまでの所有研究の限界を乗り越えるために、所有の主体やその対象物の存在を自明視せず、それが作り出されるプロセスを追ってきた。インドの生物資源の領域に知的所有概念が新たに持ち込まれるとき、誰が所有者として含まれ、誰が排除されるのか。しかしこうした所有主体の生成プロセスにおける「包摂」と「排除」に焦点を合わせる問い自体が、実は権利概念にとらわれていたのかもしれない。

ストラザーンが言うように、知的所有権とは一時的に関係性を切断し、知識とは何か、所有者とは誰かを決定する装置である。しかし（知的）所有の「過去の労働に対する権利」としてだけでなく「未来へ向けた責任と義務」としての側面にも等しく光を当てるならば、それは関係性を切断するだけでなく創造を促す装置にもなりうるはずだ。

たとえばストラザーンは、生殖医療の発達にともなう親族関係の拡張が引き起こした裁判で、いかに知的所有概念が用いられるかを分析していた（本書第1章）。一九九八年のカリフォルニア上訴裁判所における親権をめぐる裁判では、潜在的に子どもの親となる可能性のある者が六人（ドナーの夫婦、代理母とその夫、依頼者である親夫婦）いた。ストラザーンが注目したのは、親権の決定に「知的所有」のロジックが用いられ、子どもという「概念」の「制作者」であった依頼者夫婦へ権利が付与された点であった［Strathern 1996b: 21］。ここに、生殖医療の現場に「知的所有」概念が参入することにより、誰が子どもの親＝概念の制作者として含まれ、誰が排除されるのかの境界づけが行なわれたと言える。

その一方で、この裁判においてある判事から反対意見が出されたことにもストラザーンは触れている。判事によると、そもそも子どもは売ることも公共の場で自由に取引することも許されていない。したがって、概念が子どもを作るということには賛成するが、自動的に知的所有物と同じ権利を創造者に与えるべきではないという［Strathern 1996b: 20–21］。

この判事の反論を本書の結論と重ね合わせれば、次のように言えるのではないか。概念の制作という依頼者夫婦の過去の労力が子どもの存在を生み出したことは間違いがない。しかしそうした過去の労働の成果のみが子どもに対する権利を決定づけて、はたしてよいのだろうか。子どもを育てるという行為は、本来未来へ向けた責任と義務である。したがってそれぞれの「親」が子どもとこれからどのような関係を生成していけそうなのか、未来志向での親権の判断もまた重要なのではないだろうか。

そうした観点から私たちの身の回りを見渡せば、社会における排除や貧困をめぐる実にさまざまな問題が、過去に自分が行った労働に対する権利への意識と結びついていることが見えてくる。この生殖医療の事例や本書の対象が示すとおり、知的所有権とは今や正規の法律としてのみならず、イディオムとして社会のさまざまな領域に浸透し、私たちの考え方や行動を規定しているからだ。現代日本における生活保護の「不正な」受給者への断罪は、その一例ではないだろうか。私たちは働いたからこそ経済的な恩恵を受けるべきだ。過去の労働が足りない者に利益が配分されるのは不公平だ。彼らが貧しいのは「自己責任」なのだから。このようにして過去の労働の成果に対する権利をめぐる主張は、ときに強力な包摂と排除の装置となって、持つ者と持たざる者の間の関係を断ち切ってしまう。社会的排除や貧困の原因は、よく言われるような個人主義の蔓延や現代社会の成員の想像力の欠如だけでなく、所有観の過去志向性にもあるのかもしれない。また移民労働者の受け入れへの拒否も、実際には同じロジックと感情に基づいているのではないだろうか。社会に蔓延するあまりにも漠然とした不安感、不公平感が、ナショナリスティックな主張や雇用削減をめぐる明確な未来予測に基づいているとは考えにくい。雇用をはじめとする「国家」の資源を突然現れた外部者が共有できてしまってよいのだろうか。今ある資源を生み出したのは、彼らではなくわれわれの労働だったのに。そう人々が曖昧に考えるとき、そこには移民によって持ち込まれる資源や新たに生み出される関係性の中で、より望ましい経済的、文化的価値が生み出されるかもしれない潜在的な可能性は閉ざされてしまう。

過去に執着しすぎるのはやめよう。ヴァイディヤの人たちや最初に私が列車で隣り合わせたインドの紳士たちの行為にあるように、価値を生み出し続ける継続的な責任としても所有を想像することは、他者に対する具体的な働きかけと効果、そして新たな関係を生み出すはずだ。所有概念を未来へ拓くことは、私たちの日常生活において、人ともの、あるいは人と人との結びつきをより希望に満ちたものにするために、いま必要なことなのだ。

## 注

### 序章 「誰かのもの」としての知識

（1） 肺の外部を覆う胸膜に炎症が起こる疾患。

（2） 悪性リンパ腫の一種。一八三二年にこの病気を発見したトーマス・ホジキンにちなむ。

（3） 紀元前六〇〇年に遡る、南アジアの複合的な治療実践の総称。アーユス（生命、寿命 Ayus）ヴェーダ（科学・知識 Veda）の意味。

（4） この世の始まりを示すドリーミングでは、精霊が大地を形作り、植物、動物、人間で大地を満たし、社会生活を送るための法を人々に授けたと言われる。精霊たちは現在のアボリジニたちの祖先であり、死んだ後も永遠の宇宙的な存在に姿を変えていると考えられている。

（5） ガーマ（*garma*）概念は、もともとは精霊によって作られた、言語・土地を異にする約五〇のクランの交流を意味していたが、後に宣教師との接触を解釈するためにも流用された［Keen 1994; Morphy 1991］。

（6） 植民地主義に文化人類学が加担してきたことへの反省や、他者を特権的地位から過度に本質化された全体として描いてきたことへの批判。詳しくは、太田［2001］を参照のこと。

（7） アメリカのミズーリ州に本社のあった、多国籍バイオ化学メーカー。遺伝子組み換え作物の開発で有名であったが、二〇一八年六月にバイエル社に買収された。

### 第I部 知識が誰かのものになるとき

#### 第1章 所有主体の生成をめぐる民族誌

（1） 「所有」をめぐる人類学的研究には、欧米の研究者が用いる英語の分析概念をいかに日本語へ翻訳するかという問題がつきまとう［松村 2008: 16］。たとえば、英語の「property」という語は「固有なる自己」「適切な主体」に由来する。それは、自己と固有の身体＝労働を投下した対象との間の絶対的な結びつきを意味すると同時に、そうした結びつきを保証する私的財産制を正当化する概念である。しかし、「property」の訳語である日本語の「所有」にはこうした意味合いはない。また、他にも英語には関連したさまざまな用語（「possession」、「holding」、「tenure」、「ownership」など）があり、日本語では、それぞれ「占有」「保持」「保有」「所有（権）」などの訳が当てられるものの、まったく同一の概念として対応するものではない［松村 2008: 16–17］。

さらに、筆者の調査言語の一つであるヒンディー語においては、所有する（have, possess, own）にあたる動詞がなく、所有はbeにあたる動詞を使って、「XのYがある（X kā Y honā）」、あるいは「Xの近くにYがある（X ke pās Y honā）」「Xにに Yがある（X ko Y honā）」「X（の中）にYがある（X meṃ Y honā）」などと表現する［Heine 1997］。また、ヴァンダナ・

シヴァなどの著名な活動家や筆者のインフォーマントの間でも、知的所有権（intellectual property right）は訳されずに英単語のまま使われており、「民主主義」や「市民社会」などの概念と異なり［cf. Chatterjee 1997, 2004; 田辺　2010］、インド独自の学術的展開があるわけではない。

　こうした用語の翻訳をめぐる問題に意識的であることは重要である。ただし本書では、松村［2008］と同様、「現実の「所有」という現象が、必ずしも単一の概念から構成されているのではない」［松村　2008: 21］との立場をとり、「所有」という概念を詳細に検討することよりも、「何か」を「誰か」のものにしてしまう「所有」という装置がいかに機能しているのか、特に「所有の主体」がどのように生成してくるのかを論じようとしている。よって、便宜上一貫して「所有」という語を使い続ける。

（2）　本章では、知的所有権という本書のテーマを人類学における所有研究のなかに位置づけている。法学的にみれば土地などの有形財に対する権利（所有権）と、無形財に対する権利（財産権）は別の問題である。しかし人類学においては、多くの対象社会の考え方に即して、有形財と（名前、評判、知識、個人、集合的アイデンティティなどの）無形財に対する「所有」を同じ枠組みで見る研究も多い［Harrison 1992: 225］。本書もこれらの研究に同調するが、それは後にみるように、「所有」を権利の問題としてのみ考えることに対して批判的な立場をとるからだ。

（3）　フォン=ベンダ・ベックマンとハンの研究について、ここでは「権利の束」概念に基づくという共通点を強調したが、前者は法的多元主義、後者はポランニーの「経済の社会への埋め込み」論に基づいている点で、重要なアプローチ上の差異がみられる。

（4）　なお、これらの議論の多くは「それぞれの権利の境界が見えやすい」［Goody 1962: 201］との理由から、有形財、特に土地をめぐる権利を対象としている。しかし、「権利の束」概念が具体的な「もの」ではなく「社会関係」に特化して所有を論じる枠組みである以上、ローウィ（Lowe）が「無形財（incorporeal）」と呼んだ対象も扱うことが可能である［Harrison 1992］。

（5）　杉島［1999］は「所有」概念の過度な拡張に警鐘を鳴らし、ローカルな土地と人との多様な関係行為（地域の信念、慣習、儀礼行為）を「土地所有」ではなく「土地制度」と呼ぶ。そのうえで、そのようなローカルな制度と西洋の普遍的な私的所有制度が、歴史上いかに「もつれ合い」、地域固有の現実を作り上げてきたかに焦点を合わせている。

（6）　ここでは彼女の所有論に的を絞って論じる。ストラザーンの人格をめぐる議論と、南アジア人類学の人格論［Daniel 1984; デュモン　1993（1983）; Marriott 1976］との関連については、中空・田口［2016］を参照のこと。

（7）　ストラザーンはこうした人格を表現するために「分人（dividual）」という語を用いている。この言葉は、南アジア人類学者のマッキム・マリオット［Marriott 1976］が「南アジア固有の人格」を表現するために用いたものである。『贈与のジェンダー』において、ストラザーンはマリオットやその他のインド研究者の理論に基づいて議論を展開しているわけではないが、単数でもあり複数でもあるメラネシアの社会性や人について語るために必要な語彙として、マリオットの「dividual」という語を引用している［Strathern 1988: 13］。

（8）『贈与のジェンダー』におけるストラザーンの直接の批判対象は、一九七〇年代のメラネシア研究において支配的だった理論、マルクス主義フェミニズム人類学、とりわけメラネシアの女性の抑圧状況と交換理論を関連づけた、リゼット・ジョセフィデスの次のような立論である［Josephides 1985］。ジョセフィデスによると、*moka* の儀礼をはじめとして、メルパの人たちは、社会のなかで重要な地位を占める男性どうしの豚の儀礼的「交換」をもっとも重視している。そこでは、豚を養育した女性の労働＝「生産」活動は顧みられず、疎外されている。そしてこの男性中心主義と、女性の労働の疎外という傾向は、現地の人だけでなく、メラネシア地域を研究対象とするモース派の人類学者にも共通しているのだ。彼らは、「交換」に理論的関心を集中させる一方、「生産」に対しては十分な関心を向けてこなかった。ストラザーンによると、この主張の根底にあるのは、「個人」が自己の労働を投下した生産物に対して「権利」を持つべきだという西洋的な所有概念に基づく発想である。

（9）ストラザーンの概念生成の方法と文化についての考え方は、彼女に先行するメラネシア人類学者のロイ・ワグナー（Roy Wagner）と重なっている。ワグナーは、シカゴ大学での彼の師であるデイヴィッド・シュナイダー（David Schneider）の「現地人のカテゴリーの重視」という考え方を引き継いだ。しかしワグナーの意図は、シュナイダーの「現地人のカテゴリーの重視」、あるいは同じく彼の学生であったマリオットの「民族社会学（ethnosociology）」とは別物であったことに注目する必要がある。ワグナーは彼のプロジェクトに対して、「民族社会学」の代わりに「問題発見的（heauristic）」アプローチという語を用いていた。つまり、ワグナーやストラザーンが表現する人格や文化のカテゴリーは特定のメラネシア社会の民族誌的詳細に基づいているものの、「土着の人格概念」自体を表わしたものではない。むしろそれを用いることによってメラネシア社会についての新しい問いや見方を発見したり、あるいは「西洋起源の」既存の人類学的分析概念を問い直したりするための、「問題発見的な」概念なのである。この態度は、ストラザーンがメラネシアにおける贈与とジェンダーについて、「女性の抑圧」というマルクス＝フェミニスト人類学的な用語ではなく、異なる解釈を提示したことに端的に現われている［中空・田口 2016］。

## 第2章　在来知と知的所有権のフィールドワーク
### ――翻訳を追いかける

（1）インド、パキスタン、バングラデシュなどで着用される伝統的な上衣。

（2）ヒンドゥー教の導師、精神的指導者。

（3）インドの三輪タクシー。

（4）インド・パキスタン亜大陸のイスラーム文化圏で実践されている伝統医療。古代ギリシャ医学を起源とする。

（5）南インド、特にタミル地方に伝わる医学。

（6）各地域に根ざした知識と技術を表わす語については、論者によってさまざまである。「民俗的知識（folk knowledge）」「在来知（local knowledge）」「伝統的知識（traditional knowledge）」「土着の知識（indigenous knowledge）」など多くの用語があり、それぞれ含意が異なっている。

（7）この用語は、ヴァンダナ・シヴァによってつくられた［シヴァ 1997］。

（8）第3章で詳しく述べるように、世界知的所有権機関の国際特許分類専門家委員会は二〇〇一年、アメリカ、日本、EU特許庁、中国、インドをメンバーとする任務部隊を設置した。この任務部隊では、インドの伝統的知識デジタルライブラリープロジェクトをモデルケースとして、資源国における「在来知」のデータベースをいかに国際特許分類と関連づけるかについて話し合っている。

（9）国家生物多様性法締結前より、薬草はインドの医薬産業が国際社会での経済的地位を高めるうえでの鍵と見なされてきた。たとえばアーユルヴェーダ科学研究中央委員会（Central Council for Research in Ayurvedic Sciences）は一九八〇年代以降、三〇〇以上の地域で民族植物学的調査を行なってきた。

（10）データベースは五つの言語（英語、フランス語、ドイツ語、スペイン語、日本語）に翻訳され、各国特許庁に公開された。ただし本書で「翻訳」と呼んでいるのは、異なる知識体系の翻訳であり、言語的な翻訳ではない。

（11）ツィマーマンによると、教典には気候、味、野菜、動物、身体の型についての命名があるが、それらは文学的・美学的な基準に即して並べられている。すなわちそれらは、「終わりのない花輪」のようなものであり、単線的で単純化されたシステムではなく、類似性の果てしないネットワークと呼べるものなのである［Zimmermann 1987］。

（12）インドにおいては、これらの語は（とりわけ特定の医療体系の専門家によって使われた場合）政治的な意図を持つ。「近代医療（modern medicine）」は主に生物医療の医師によって用いられ、「他の医療体系は前近代的（premodern）である」ことを含意する。一方で、「対症療法（allopathy）」はアーユルヴェーダ、シッダ、ユーナーニー、ホメオパシーなどの「伝統医療」従事者によって使われ、健康維持ではなく、病気の治療（表面に現われた症状に対する対処）を志向した医療であることを意味する。すなわちそこには、根本的な原因の治療（原因療法）ではないという批判的意図がある。「生物医療（biomedicine）」は主に社会科学者によって使われ、それが生物学（biological science）に基づいた医療であることを意味している。「生物医療」はインドにおいては政治的にもっとも中立的な語とされる［cf. Langford 1995］。本書では文脈によってこれら三つの用語を使い分けることとする。

（13）インドの地方自治機関で、通常数か村を単位とする村落パンチャーヤトを基層とし、中間のブロック（群）、その上の県にそれぞれ組織される三層の地方政府からなる。名称はインド古来の五人（パーンチ）の長老からなる自治機関に由来するが、実際の起源はむしろ植民地時代の地方制度に求められる。独立後インド政府はM・K・ガーンディーの主張に従い、村落自治の確立を政策目標に掲げ、全国でパンチャーヤト制度の整備が進められた。その後この制度は、停滞と再生を繰り返したが、一九九二年N・ラーオ政権下での憲法改正により新たな展開を迎えることになる。これによりパンチャーヤトは明確に自治体と規定されるとともに、それまで州ごとに異なっていた形態も全国一律に統一された。また住民の直接選挙による全議員の選出、指定カースト・指定部族や女性への議席の留保、農業・保健衛生など全二九項目からなる所轄事項、開発計画の策定・実施の権限や独自の徴税権の付与などが定められ、パンチャーヤトは自治機能を持つ開発事業の主体として位置づけられるようになった［辛島他 2012: 639］。

（14）文化人類学的研究は基本的に、こうした接触領域において、いかに生物医療の概念、実践、制度、装置が部分的に、すなわちアーユルヴェーダの基底的な人格観や病気観に影響を与えることなく取り入れられたかを強調する傾向にある［Nichter & Nordstrom 1989; Nordstrom 1989］。一方で、フーコーの影響を受けた医療社会学者たちは、生物医療のテクノロジーや組織、解剖学的知識の吸収は社会の身体、人格観を根本的に変容させるものであると主張している［Armstrong 1987; Sullivan 1986］。

（15）本書の文脈とは離れて、先述のＩＫ研究との関連のなかで、人類学者の一部は開発の中で周辺化され消滅の危機にある在来知を保護し、その幅広い利用を可能にするためにアーカイヴ化することを提案してきた［Brokensha et al. 1980］。その一方で開発批判を行なう論者たちは、データベースの基礎となる近代科学の枠組みやものの見方は、環境と社会に埋め込まれた在来知とは本質的に相容れないものであると主張している［Agrawal 1995, 2002］。

（16）この分野の展開を概観しよう。従来社会学的分析の対象ではなかった「科学」――その事実自体が「西洋社会」に堅固な「科学／社会」の二分法を反映している――を研究対象としたのは、ロバート・マートンであった。マートンは科学者コミュニティを一つの社会集団ととらえて、そこで共有される価値規範（エートス）を分析する一方、科学的知識自体は分析の対象から外した。それに対しトマス・クーンは、科学的知識の進歩は直線的ではなく、科学者が共有するパラダイムの定期的な転換によってもたらされるというパラダイム論を発表した。これにより、科学者の日常的実践や共有する価値と、彼らが生産する知識の内容の間の動的な関係を社会科学の分析対象とする道が拓けた［クーン 1971］。

クーンの影響を受けた後続の研究者たちは、（科学の客観性に疑問を投げかけるかたちで）科学的知識がいかに社会的に構築されるのかを論じた。たとえばドナルド・マッキンジーは、初期の統計学における論争が、当時の中流階級に共有される優生学的価値を反映していることを示した。またスティーヴン・シェイピンとサイモン・シェファーは、ロバート・ボイルがエアポンプ実験において、社会的に従属的な地位にあるアクター（漁師）の証言を意図的に無視したと論じた。このように、「階級」や「社会的従属」など従来の「社会」分析の用語を用いて、科学的知識の内容そのものを分析できるという前提に立った彼らの議論は、「科学的知識の社会学（SSK: Sociology of Scientific Knowledge）」と総称される。

こうした科学的知識を他の知識と同様の社会的構築物とし

てとらえ、その客観性を相対化する議論は、むろん自然科学者からの批判を招き（「ボイルが漁師の証言を除外したのは、彼らの社会的地位によるものではない。それが単純に科学的に誤っているからだ」）、激しい論争に発展した［金森 2000］。ブルーノ・ラトゥールは、科学に対して人類学的アプローチを採ることで、こうした批判を踏まえて科学と社会の関係を再考しようとした。

（17）そのなかでもピッカリングは、こうした立場に影響を受けつつも、やや異なる角度から人とモノの相互構成としての科学的知識の生成について論じている。ピッカリングによると、ラトゥールのアプローチは、地図や図表、グラフ、統計などさまざまなインスクリプションを用いて自然を表象し、さまざまな人々の関心を「翻訳」しようとする科学者の活動に焦点を合わせているという面で、きわめて記号論的である。しかし実際の科学者の活動というのは、単なる表象ではなく、もっとその場で何かを行為することなのだ。たとえば実験室の中で器具を扱うこと、また扱うのみならず、機械に扱われること、すなわち機械の抵抗（うまく作動しないこと）に合わせて人間の技能を修正すること。「エイジェンシーのダンス」と呼ぶべきこの実際的で物質的な実践プロセスによって、科学的知識が作られているとピッカリングは主張する［Pickering 1995］。

（18）これらの民族誌は私のフィールドワークの後に出版されたため、調査中にこれらの著作との対話があったわけではない。しかし、私自身のフィールドワークの特徴や事例を考えるうえで示唆的である。

（19）中医学の分野で気（身体の生命エネルギー）の流れるネットワークを形成して身体の鍼治療部位をつなぐ二〇個の通路の一つ。

（20）当時私は調査を始めたばかりで英語で会話をしていたが、簡単なヒンディー語なら理解することができた。

（21）二〇一一年三月に終了する予定だった当プロジェクトは第二フェーズに延長され、二〇一八年一二月現在でも継続中である。私が調査を行なったのは二〇一一年三月までの期間であり、その後の進捗状況については、メディアでの記事を通してのみフォローしている。

（22）カギ括弧つきで表現せざるを得ない理由は、第6章で述べる。簡単に言うと、私の調査地における「ヴァイディヤ」とは、必ずしもカーストやジャーティ（第6章参照）としての「ヴァイディヤ」ではなく、「薬草を用いた治療を行なう者」という実践に根ざした範疇であった。

## 第Ⅱ部　伝統医療と生物資源の所有化

### 第3章　翻訳され続けるアーユルヴェーダ——国家と伝統医療

（1）オリエンタリストたちは、インド文化を尊重し、サンスクリット語やペルシャ語を習得したが、当時のインド社会に溢れる「因習」については批判的であった［Leslie 1976: 364］。

（2）たとえば、一八三〇年代のベンガルにおけるオリエンタリストはベンガル語、ヒンディー語、サンスクリット語で医学の教科書を著わし、現代科学の知識とインド固有の実践を結びつけることを提案した。これらの本は無料でアーユルヴェーダやユーナーニーの実践者に配布された［Leslie 1976: 365］。

（3）ただし、アーユルヴェーダの復興論者とオリエンタリストの議論の間には重要な違いも存在する。オリエンタリストの思い描く文明化の過程は非神話的なものであったのに対し、アーユルヴェーダ復興論者たちは古典におけるヒンドゥーの神々の存在を信じており、「現代科学の理論は古典のなかにすでに予言されていた」と主張していたのである［Leslie 1976: 364-365］。

（4）こうした「アーユルヴェーダの衰退」「真正なアーユルヴェーダの復興」という論理について、レスリーはアーユルヴェーダがさまざまな医療体系からの影響のもとで体系化されてきた歴史を無視していると指摘する。たとえばアーユルヴェーダの診断の中心となる脈診の技術は中国からの影響によって取り入れられたものである。また、主要な治療法である瀉血（皮膚を切り、血を出す、あるいは蛭などの虫に吸わせることで、悪化した血液を体外に放出し、身体の快復をはかる方法）は西洋中世で行なわれた治療方法である［Leslie 1976: 358］。

（5）一八八五年のインド国民会議から生まれた、インド最初の国民的な政党。ガンディー、ネルーが先導し、独立運動を主導した。

（6）ブラスによると、一九五八年から一九六四年までの間に少なくとも五五件の学生によるデモがあった。その多くは生物医療の医学生との同等な卒業後の職と地位の確保と、そのためのカリキュラムと設備の近代化を求めるものであった。

（7）ドワールカーナートゥはマドラスの銀行の会計検査官の父のもとに生まれ、アーユルヴェーダを学ぶために、一九二五年に開校したマドラスのインド医学学校に入学した。そして学長であったシュリニヴァーサ・ムールティに能力を見込まれ、彼の出資のもと、その後のキャリアを歩むこととなった。よってムールティ同様、ドワールカーナートゥもベンガル知識人のオリエンタリズムの思想、とりわけジャガディース・チャンドラ・ボースとプラフラー・チャンドラ・ローイの影響を強く受けることとなった。西洋科学との関連づけのなかでヒンドゥー哲学の優位性を見いだすという彼らの信念は、ドワールカーナートゥのアーユルヴェーダ改革のなかに受け継がれている［Leslie 1992: 187］。

（8）アーユルヴェーダにおいては、トリドーシャ（三大基本エネルギー要素）説がとられ、動物、植物、人間、環境世界は、ヴァータ（風、空）、ピッタ（火）、カファ（水、地）という三要素を持つと考えられている。

（9）アーユルヴェーダは現代科学の内容をすでに予期していたのだという議論は頻繁になされる。たとえば、統合派アーユルヴェーダを推進したガナナートゥ・センは「スシュルタ（*Suśruta*）」の「血流によって循環し、肉眼では見ることのできないさまざまな微生物」という箇所を引用しつつ、バクテリアの起源や特定の病気の感染性は、古代のアーユルヴェーダ学者によく知られていたと論じる［Langford 2002: 152］。

（10）真正派のシヴ・シャルマーも肉体的／超肉体的要素の混じりあったものとしてのドーシャの翻訳の難しさについて述べている。彼によると、ドーシャを体液と考えるのは誤りであり、「粘液」「胆液」「風」などと翻訳されるべきではない。むしろドーシャはバイオモータの動力、新陳代謝、身体の保存論理、生物における質の媒体としてとらえられるべきであるという。なお、ドーシャを生物医療の概念に翻訳しようとする試みは現在に至るまで継続的になされているが、定説が確立されたわけではない［Langford 2002: 147-155］。

(11) アメリカにおけるアーユルヴェーダの拠点であるアーユルヴェーダ研究所（Ayurvedic Institute）は、ニューエイジ運動の影響が強いニューメキシコ州に設立された［加瀬澤　2009］。

(12) 他にもフランス、オーストラリア、日本はアーユルヴェーダを正規の医療として認めておらず、イギリスとドイツはある程度の容認はしつつも保険医療の対象外としている［加瀬澤　2009］。またアメリカにおいて、薬草、食品、製薬の輸入についての州レベルの禁止規定が、薬草を用いた薬物「治療」ではなく、整体術やマッサージに特化したアーユルヴェーダを生み出しているとレッディは指摘している［Reddy 2007: 103］。このように、代替医療とアーユルヴェーダの間の「遭遇」と「翻訳」の過程は、単に異なる知識やイデオロギーの異同のみならず、各国の法律やそれを生み出した政治、歴史的背景に規定されている。

(13) もともと催吐、下剤ないし緩下剤による瀉下・治療的浣腸、薬剤の経鼻的投与、血液の浄化という五つの行動（過程）を意味する［ラッド　1992: 75-76］。

(14) その結果、マッサージのやり方自体も精油を脈や筋に沿って滑らせ、静かに擦り込んでいくものではなく、筋肉の揉みほぐしを主としたものに変わっている［加瀬澤　2009］。

(15) 欧米の代替医療が抱える矛盾（生物医療へのアンチテーゼとして、心身の相互依存性、環境との関係の中で流動する人格に焦点を合わせている一方で、個人の霊性の向上をめざしたニューエイジ運動と交わったために、「内面」への集中を通した潜在能力の開発も視野に入れている）については、第8章でふたたび論じる。

(16) この背景には、近年のインドの国家を取り巻く大きな矛盾があることも指摘しておきたい。一方でインドという国家は、一九九〇年代以降の新自由主義政策以降、海外の企業に対して、知的所有権に基づく「企業間の」争いに参加する市場的な実体として自身を枠づけている。しかし他方では、そのようにしている動機の多くは、「新植民地主義」的な収奪に対する国家主義的な憤慨から来ている。これは単に左翼とまとめて呼ばれるような活動家たちの立場によるものだけでなく、（伝統的知識デジタルライブラリープロジェクトの担い手である）科学産業研究審議会のような、インドの科学政策の指導層に含まれるような研究機関の科学者たちのモチベーションでもある。インドで知的財産に対する国家主義的な憤慨が溢れてきたのは、アグレッシブに排他的な文化的国家主義を主張するヒンドゥー・ナショナリストによって、世俗的な反帝国主義に対しての深刻な疑義を呈された時期に重なっている。ヒンドゥー・ナショナリスト運動の政治的勢力であるインド人民党は、一九九八年から二〇〇四年までインド連立政権での主要政党であった。この事実がインドの科学政策決定者たちにとって影響がなかったわけはなく、プロジェクト内の翻訳活動にも反映されていると考えた方がよいだろう［cf. ラジャン 2011]。

（17） インドの著作権法では、保護期間は著者の死後六〇年までである。

（18） この発言はおそらく、近年の芸術作品をめぐる有名な有形文化財訴訟を参照しているとみられる。以下に述べるようにそこでは、「神」自体を原告（法的人格）として訴訟を起こすことにより、インドのブロンズ製の像を海外の美術館からインドへ取り戻すことに成功したのである。

一九七六年タミルナードゥにおいて一農民が偶然発掘し、さまざまな取引を経て、ロンドンのバンパー・コーポレーションに売却されていたナタラージャ像の返却を求めて、一九八二年にインド政府が起こした訴訟がある。この訴訟は、州政府、ヒンドゥー寺院のみならず、シヴァ神自体を原告（法的人格）として争われた。

この訴訟を分析したリチャード・デイヴィスによると、神的存在を法的な主体と見なすことには、複雑な歴史的なもつれあいがある。もともと南インドのヒンドゥー寺院においては、神性は物理的存在として像に憑依し、人々の供犠を受け取る（だからこそ神は「神性そのものとして」寺院の財産の所有者である）、という考え方があった。しかしこうした贈与実践の伝統を、インド古法典であるダルマシャーストラ（*dharmaśāstra*）の著者たちは法的枠組みのなかで解釈し神は「想像上」かつ「二次的な」贈与の受け手にすぎず、実際には祭司であるブラフマンに対して贈与がなされているにすぎないとした。ミーマーンサー思想（インド六派哲学の一学派で、ヴェーダのなかの祭式にかかわる部分を研究する学派）においては、神性は贈与の受け手となれないのである。さらに英領インドにおいて、ダルマシャーストラは在地の法規範と見なされ、イギリス・ローマ法概念、ムスリムの法伝統などとの間の翻訳を通して再構成されていった。その過程で、神性は贈与を行なう人々の信心を具象化するための「人工的な人格」であるという考え方は、ローマ法の「法人格」という概念と重ね合わされていった [Davis 1999: 249–250]。

このように、神性は贈与の受け手になれない＝贈与を行なう人々の信心を具象化するための「人工的な人格」にすぎないという考え方に端を発した、神＝法人格という考え方が、近年の芸術作品をめぐる訴訟や本書で扱ったケースなどでは、「神こそが偶像（あるいはアーユルヴェーダ）の真の所有者である」という主張に転換されている点は興味深い。

## 第4章　薬草州ウッタラーカンドと「人々の生物多様性登録」

（1） このことは必ずしも、NGOの独立した活動が国家に影響を与えたということを意味しない。一九九一年に設立されたFRLHTは、一九九五年に環境森林省の資金援助を受け、また一九九六年から一九九八年の間はインド科学研究機関という政府系機関との協働のもとプロジェクトを実施していた。すなわち「人々の生物多様性登録」プロジェクトの形成過程において、すでに国家生物多様性法にみられるような国家的な関心とNGOの関心が混ざりあっていた。

（2） 国勢調査は一〇年に一度まとめられる。二〇〇一年には、ウッタラーカンドの総人口は八四八万九三四九人（男性が四三二万五九二四人、女性が四一六万三四二五人）であったことを考えると、人口は一八・一％の増加にあることがわかる。なお、その前クールの一〇年間には人口増加率は一九・二％であった［Census of India 2001, 2011］。

（3）　インド憲法第三四一条に基づき、大統領令で州もしくはその一部ごとに指定された諸カーストの総称。一般に不可触の諸カーストをさす。独立後、これらの人々に対する長年の差別を是正するための優遇措置（高等教育や公的雇用、留保制度の実施など）がとられている。

（4）　インドにおいてヒンドゥー教やイスラーム教などの大宗教に属さず、固有の文化を持ち続けてきたと見なされるコミュニティを指す名称。

（5）　もともと現地では「ウッタラーカンド（Uttarākhaṇḍ［North land］）」という名称の方が広く使われていたが、二〇〇〇年当時のインド中央政府与党であったインド人民党（ＢＪＰ）がウッタラーカンドという名称を嫌ったため、当初は「ウッタラーンチャル」州と名づけられた。インド人民党は、「ウッタラーカンド」という名称が共産主義者によってつけられた名前であり、また「khaṇḍ(land)」という語尾が分離を想起させるため、これを避けたと言われる［石坂　2011: 63］。

（6）　このシャー王朝は一九四九年まで一三四年間存続した。シャー王朝の最後の藩王マーナベーンドラ・シャーは長く地元選出のインド連邦下院議員などを務めていたが、二〇〇七年に死去した。

（7）　州政治は、二〇〇〇年のウッタラーンチャル州設立後、二〇〇二年以来インド国民会議派の重鎮Ｎ・Ｄ・ティワーリーの政権が続いてきたが、二〇〇七年の州選挙によってインド人民党のＢ・Ｃ・カンドゥーリー政権にとって代わられた。カンドゥーリーは、かつての国民会議派の有力者で元ウッタル・プラデーシュ州首相の故Ｈ・Ｎ・バフグナーの甥にあたる。その後私のフィールドワーク中の二〇〇九年の連邦下院選挙ではインド人民党が惨敗し、その責任をとってカンドゥーリーは辞任、代わって同年六月からはＲ・ポークリヤール（インド人民党）が政権を担った。ポークリヤールはニシャンク（Niśaṅk）の名で三五冊のヒンドゥー文学作品を出版し、また第3節で述べる「薬草州」政策も後押しした。

（8）　社会学者や地理学者は、このような二つの文化圏の「社会文化的な等質性」こそが、政治的に異なる経緯をたどった二つの地方が一つの州としてまとまるにいたった背景の一つであると指摘してきた［石坂　2011; 岡崎編　2014］。またガルワールとクマーウーンの人々を束ねてパハーリー（山岳地帯に住む人々）という表現もなされる。

（9）　指定カースト、指定部族以外に大学の入学や公的雇用において優先枠を持つ諸カースト。

（10）　ヒルステーションには軍事的機能に加えて、さまざまな都市的機能が追加されていった。植民者たちはみずからのバンガローを建てて、沿岸都市の酷暑と多湿からの一時的脱出を図る保養地、避暑地を形成するとともに、擬似的に西洋化された環境のもとで教育する学校を設置した。イギリス式の学校は独立後も維持され、インド国内各地から富裕層の子弟を受け入れている［由井　2014: 124］。

(11) 世帯主など家族の一員が出稼ぎ的な就業を行ない、収入の一部を郷里に送金して家計をまかなう経済のあり方は、「マネー・オーダー・エコノミー」と称された。

(12) 一八七八年にインド森林法が制定されて以降、これらの森林は画定林として指定されていった[Guha 2000]。画定林については、次の注を参照のこと。

(13) 一九二七年のインド森林法(現行法)では、森林の法的な位置づけを、画定林(Reserved Forest)、保留林(Protected Forest)、村落林(Village Forest)の三つに分類している。画定林は、公示→異議申し立て→調整→画定という実質的な画定手続きをともなうものである。画定後は、地域住民による慣習的な森林利用は制限、あるいは禁止される。保留林は、一般的にいう自然保護区などとは異なり、森林への破壊行為を阻止するために簡素な手続きでいったん設定され、後に画定林に編入されるべきものとされている[大田 2012]。

(14) 樹木の枝を幹から切り落とす作業のこと。林業における保育作業の一つ。

(15) 大田・増田[2014: 260]は、一九三一年以降、森林パンチャーヤトが緩やかにしか増加しなかった事実に触れ、「大規模な抵抗が起こったほどに森林資源に依存していたという状況を鑑みれば、住民自身の資源利用に対してある程度ではあるが自己規制をともなうことになる森林パンチャーヤトの形成は、実際には困難なものだったと推察される」と述べる。

(16) 本章第3節で述べるように、インド国家の新自由主義政策と地方分権化を背景として、「コミュニティ開発」のための多様な政府スキームを通した資金援助が実施されているという事情もある。森林局主導のものには、一九九八年から世界銀行の資金援助により五年間実施された共同森林管理プロジェクト、二〇〇三年以降中央政府の全国緑化プログラムスキームにより実施されている森林開発機構プロジェクトなどがある。

(17) チャモーリー県の中心であるゴーペシュワルでは、一九六二年の中印国境紛争の影響で、国防上の理由から中央政府、州政府による開発が進んでいた。

(18) バフグナー自身も当初は地元の森林産業の振興を訴えていたが、一九七八年前後にその主張を転換した[石坂 2011]。

(19) ただし一九八〇年代のインドにおける商業伐採禁止の流れは、社会運動によってもたらされたというよりも、直接的にはインド中央において環境派の勢力(一九八五年に環境・森林省が新設された)が農務省の勢力(商業伐採推進派)を上回るようになったからだとする主張もある[石坂 2011]。

(20) 時系列としては、植民地期に(主としてクマーウーン地方に)森林パンチャーヤト制度が形成され、一九七〇年代にチプコー運動が起こった。しかしそれは完全にコミュニティによる自然資源の利用から保全へと制度が移行したということではない。すでに述べたように森林パンチャーヤトはむしろ近年再評価が進み、新州政府の主導で設置され続けている。よって現在でも双方の成果が並存している状態であると言える。それはもちろん州政府独自の方針のみならず、中央政府における環境派と商業伐採推進派の対立や、国際的な環境ディスコースの変化などにも影響を受けている。

(21) 対象地域は当初三州であったが、二〇一八年現在は一一州にまで拡大している。一九九〇年代にインド政府は経済自由化へと踏み切ったが、地域政策がすべて消滅したわけではない。ウッタラーカンド州は単独州となったことで、州固有の後進性問題が国家レベルで認定され、「特別カテゴリー州」としての特別の支援が得られる地位を獲得した。

(22)「推進産業」には、薬草・アロマ植物（加工を含む）、蜂蜜、園芸・農産物加工、食料品、砂糖、絹・同製品、羊毛・同製品、織物、スポーツ用品、紙・紙製品、医薬品、ICT、ミネラルウォーター、エコツーリズム、産業用ガス、手工芸品、林産物加工（木材を除く）の一八種類が該当する。ネガティブリストには、主に環境への負荷が高い二〇業種が掲載されている。

(23) ウッタラーカンド州出身者が優先的に雇用される。

(24) 二〇〇〇年一一月二四日にインド製薬ホメオパシー省（Department of Indian System of Medicine and Homeopathy）は、薬草に関するすべての事象の調整のために、国家薬草会議を設立した［Mishra 2003: 9-10］。

(25) ベーシャージュ・サングは州内の薬草の収集と売買を規制するために森林省のもとに置かれた、県レベルの採集者の協同組合である。森林省はこれらの協同組合に収集許可書を発行し、それぞれの組合は収集活動を組織する請負人を雇う。記録によると、二〇〇一年から二〇〇二年にかけて総額約三〇〇〇万ルピーの薬草売買を行なったという［Mishra ed. 2003: 12］。

(26) 州園芸省と州立薬草研究機構によって構成される。

(27) 薬草州政策のアドバイザーを務めるアラムは、この事実は採集者が一日に集める薬草の量の大幅な減少に表われていると指摘する。たとえば、ピトーラーガル県において、採集者が一日に集めるアティース（［G］ *atis* / *Aconitum heterophyllum*）の量が五年前は平均二〇〇グラムだったのに対し、現在では七〇〜一〇〇グラムしかないという［Alam et al. 2006: 195］。

(28) 中央政府以外の国際開発機関からの援助も受けている。チプコー運動でウッタラーカンドに国際的な注目が集まったことにより、国際援助資金が集まりやすくなった面もある。

(29) ウッタラーカンド州内のNGOの間の情報交換と、共同で政策提言を行なうためのグループとして作られた。

(30) 実はアーガーシュの代表メイターニーやその他のスタッフと私は、彼らが州生物多様性会議のメンバーになる前からの友人であった。私は彼らがチャモーリー県で実施している「ヴァイディヤ」についてのプロジェクト（「ヴァイディヤ」のための薬草園の建設）に関心を持っていろいろと質問をし、また彼らが日本の里山プロジェクトからプロジェクト資金を得るための手伝いもした。メイターニーは州生物多様性会議のメンバーになることが決まった際、私に「モエがこのプロジェクトに関心を持ってくれなかったらこの優先順位の低いプロジェクトを続けようなんて思わなかったし、会議のメンバーに選ばれることもなかったよ」と言ってくれた。しかしそもそも私が彼らの「ヴァイディヤ」についてのプロジェクトに関心を持ったのも、「人々の生物多様性登録」への関心に基づくものだったことを考えると、私のプロジェクトへの関与の仕方は非常に複雑であることがわかる。

第Ⅲ部　「人々の生物多様性登録」プロジェクト
——科学者の実践

第5章　「在来知」を生み出す科学者たち

（1）　もちろん薬草を基礎としてデータベース化が進められるのは、「在来知」と「科学知」の共通分母であると考えられているという理由のみならず、第3章で論じたように、それが製薬開発（知的財産）において重要な知的資源であるという想定によるものでもある。

（2）　森林研究所は植民地期に設立された研究機関であり、第8章で扱う、州の設立後の「薬草州」政策によって設立された州立薬草研究機構とは性格を異にする。州立薬草研究機構は薬草やアロマ草を用いた製品の開発および、薬草の生育を行なう農民への支援、マーケットの開発という「応用科学」を担う。また州政府系研究機関である州立薬草研究機構に対して、森林研究所は中央政府系教育研究機関であり、それゆえ研究資金は潤沢であった。

（3）　ここでの「在来知」とは、前項で述べたような（「人々の生物多様性登録」プロジェクトが対象とする）インドの文脈に固有の「在来知」ではなく、（参加型）開発の文脈において、科学的知識との比較の中で、「ローカルな知識（local knowledge）」「先住民の知識（indigenous knowledge）」「伝統的知識（traditional knowledge）」などといった用語で表現される人々の知識を意味する。

（4）　ただしその一方で、第3章で述べたように、このようなプロジェクト自体が「新植民地主義的」な搾取に対するナショナリスト的な憤りから提案されているという背景がある。すなわち、インド政府やNGOの先導によるニーム、ターメリック、バスマティ米などへのEU、アメリカ特許の取消事例を踏まえて、インドの伝統的知識の「不正使用」を防止するためにそのデータベース化が提案されたのである。さらに、ゲノムや生物多様性科学といった、新しいグローバル情報科学へのインド政府の関心の先鋭化は、「植民地主義を超えよう」とする倫理的、政治的意図を含んでいた。インドにおける植民地科学とは植民地はメトロポリスによって計画された活動である。そこでは植民地はデータ探索や既存の知識の適用といった従属的な役割しか割り当てられない一方で、理論的な統合はメトロポリスの中で担われた［Krishna 1997: 238］。それゆえに、インド政府にとっては、近年の最先端の科学においてデータベース自体が最終生産物になるような動きは、植民地時代の従属的な科学からインドが主導的役割を有する新しいグローバル科学へという、アイデンティティの転換をもたらす可能性を秘めるものであった。

（5）　科学史の専門家たちは、リンネの分類法自体が拡張主義的な動機によって広まっていったと主張してきた［Pratt 1992］。多くの年代史家は、一七世紀から一八世紀にかけてのアカデミックな植物学の変化を記録している。新大陸への航海において発見された新種がヨーロッパに持ち帰られたために、植物学は特定の薬効に焦点を絞った（製薬使用のための）分類から、世界の普遍的な自然システムを組織化するための「純粋な分類学」への関心へと移行していったという。リンネの生殖分類法（初版は一七六三年に出版された）は、一七〇〇年代後半においては多くの分類法の一つにすぎなかったが、それによって世界中の植物相を把握できるというモダニスト的な想定とともに受容されていったという［Koerner 1994］。

（6）界（king）から始まり、その下に門（phyra）があり、以下、綱（class）、目（order）、科（families）、属（genera）、種（species）と入れ子上の構造になっている。

（7）二名法と階層分類はそれまでにも散発的に使用されており、リンネがゼロから創出したものではなかった。リンネの独自性は、その分類の包括性と完全さにあった。『自然の体系』の分類と彼が定めた規則は、すべての自然を網羅し、明瞭かつ簡潔であり、その完璧さは既存の体系をはるかにしのいでいたという［ヨーン 2013: 31］。

（8）一七五七年にリンネの内弟子になり、一七七八年にイギリス東インド会社に職を得て以降、ウィリアム・ロクスバラ、ヨハン・ファブリチウス、ジョゼフ・バンクスなどとともに生涯働き、インド植物学の確立に貢献した。

（9）こうした議論の古典であるスチュアート・マックス・ウォルターズの著作［Walters 1986］は、いかに *Umbelliferae* のような当時のヨーロッパで経済的に重要だった属が、たとえば同じ科のハコベよりもリンネの分類のなかに多く含まれているかを明らかにし、植物分類学者の間で論争を巻き起こした。

（10）インド南部のコンカン地方からタミル地方のカンニヤークマリにいたるまでの沿岸地帯。

（11）グローヴは、ヴァン・リーデはエザヴァという低カーストの知識を特権化することで、アーユルヴェーダ（それまではブラフマンの伝統の一部と考えられていた）だけでなく、植民地植物学、すなわち西洋科学自体を変化させたのだと記述している［Grove 1995］。

（12）植物標本に関しては売買が認められておらず、贈与交換や寄付という形式でやりとりが行なわれる。

（13）おそらく彼らの「ヴァイディヤ」としての権威づけのために、執筆を要請したと考えられる。

（14）さらに第7章で詳しく論じるように、こうした植物学者との接触は「ヴァイディヤ」の持つ知識自体にも影響を与えてきた。たとえば「ヴァイディヤ」の一部はハッター・ジャリー（[G] *hatthā jadi / Dactylorhiza hatagirea*）のような有名な薬草に関しては、学名を記憶している。

（15）標本自体からは明らかではない植物の特徴の描写を意味する。

（16）このような植物収集は「分類学における恥ずべき秘密（taxonomy's dirty secret）」として隠されつつも、ウッタラーカンドやインドに限らず広く行なわれている［Hayden 2003］。

（17）後述するように、リンネの分類法において植物の特定のために必要なのは、花や実など生殖にかかわる部分である。

（18）ヒンドゥー教の巡礼者。

（19）このように薬草にかんする卓越した知識を持つサードゥが、ウッタラーカンドにおいていかに「ヴァイディヤ（アーユルヴェーダの治療者）」というカテゴリーに含まれているかについては第6章を参照のこと。

（20）ただし、インドのその他の地域や植民地期のミャンマー、インドシナ、アフガニスタン、スリランカなどの標本も保管している。

(21) 森林研究所は一九九一年に準大学（deemed university）として認可され、Post Graduate Diploma in Plantation Technology, Post Graduate Diploma in Pulp and Paper Technology, Post Graduate Diploma in Biodiversity Conservation, M. Sc. Forestry (Economics and Management), M. Sc. Wood Science and Technology, M. Sc. Environment and Management といったコースを開講している。なお、インドにおける準大学とは、当初大学として設立されていなかったにもかかわらず、学術的・教育的に高い水準を有することから連邦政府から大学として認められた教育機関のことである。

(22) ヘイデンは、「植物標本は類似性に基づく分類体系の一部であるのみならず、植民地期の、あるいは民族植物学的な系譜を保存するものでもある」と述べている［Hayden 2003］。また一九六〇年代にハーバード大学のグレイハーバリウムにおいて行なわれた「民族植物学的調査」は、「植物標本室はすでに文明に飲み込まれてしまった民族文化や治療法について知る、唯一の残された手がかりを与えるものでもある」という前提のもとにあった［Altschul 1968］。

(23) 標準標本（タイプ標本）やラテン名がなんらかの薬効を示していると見られる標本は、すでに出版されているとの前提のもと、参照されない。

(24) たとえば、サス・ヴィシュワスは「[E] Asian Lady's Slipper Orchid / *Paphiopedilum fairieanum*」が何年もかかってやっとブータンとアルーナンチャルプラデーシュの国境付近で収集されたと述べていた。それは、植物標本に収集地がアッサム（一九世紀後半には北東インド全体を示していた）と記載されていたためである。このように、植民地期の植物収集は現在の植物学者にとって動機として帝国主義的であり、技術的にアマチュア的なものである。ハーバリウムの入り口付近には、この植物標本室において最古の標準標本（一八〇六年に収集されたもの）が展示されているが、これはハーバリウムの歴史性と権威を示していると同時に、（植物の特定に必要な花や実の部分がない標本であることから）「悪い例」として教育的機能を果たしているのである。

(25) デジタルハーバリウムというアイディアは、アーカイヴ学において「ポストコロニアルな実験」を唱って展開される多様な試みのなかの一つとしてもある［Waterton 2010］。たとえば、ロンドンの英国歴史博物館のダーウィンセンターにおいて、二〇〇三年、博物館内の実験室や標本室をガラス張りにすることで、科学者たちやキュレーターの実践、そして彼らがこれまで独占してきた七〇〇〇万以上の収集物を一般公開するという改革が行なわれた。この試みには、博物館の物理的構造の変革により、専門家と素人の関係、さらには「自然史における知識生成の植民地的な権威構造」を変化させようという狙いがあるという。それと同様に、ハーバリウム内の植物標本を電子化して公開しようという新しい実践も「ポストコロニアリズム」のスローガンによって理念化されることがある。

(26) 森林研究所においては、植物標本一点につき一〇〇ルピーで学名を特定するサーヴィスがある。

(27) 二〇一三年六月、ウッタラーカンドは土砂崩れと洪水に見舞われ、約一五万人が被害を受けた。それは、二〇〇四年の津波以来、インドにおける最大規模の自然災害であった。ヴァイディヤの多くはこうしたリスクをよく知っており、雨季に植物収集は行なわない。

(28) 一九五〇年代以降出版された三二冊の民族植物学的文献に依拠している。

(29) 「人々の生物多様性登録」プロジェクトにおいて、いかに多様な背景を持った主体が「ヴァイディヤ」というカテゴリー内に包含されるかについては、第6章で詳しく論じる。

(30) 基本的には一人一人のヴァイディヤに個別に聞き取りがなされた後、ヴァイディヤどうしの「クロスチェック」を経て、データとしてまとめられる［Kala 2005］。

(31) ガルワール方言、クマーウーン方言といったチャモーリーで話されている言葉はヒンディー語、ウルドゥー語、サンスクリット語の語彙の組み合わせである［Singh 2008: 365］。

(32) 命名者が括弧で括られた後に、変更者の名前が書かれている。

(33) パラタクソノミスト（parataxonomist）とは、「一九八〇年代にアメリカの生物学者が熱帯コスタリカのINBio（Instituto Nacional de Biodiversidad）において生物多様性調査を行なった際に考え出した調査プロジェクトの役割の一つ」である［大原　2010: 83］。熱帯ジャングルでの調査で収集される膨大な標本を整理するのには、人手が必要となる。そこで考え出されたのが「パラタクソノミスト」、すなわち「研究者である分類学者のサポートをする「準分類学者」という制度」である［大原　2010: 84］。その定義は、「分類学にかかわる標本作製、整理、管理を行ない、同時に分類学文献や情報の収集、データベース構築、DNA採取と配列読み取りなど、分類学をサポートする作業を行なう者」であるが、具体的に期待される役割は国、地域、プロジェクトによってさまざまである［大原　2010: 84］。
　コスタリカでは、「パラタクソノミスト」として採用された現地の人が安定した収入を得ると同時に、遺伝子資源としての自然環境への意識を向上させたと研究者は述べる。このパラタクソノミストの制度は、パプアニューギニアやギニアでも行なわれた。その後日本を含めた先進国でも多様な目的のもとにこの制度は実施されている［大原　2010: 84］。

(34) 原文ママ。

(35) 次節を参照のこと。

(36) 上記の「ヴァイディヤ」へのインタビュー場面において同席していた、大学院生のうちの一人である。

(37) しかしながら、この本の他の箇所で彼は「種はわれわれが生きる世界に自然に存在している異なる種類の植物である」と述べている［Jeffrey 1982: 17］。

(38) 二〇〇三年ケーララ大学の植物学者は、ラテン語で出版された『マラバール庭園』を英訳するというプロジェクトを開始した。それは、「ケーララの文化的遺産であると同時に人類の財産である」という前提のもとでなされた。このことに対し、（イッティ・アチュダンが所属していた）エザヴァカーストは連盟を設立し、知識に対する彼ら自身の権利を主張すると同時に、こうした出版事業はバイオパイラシーを加速させる恐れがあるとして出版地域の制限を求めた［Reddy 2006:

171-172]。

(39) 植物分類学者にとっての「種」とは、文化人類学者にとっての「文化」ではないだろうか。すなわちその概念なしではディシプリンが成り立たないものの、その存在を皆が疑っているのである。

(40) なお、「パラタクソノミー」に関連して、「在来知」のデータベースについて、いくつかの実験的なプロジェクトが科学技術社会論や人類学の研究者およびその影響を受けた情報技術者たちによって提案され、実践されていることを指摘しておきたい。彼らは、アーカイヴの基本設計そのものを変革することで知識を物象化し不変の標本として収集・分類するのではなく、それをパフォーマンスとしてダイナミックな形態でとらえること、さらに分類カテゴリーであるメタデータそのものをユーザーたちの相互作用を通して書き換えていくようなダイナミックなアーカイヴの構築をめざしている。その具体例として、オーストラリアの科学哲学者のヘレン・ヴェランは情報技術者およびアボリジニのクランと協同で、アボリジニの在来知を文献としてではなくビデオと双方向メディアを使って従来の口頭伝承に近い形でアーカイヴ化することを試みている [Waterton 2010]。

## 第6章 「知識の所有者」をつくり出す

(1) 参加型農村調査法 (Participatory Rural Appraisal)。

(2) 次節で詳しく述べるように、標高三〇〇〇メートル以上の場所で薬草を収集するのは困難なうえに、チプコー運動後、特定種の収集に対する森林局の規制が厳しくなっている。そのため、多くのヴァイディヤが薬草の栽培に関心を向けている。

(3) ただし、次章以降で詳しく述べるように、そもそもヴァイディヤの治療法は標準化されず、また統一性のないものである。彼らの関心は、「知識を守ること」ではなく（しばしば奉仕としての）「治療を行なうこと」である。それぞれのヴァイディヤは効果を求めてさまざまな要素や関係をみずからの治療に取り込んでいる。

(4) インドの社会生活の実践的ユニットである、排他的な職業・地縁・血縁的社会集団。彼らはまた貴重な呪文（マントラ）を知っているという。ウッタラーカンドにおけるジャーティとしてのヴァイディヤも彼らから多くの知見を得ていることについては、次章を参照のこと。

(5) このような「関心」には、常に他者や周囲の環境に対する関心と働きかけが含まれている。しかしここでは、個人的関心という形で翻訳されている。

(6) ただし、このように個人としてのヴァイディヤの知的所有権を尊重するべきという主張の一方で、ヴァイディヤが知識を秘匿することはプロジェクトチーム内で「問題」として語られていた。第4章で明確にしたように、知的所有権への配慮とその所有主体の確立だけでなく、「貴重な」在来知の保存、その開発を目的に含んだ「人々の生物多様性登録」プロジェクトでは、当のヴァイディヤ自身にも、彼らの知識を共有すること、社会のために使うことが期待されていた。たとえばメイターニーは「今のところ年配のヴァイディヤたちは自分の知識を隠す傾向にあるが、さまざまなヴァイディヤが社会のために知識を提供していって、そのなかに自分の秘匿してきた知識と同じ知識を見いだしたら、諦めて自分も知識を明かすようになるだろう」と語っていた。

(7) ただし次章で述べるように、ヴァイディヤたち自身も、「知識を守ること」ではなく「知識を育てること」に、より多くの関心を寄せている。

(8) この女性の母親は亡くなっている。

(9) 実際には外国ではなく、インド北東部の州。

(10) ガルワール地方出身の人々のことを「ガルワーリー」と呼ぶ。

(11) マリノフスキーは、『西太平洋の遠洋航海者』［マリノフスキー 2010（1967）］において、「純粋な贈与」から「真の物々交換」までの連続性という考え方に即して、さまざまな取引を分析した。しかし『未開社會における犯罪と慣習』[1955] においては、「純粋贈与」概念は影を潜めている。

(12) ファースの民族誌、リーチのレヴィ=ストロースの一般交換についての議論への批判（妻を贈与する者がされる者から「女性」の返礼を受けなかったとしても、その代わりにさまざまな威信財を受け取っている。すなわち贈与の規則は維持され、長期的にみれば二者間に均衡がとれているのである）、ワイナーによるサーリンズ批判（自己利益を最大化しようとする個人像を捨象することによって、サーリンズは「原始人」「原始社会」というイメージを強化してきたのである）など、このような例は枚挙にいとまがない。

## 第IV部 「所有主体」を超えて——「人々」の経験

### 第7章 「在来知」を超えて
——「効果」としての治療と文化的所有権

(1) すなわちメイターニーらが「人々の生物多様性登録」に参加する前から進めていたプロジェクトであり、「人々の生物多様性登録」を補完するものとして実践されたわけではない。

(2) 一九七八年九月、旧ソ連のカザフ共和国（現カザフスタン共和国）の首都アルマアタに世界一四〇か国以上の代表が世界保健機関（World Health Organization）とユニセフの呼びかけで集まり、国際会議が開催された。この会議では、「二〇〇〇年までにすべての人に健康を」という目標が定められ、そのための世界戦略として、プライマリーヘルスケアという理念が打ち出された。そして、貧民層への安価な医療の提供のために、伝統医療を医療資源として活用することが各国政府に求められた［吉田 2004］。

(3) ジョーシーはデリー大学で筆者に初めて会ったとき、薬草と在来知をめぐる製薬企業とNGOの実践を調べるという筆者の研究計画を聞いて、「薬草という要素だけを取り出すのではなく、もっとホーリスティックに研究しなければだめだ」とアドバイスした。

(4) 土着の治療だけでなく、たとえばジャウンプリなど指定部族固有の音楽やダンスなどの伝統の文書化とそれに対する所有権の主張を含んでいる。ラングフォードによると、それは音楽やダンス、治療に対する経済的利益の独占権の主張にとどまらない。そこには、固有性を強調することによって国家あるいは国際機関から教育プログラムやその他のサーヴィスを実施するためのファンドを得る、といった間接的な利益の享受も含まれる［Langford 2003: 272］。

（5） シッダ医学は、汎南アジア的な民族医療であるアーユルヴェーダとは理論と治療をほぼ共有するが、水銀などの鉱物を利用することに特徴がある。南インドにおいて盛んな医療の一大潮流である。

（6） ただし古賀は、『スシャルタ・サンヒター』などのアーユルヴェーダの古典では、鬼神学（*bhūta-vidyā*）といって、悪霊や神の怒りによっても病気が生じるととらえられている点も指摘している［古賀 2002: 271］。

（7） 興味深いことに、エコフェミニストのヴァンダナ・シヴァやチプコー運動のリーダー、スンダルラール・バフグナーの名前が挙がることはほとんどない。国際的な注目度と現地での影響力は異なる。

（8） なお、前章で取り上げたシャルマーはガルワール大学人類学部の卒業生であるが、ジョーシーの直接の学生ではない。

（9） 私だけでなく、アメリカの人類学者であるラングフォードも、ウッタラーカンド州のジャウンプリの治療についての情報を探しているとき、現地のNGO関係者からジョーシーの論文のコピーを渡されたと記している［Langford 2003: 275］。またウィリアム・サックスは、民族誌の導入において、フィールドワークの帰りにガルワール大学のジョーシーの研究室に立ち寄り、学生たち相手に「民族学におけるフィールドワークの重要性（*manav vigyan mem khsetrakarya ka mahattva*）」という講義を即興で行なったエピソードを記している。このように、ジョーシーは、ウッタラーカンド州で調査を行なう海外の人類学者ともネットワークを持っている。

（10） ジョーシーは主にジャウンサールの村落でフィールドワークを行なった。

（11） 「疾病」とは生物医学的知識に基づく診断、「病い」とは人々が感じ、経験する主観的な病気のことをいう。

（12） ジャード・フーンクとは、呪文（mantra）を含む呪術的治療であり、主に鳥の羽や特定の薬草を用いて患者を「掃除する（*jhāṛnā*）」ことを意味する。

（13） デーヴァナーガリー表記は原文ママ。

（14） 現在のアーユルヴェーダ医大においては、脈診による診断は重視されていない。

（15） 先述のように、ウッタラーカンドの人口の七八％は高カースト（ブラフマン、ラージプート）起源であり、その他一七％が指定カースト、三％が指定部族、残りわずか二％がその他の後進階級出身である。チャモーリー県の調査村の居住パターンの特徴の一つが、ブラフマンやラージプートがそれぞれ別の村落を構成し、それぞれがハリジャンあるいはドム（Dom）と呼ばれる指定カーストのメンバーとともに居住するというものである。

（16） C・P・カラは、ヒマーラヤ地方は多くの重要な薬草に恵まれているがゆえに、アーユルヴェーダの発展にとって重要な役割を果たしたと論じる［Kala 2005］。

（17） その場合、適切な儀礼を行なわないなどの特定の原因なく出くわしてしまうという。

(18) このこと自体がジョーシーが基づく分類体系（疾病／病い、薬草／呪術、自然／超自然）の有効性への反証ともなるだろう。
(19) 彼は有名なヴァイディヤであり、他村からも彼のもとに患者が多く訪れている。彼の祖父、父も彼同様評判のヴァイディヤであった。しかし、同じB村の人々は彼のもとに治療に訪れることはほとんどないという。このように治療の効果に対するコミュニティ内の疑いという事実が、コミュニティの成員が共有する「文化的」体系・言説としての治療という説明へのアンチテーゼであるように思われる。
(20) なお、このことは本来の知識を隠しながら、聞き手を惑わせるためのものとも受け取れるかもしれない。しかし先述のように、彼らはもともと呪文やジャード・フーンクの専門家ではないこと、他の村人たちも同様の見解を示していること、さらに聞き手であったNGO関係者もそうした分類を無化する対話に巻き込まれていっていることから、真面目に受け止められるべき見解である可能性が強いと筆者は考える。
(21) 裁判に際して、有利な判決を導くために賄賂を支払うことを意味する。
(22) 彼女の物語については次章で改めて論じる。
(23) 霊を「恐れ」との関係で語る語り口は、私の調査においてもよく聞かれた。たとえば以下のように語られる。「山に住む人々は、多くの霊を信じている。特定の場所で起こった出来事について多くの知識がある。だからこそ人々は恐れる。そして恐れを感じたときに人は弱くなる。そうした瞬間に霊は襲い掛かるのだ」、「霊に遭遇したとき私は恐れを感じないようにした。もし恐れたら、霊が私を殺すに違いないからだ」。すなわち霊についての知識は人々のなかに恐れを感じさせる。そして人々が恐れた瞬間に、霊は人々に襲い掛かる＝霊という出来事を生むのである。
(24) ラングフォードはウッタラーカンドの都市部で活動する時に「偽医者（quack）」と噂される治療師たちのブリコラージュ的な治療のあり方と戦略について論じている［Langford 1999］。彼らは正規のアーユルヴェーダの医師資格を持たず、一方で農村に根づいて活動する「ヴァイディヤ」でもない。ラングフォードは彼らが時に近年の代替医療の潮流のなかで、アメリカのセルフヘルプグループによって出版された、アーユルヴェーダの文献（第3章を参照のこと）などの脱領域的な知識をも取り入れていることを明らかにしている。こうした知識の脱領域性は、実は「ヴァイディヤ」にも同様にみられるのではないだろうか。またラングフォードは別の著作［2003］において、ジョーシーと同じジャウンサールのコミュニティで調査を行なった際、そこで使われていた呪文の大部分が現地語によるものではなく、ヒンディー語かサンスクリット語によるものだったと論じる。
(25) ドゥーン図書館のK・テーワーリー氏による助力を得た。なお、写本がこのように複数の文献の組み合わせであることは珍しいことではない。
(26) シッダ医学の（各家系やコミュニティに伝わる治療法を記した）貝葉文書のイメージがあったとも考えられる。
(27) 聖者とした方が正確である。
(28) チプコー運動の影響による。第5章を参照のこと。
(29) 薬草栽培プロジェクトとコミュニティの生成については、

次章で論じる。

（30）その一方で、興味深いことに、現地の人類学者の営みもまた、実際には脱文脈的な「科学」的実践としてあるだけでなく、具体的な呪文の効果や霊の脅威を考慮したものである。例えばジョーシーは、ジョウンサールの治療師の呪文を録音した人類学の学生に対して、「呪文はそれ自体ある種のエネルギーであることを忘れてはいけない。」「この呪文を論文に入れるとしたら、そこにはこれらの呪文の意味を書くべきだ。決してこれらの呪文そのもの（as it is）を書こうとしてはならない。こうした三種類の呪文をそれぞれバイラウに関するもの、チャーヤーに関するもの、そしてその他の霊一般に関するものと分類して、文化的背景に関連づけて掲載することはできる。しかし、呪文そのものをデータとして書いてはいけない。かつてイギリス人がインド古代の教典を盗んで出版した際、さまざまな悪い出来事が起こったことはよく知っているだろう」と忠告していた。

（31）その根底には、過去の労働の成果に対する正当な報酬としてのジョン・ロックの思想の一部を切り取った所有概念があるが、それについては終章で改めて検討することにしよう。

## 第8章　自然と「責任主体」の生成？
### ――薬草と生み出されつつある関係

（1）アグラワールはこのことを、特定コミュニティにおいて、森林局による中央集権的な管理（森林官による規制）がなされていた時代よりも、森林パンチャーヤトの設置以降の方が、違反行為の検挙件数が圧倒的に多いことを示す統計をもとに論じている。

（2）大田と増田［2014］は、森林パンチャーヤト制度という形でいったんは住民の権利が大幅に認められたものの、それ以降は政府による揺り戻しが行なわれてきた事実に目を向けるべきだと主張する。とりわけチプコー運動以降、州政府は一九八〇年に、向こう一五年間の標高一〇〇〇メートル以上の樹木の伐採禁止を決定するにいたり、木材生産そのものが凍結された。基本的には森林の利用よりも保全を重視し、森林パンチャーヤトをより直接的な支配下に置こうとするのが過去六〇年間の政府の方針であったと大田と増田は言う。

（3）一九九五年時点での州内でのパンチャーヤト林の総面積は二四四八平方キロメートルであったのに対し、二〇一一年には五三一〇平方キロメートルであることから、その多くは近年に形成されたものであることが読み取れる。このことの背景には、インド国家の新自由主義政策と地方分権化を反映して、「コミュニティ開発」のための多様な政府スキームを通した資金援助が実施されているという事情もある。森林局主導のものには、一九九八年から世界銀行の資金援助により五年間実施された共同森林管理プロジェクト、二〇〇三年以降中央政府の全国緑化プログラムスキームにより実施されている森林開発機構プロジェクトなどがある［大田・増田　2014］。

（4）州政府研究機関は世界保健機構がマラリアの特効成分（*Artemesinene*）を含むと特定したアルテメシア（Artemesia）の一種の改良種の栽培にすでに成功し、それを州内の農民に生育させることで、「コミュニティ」の社会開発を進めている

[Indian Sub-continent Times 2008]。

（5）ただしアグラワールの著書が出版されたのは二〇〇五年のことであることを考えると、アグラワールの影響を受けて政策が形成されたというよりは、それに近い考え方がすでに政策担当者の間で共有されていた可能性もある。森林パンチャーヤト制度の設立時の委員会報告書がすでに現在の制度派経済学の所有理論に近い考え方を掲載していたことからも、この地域の森林政策とそれについての理論や学術的研究の関係は入り組んでいると言える。

（6）第4章で述べたように、園芸省と共にウッタラーンチャル（ウッタラーカンド）州薬草会議（ＳＭＰＢ）を構成している。

（7）彼女は博士号取得後、ウッタル・プラデーシュ州の芳香開発センター（Fragronce and Flavour Development centre, ＦＦＤＣ）に勤めていた。

（8）センターの公式的な説明によると、アロマ草は国際的な市場価値が安定しており、またほとんどのアロマ草は食用でないことから、ウッタラーカンド（山岳地）の開かれた土地での栽培に適しているということである。

（9）それ以降、薬草研究機構からは年次報告書は発行されていない。

（10）前章にあるようにヴァイディヤが「そういった薬草栽培プロジェクトの多くは平地で行なわれている」と語っていたことも、薬草研究機構とアロマセンターの活動量の差異を表わしている。また私も二〇〇九年から二〇一二年の間に三度薬草研究機構を訪れたが、一度も科学者が駐在していたことはなく、門番や薬草園の手入れを行なう近隣の農民が対応してくれた。

（11）農学、有機化学の修士号を取得した専門家、情報技術者、会計担当者などを含む。

（12）レモングラス、シトロネラ、パルマローザ、スティビア、ゲラニウム、ジャパニーズ・ミント、ローズ、バジル、ヴェティヴェル、パッチョーリ、カモミール、コスタス、カルム・カルヴィ、ローズマリーなど。

（13）クラスターアプローチは、科学者がアロマセンターの活動を州内外の他の機関の活動と比較し、その独自性を強調する際に言及されていた。たとえば、「アロマの研究機関のうち、ＦＤＤＣは美容専門家へのトレーニング中心、薬草・アロマ草中央研究機構はリサーチ中心、うちはソーシャルワーク中心だ。うちにはクラスターがあるからね」「薬草研究機構はたいした活動をしていないわ。だって向こうはクラスターを持っていないから」などといった形である。

（14）各村出身者から選ばれる、契約技術員。多くの場合、どのクラスターでも（専門にかかわらず）大卒以上の学歴を持つ者が選ばれていた。

（15）一九七六年に三キロ先のウッタル・プラデーシュ州の街から移住してきた「その他の後進階級（Other Backward Classes）」カーストの男性である。家具のビジネスをしたり、農業をしたりする一方、「ソーシャルワーク」を行なってきたという。

（16）ライプル・クラスターに登録されている栽培者は五名であったが、彼らは平均で六ヘクタールの土地、四〇万ルピーの年収を持ついわゆる「富農」である。彼らの多くは農学の修士号あるいは学士号を持ち、また州内の研究機関、G・B・パント・インスティチュート（G. B. Pant Institute）でバスマティ米の改良種を育てるプロジェクトに参加した経験を持つ。彼らがアロマ草の栽培を始めた理由として口にするのが、「多くの農民がアロマ草についての栽培方法やマーケットについての知識を持たないため、盗まれる心配がない」という点である。その一方で、よく知らない「外来のもの」であるがゆえに「金になる」という認識もあり、彼らが雇用する農業労働者は通常の作物では一日八〇—九〇ルピーのところを、一五〇ルピーを要求してくるという。こうした「新しい薬草」であるがゆえの両義性についての彼らの主張は、「薬草、知識、人々が一体となったコミュニティ」、あるいは「薬草の栽培を通して、薬草州ウッタラーカンドを生きる農民としての価値を内面化し、親密な関係の中で自他の行動を規制する主体」というプロジェクト側の想定からはかけ離れた、新しい薬草の栽培を通した関係性の切断と差異化のロジックなのである。

(17) このクラスターはアロマセンター関係者にモデルケースとして扱われており、外国からの来客やトレーニングプログラムの際には必ず視察先として設定されていた。また私がクラスターについての調査を始めるときにも、ヴィカースナガル・クラスターではなく、ラージャーワーラーで調査を行なうようにとローハーニーに強く勧められていた。彼女はその理由について、「私たちの感覚からすると、ラージャーワーラーの方がずっと進んでいるのよ。それに今までさんざんモデルケースになってきたし、あなたのような社会科学的なリサーチだって必要としているのよ」と話した（二〇〇九年九月一日のフィールドノートより）。

(18) デーヘラードゥーンにおけるガルワーリーは、もともとデーヘラードゥーン県にいた人々に加え、ウッタラーカンド州内のガルワール山岳地域、四県からの移民で構成される。

(19) なお、アロマ栽培に着手しているのは、モハンラールの家族のみである。

(20) この点において、アグラワールの描く森林パンチャーヤトにおける森林面積や違反数の統計への人々の参加とは異なる。

(21) ランタナには *pañca-phulli* というヒンディー語名があるが、デーヘラードゥーンの農村部では広くランタナという呼称が使われていた。

(22) こうした見解はウッタラーカンドの農民の間で広く共有されている。私の調査した農村の多くでも、葉や種子を食べると羊や子牛は死ぬことがある、子どもが種子を食べると危険、手を触れてはいけない、などなんらかの「危険」が認識されていた。

(23) スイスのグランに本部を置く、一九四八年に創設された国際的な自然保護団体である。国家、政府機関、NGOなどを会員とする。

(24) インドには一九四一年にイギリス人植民者によって観賞用植物として持ち込まれた。

(25) アキル・グプタ［Gupta 1998］によると、北インドにおける農民の農業についての言説は、土や植物についての共有された在来の理論（shared indigenous theory）という観点から説明できない。土着の発想はすでに生物科学、経済的な関心、階級、カースト、ジェンダーについての政治と混ざり合っているという。

(26) テーリー藩王国。詳細については第4章を参照のこと。

(27) 現在のデーヘラードゥーンでの近隣の住民たち。

(28) イギリス東インド会社が一八世紀以降インドで実施した地税納入制度。一七九三年、ベンガル州とビハール州に導入されて以降、おもに北インドで実施された。これは、イギリスが、インド社会におけるザミンダール(旧来の地主・領主)の伝統的権利を近代的土地所有権として認める代わりに、彼らを国家に対する地租納入の直接的責任者とした制度である。

(29) こうした混乱は、農村レベルで活動する技術員(その多くは数年契約である)が複数のプロジェクトを掛け持ちしていることにも依っている。たとえばラージャーワーラー・クラスターの技術員であるマヘンドラは、数年前までフランスのNGOがラージャーワーラーで実施した農業技術改善プロジェクトの現地スタッフをしていたという。

(30) ラージャーワーラーで調査を始めた頃私は、住民たちに「新州になって変わったことはありますか」とよく質問していたが、そのつど「別に何もない」という答えが返ってきていた。

(31) インドでは、公的分配システムの運営上の失敗により穀物需給のバランスが崩れ、政府は過剰な穀物在庫と膨大な財政負担を抱え、また貧困層の食料不安が増すこととなった。これに対して一九九七年にまず導入されたのが、貧困線以下(Below Poverty Line, BPL)の家計を貧困線以上(Above Poverty Line, APL)の家計よりも優遇する「受益者選別型公的分配システム」(Targeted PDS)である。APL家計向けの中央売り渡し価格は食料の調達費用の水準であるのに対して、BPL家計向けには調達費用を下回る逆ザヤの価格が設定される。たとえば、一九九七/九八年の中央売り渡し価格は、APL家計向けには小麦、米でそれぞれ一〇〇キログラムあたり四五万七〇〇ルピーであったのに対し、BPL家計向けにはそれぞれ一〇〇キログラムあたり二五万三五〇ルピーに設定された[櫻井・高橋 2007]。

(32) 実際にはドナーが異なる。

(33) 「ラージャーワーラー・クラスター」の技術員のマヘンドラが言うように、年次報告書にある一八一名の「アロマ栽培者」の登録者数は、一八一の世帯数を意味するのではなく、同一世帯における複数のメンバーを含むものである。私が調査したところによると、このクラスターは実際には八二の世帯で構成されている[Nakazora 2009]。

(34) エッセンシャルオイルを製造するための蒸留機の部品の一部が盗まれたこともあった。

(35) 一ルピー=一〇〇パイサ。

(36) デーヘラードゥーン市から四〇キロメートルほど離れている。

(37) ヴィカースナガルでは、ジョウンサーリー、ガルワーリー、ヒマンチャーリー、カリーボーリーなどの方言が多く話されている。またヴィカースナガルには、チベット難民の保護区もある。

(38) (名目上)委員長になっている男性は、ラトゥーレのことは知らないようだった。

(39) 二人は小学校時代に補習クラス（学校の勉強の予習・復習のために通う私設のクラス）で共に学んでいた。今でも家族ぐるみの付き合いがあり、カメラマンであるマヘンドラ・シンの兄が撮影中に負傷した際には、ラトゥーレも輸血を行なっていた。

(40) インドの有名な高級コーヒーチェーン。デーヘラードゥーンには一店舗のみ存在する。

(41) ここで主張したいのは、それぞれのガルワーリー、パンジャービーとしてのポジショナリティがモハンラール、ラトゥーレのプロジェクト経験を決定づけているということではない。そうではなく、ここではむしろ科学的知識の比較こそが文化的比較を導いており、「ガルワーリーであること」「パンジャービーであること」（あるいは次節においては「女性であること」）などは、独立したアイデンティティではなく、具体的な実践の中でこそ立ち現われる問題であるということだ。

(42) 「比較を生きる」という節タイトルは、モハーチ・森田［2011］に喚起されたものである。

(43) それ以前は、誰に対して販売するか、買い手のアイデンティティは、農民の間でほとんど問題になっていなかった。たとえば、「ラージャーワーラー・クラスター」の技術員であるマヘンドラは、農民と買い手の媒介となる際にも買い手の素性（企業名、州など）を把握せず、価格のみで交渉を行なっていた。

(44) そもそも栽培の対象としてのアロマ草という植物の選択には、新州ウッタラーカンドの海外への志向が凝縮されている。たとえば、アロマセンターのローハーニーと彼女のクマーウーン大学時代の指導教官も編集委員にその名を連ねる、版元がデーヘラードゥーン県内にある『エッセンシャルオイル精製植物誌』という雑誌がある。編集長によると、その主要な著者および講読層は、エジプト、オーストラリア、イタリア、イラン、リトアニア、ブラジル、キューバ、スペイン、トルコなどの諸外国の研究者および企業であるという。

(45) 二〇一四年一月五日の『ガルワール・ポスト』誌上の記事（一月二日に亡くなった彼女の追悼記事）より［Kanwar 2014］。

(46) 創価学会のデーヘラードゥーン支部における代表を務めていた。

(47) マクロビオティックはマクロ＋ビオティックの合成語である。語源は古代ギリシャ語「マクロビオス」であり、「健康による長寿」「偉大な生命」などといった意味である。一八世紀にドイツのクリストフ・ヴィルヘルム・フーフェラントが長寿法という意味合いで使い始めた［久司・久司 1998］。

(48) 桜沢の運動は、石塚左玄の創始した食養会の運動を発展させたものである。ただし島薗進によると、食養会とマクロビオティックの運動の間には重要な差異が存在する。それは、前者が伝統的な養生論と同様、精神論を含みつつも実際的な健康法の範囲を大きくはみ出すことなく、西洋医学に基づく医療との平和共存をめざしたのに対し、後者はある種の、広い意味での宗教的と言えるような体系的思想を掲げ、西洋科学への正面からの批判を打ち出し、「東洋哲学」や「日本精神」を鼓吹して、支配的な学知に対抗するオルタナティブの体系知を誇り高く掲げる大衆運動を展開した点である［島薗

1999: 191]。

(49) 左玄は当時の栄養学では重要視されなかった栄養素のナトリウムとカリウムを陰陽のバランスとみて重要視し、独自の理論を提唱した。もとが中医学ではないため、この分類は中医学の陰陽論に基づく分類とはまったく異なる。

(50) メソジスト病院の院長であったアンソニー・サティラーローが著書『生命に呼び起こされて(*Recalled by Life*)』[Satillaro 1982]において、彼のカウンセリングとマクロビオティックの実践により前立腺癌が完治したと語ったことから一躍有名になった。

(51) アメリカにおける代替医療運動の主要な二つの潮流――ニューエイジ(ホーリスティック・ヘルス)と保守派のクリスチャン癌患者サポートグループ――は政治的立場の差異にもかかわらず、自助努力による健康維持、生物医療や製薬企業への疑義、ピアグループにおける相互扶助のあり方などさまざまな共通点を有している。その一方で前者は伝統的な宗教道徳からの自己の解放、後者は聖書の教えの遵守を主張しているため、離婚や堕胎、同性愛などに対して反対の見解を示しているという[Schneirov and Geczik 2004]。

(52) ワックスマンのブログ上の追悼記事より[Waxman 2014]。

(53) 桜沢はインドで長年過ごし、『チャラカ・サンヒター』を勉強し、アーユルヴェーダの実践の多くをマクロビオティックに取り入れたという。しかしモナにとって同時に重要なのは、そうした具体的な事実だけでなく、「東洋思想の源」としてのインドという側面である。

(54) このように、「本来インドにあった伝統」でありつつも、現在のインド人は実践しておらず、その「価値」がわかるのは外国人と一部のインド人のみ、という語り口は、インドの代替医療の実践者に多く聞かれる。たとえば、森林研究所のシニアオフィサーの夫を持つカシミーリーヒンドゥーの女性は、プライベートでアロマセラピーのコースを開いているが、それは主に「価値のわかる」外国人向けのものであるという。その一方で彼女は、インドにおける香りにかかわる伝統(インセンスやスティックなど)に触れ、「近年ではケミカルが溢れているけれど、私はある時期から自然が与えるものに対して自覚的になったの、こんなにインドの伝統に良いものが溢れているのに、なぜ西洋に追随しなければならないのか」と話した。

(55) 久司もマクロビオティックにおける「伝統的な日本食」の推奨と「身土不二」の法則の矛盾について、「その土地で採れた大豆や梅やゴマを使って、みそやしょうゆ、梅干し、ごま塩などを作ればいい」と述べている[久司・久司 1998]。

(56) モナとアロマセンターの科学者たちは顔見知りであるが、科学者たちはモナを「薬草州」にかかわるアクターと見なしてはいなかった。

(57) フィールドワーク当時、それぞれ一一歳、九歳、八歳であった。

(58) シャツを意味する「カミーズ」と、ズボンを意味する「サルワール」のセットで着用される南アジアの民族衣装。女性はさらに「ドゥバッター」と呼ばれるストールを組み合わせ、3点セットで着用することが多い。

(59) ヒンディー語がうまく話せず、また教育を受けていなかった。

(60)　モナのもとには、モナの団体の関連商品を販売するのを手伝ったり、ヒンディー語が話せず、また高齢のモナの身の回りの世話をしたりする複数の女性たちがいた。彼女たちの経歴には、激しい心身の不調と社会関係の破綻の双方を経験しているという共通点があった。すなわち彼女たちは、モナにとっての「お返し」の対象＝現代インドにおいてマクロビオティックを必要としているとモナが考える人々であるようだった。

当時二七歳だったソーヒーニーは、森林研究所で災害マネージメントを研究する研究者であったが、激しい心身の不調をきっかけに研究を辞めた。今は叔父の経営する本屋を手伝いながら、「統合的な癒しの実践者（integrative healing practitioner）」として人々が心身のバランスをとり、本来の人生の意味を見いだす手伝いをする仕事をしている。

アンクナはソーヒーニーと同い年のムンバイ出身の女性である。彼女は父親の浮気が原因で母親が自殺したこと、またボーイフレンドとバイクで二人乗りをしていた際に交通事故に遭って彼女だけが生き残ったことをきっかけとした心神喪失状態を経験している。現在も事故の後遺症で苦しむ彼女を彼女の父親がモナに紹介したのをきっかけに、モナの日曜市で販売を手伝うようになった。

ニールーは、もともとデーヘラードゥーン出身の四〇代の女性であるが、一〇年前に離婚をきっかけに息子二人を連れてオーストラリアのメルボルンに移り住んだ。しかし、現地で教育を受ける息子たちを置いて、二〇一〇年にデーヘラードゥーンに戻ってきた。「わからないけどインドに呼ばれた」気がしたという。

さらに、彼女たちに加えて、すでに七歳のときから一三年間モナの家に住み込み、彼女からシェフとしてのトレーニングを受けたナヴィーンがいる。彼はムスーリーの農村出身のブラフマンだが、父親が病気で寝たきりであり、家族を養うためにモナのもとで働きだしたのである。

(61)　入り組んでいるが、事例8-3におけるラトゥーレの「このアロマ草の質（quality）は素晴らしいのです。有機栽培をした薬草よりもむしろシトロネラの成分量が多いのですよ」という言葉からもわかるように、アロマセンターのプロジェクトでは、薬効成分の主成分量の数字が多い薬草を「質のよい薬草」と呼ぶ。

(62)　もちろんラクシュミーも、モナがマクロビオティックの普及を通して他者を助けようとしているということを理解している。しかしそうした他者に自分の肉親が入らないということに、ラクシュミーは疑問を持っていた。

(63)　インド社会における食べ物と浸透可能な（permeable）人格の関係については、むろん異なるカースト間の食べ物の共有の忌避をめぐるコードが想起されるだろう。しかしラクシュミーは「そのような文化は迷信的で遅れている」と話す。そして、「私たちデーヘラードゥーン育ちの人たちはそんなこと気にしないわ。私の高校のクラスにも指定カーストの子が四人いたけれど、私たちはお弁当を皆で交換していたのよ」と話していた。

(64)　モナの家で常にモナや周りの人々から、頻繁にみずからの

「心の声」を聞かれることにもラクシュミーは戸惑っていた。たとえばある日皆でラクシュミーの抱える問題について話していると、スタッフのソーヒーニーが「あなたが人生のなかで心地よく感じられる場所にいないとしたら、すぐに外的な変化を求めるよりも自分自身の内部を探求した方がいいわ。自分の根源や内的存在とつながることができれば、あなたの心の本当の望みを聞くことができる。そしてあなたの内的生活が調和的なものになれば、外的な状況も整っていくものなのよ。こうした裏返しのアプローチはいつでも効果的で、より心を満たすものなの」とラクシュミーに語りかけた。ラクシュミーは「そろそろ子どもたちの昼ご飯の準備をしなければいけないから」と言ってその場を立ち去った。

(65) ここで、ラクシュミーのその後についても触れておきたい。その後数年間彼女は、夫をアルコール依存症治療のために入院させたり、夫が自身のオートリクシャーを購入するための資金集めに奔走したり、その一方で離婚へ向けて彼女名義の口座を夫に内緒で作ったりするなど、結婚生活を維持するための努力と離婚へ向けた動きの双方を行なっていた。しかし、彼女が入院を要するような（夫は警察に逮捕されたが、三日後に釈放された）決定的な暴力を受けた後は、やはりモナの日曜市で出会った弁護士を通じて、夫には秘密裡に離婚を進める手続きを行なうようになる。そして私が帰国した後、夫のもとに子どもを残し、観光ヴィザとパスポートを取得し、遠縁の親戚のいるドイツへと旅立った。

しかしこのことは、彼女がもともとの関係を捨象し、「個」として生きることを選んだということを意味するのではない。彼女はドイツへ行っても夫の治療費を支払ったり、子どもたちを夫のもとから離れさせて寮学校に入学させるための送金を（夫とは別ルートで）行なったりしている。ただしこうしたつながりの維持が時に残酷な状況を生む。たとえばある日、「帰ってこなければこうなる」と言って、彼女の夫は携帯で彼女に音声を聴かせながら、子どもたちを殴ったという。今現在でも問題は解決していないが、彼女はさまざまな手を使って在留資格を延長しながら、ドイツで職を得て、最終的には子どもたち全員をドイツに呼び寄せることをめざしている。

(66) 詳しくは中空・田口［2016］を参照のこと。

## 終章　未来へ拓かれた所有

(1) 序章でも論じたように、所有を基礎づける思想や理論について議論してきたのは、法哲学の分野であった［森村 1997］。一方で法学者の加藤雅信が述べるように、文化人類学の世界では、所有のあり方・形態の記述が中心であり、所有権概念その他についてはあまり深く論じられてこなかった［加藤 2001］。本節でのロックの扱いは限定的であり、とりわけノージックとの論争など重要な点に触れることができなかった。その点で本節は主流派の法哲学の議論に堪えうるものではないが、少なくとも民族誌的記述をもとに（従来の人類学者が「仮想敵」として扱ってきた）法思想との対話を試み、従来のあるべき所有についての考え方を探ろうとした点で、従来の人類学の守備範囲の外へ出ようという挑戦である。

（2）ロックは一六九〇年代半ばに、親しい友人であった貴族院議員のエドワード・クラークに対し、書籍業者に強力な独占出版権を認める条項が古典作品へのアクセスや利用を妨げていることへの憤慨、初版から五〇年程度経過すれば書籍の出版は自由にできるようにするべきだという提案を伝える手紙や覚書を送っている。これらのプラグマティックな提案のあり方から、ロックが著作権を自然権として認められる権利ではなく、法律の規定に基づいて認められる権利と見なしていることがわかる［山根　2010b: 142］。

（3）ロックは、先の書簡においても氏名表示権の保護を主張していた。それは、人格の問題以上に、当時著作者の氏名を明示しないという選択が政治的、宗教的迫害を逃れるための重要な手段であったからだと推測されている［森村　1997］。『統治二論』は、フィルマーに対する政治的批判書としての性格を持ったため、ロックは匿名でそれを執筆したと言われる。

（4）一八世紀後半から一九世紀における英国著作権法の形成に影響を与え、また一九世紀から二〇世紀を通じて米国著作権法にもさまざまな形で影響を及ぼしてきたと考えられている。なお、現代の法学者の間では、ロックの労働所有理論が知的所有権の正当化のロジックとして使えるのかどうか見解が分かれている［山根　2010a: 167］。ここでは、ジョン・ロックの労働所有論が知識に適用されるとしたら、それはどのような知識、あるいは主体のあり方について語るのだろうかという点を再考してみたい。

（5）『統治二論』第二篇第五章における、以下の箇所に対応している。「自然を供給し、自然が残しておいたものから彼が取り出すものは何であれ、彼はそれに自分の労働を混合し、それを彼自身のものである何ものかを加えたのであって、そのことにより、それを彼自身の所有物とするのである」「われわれがこの世で享受しているものの価値の大部分は、いかに多く労働によって作り出されたものであるかが分かる」［ロック　2010: 325］。

（6）知的財産は無形の財であるために、食糧や土地のように、物質的に腐敗したり浪費したりすることがないため、腐敗の制約を考慮しなくて良いと考える議論が一般的である。

（7）ロックは、資源を腐敗させず、人間が所有の義務を適切に遂行するために、貨幣の使用が始まったと見ている［ロック　2010: 348］。

## あとがき——関係性の中で知を生み出すということ

（1）ただし、今回の訴訟の原告はムスリム男性である。

（2）二〇一七年三月、ニュージーランド議会は先住民マオリの先祖伝来の川に対して「法律上の人格」を認める法案を可決した。マオリのグループ、イウィは一八七〇年代から川をめぐる権利を主張していた。

（3）実際には、川の「法的な後見人（loco parentis）」として指名された、中央政府の機関である「ガンジス川浄化国家計画（the National Mission to Clean the Ganga）」の主事、ウッタラーカンド州幹事長、ウッタラーカンド法務官の三名が補償についての手続きを進めることになる。

# あとがき――未来へ向けて流れるガンジス川を背に

二〇一七年夏、私は三年半ぶりにウッタラーカンドを訪れた。「人々の生物多様性登録」プロジェクトは未だに進行中であり、データベースが完成する気配も今のところない。ただしドキュメンテーション活動自体は滞ったり再開したりを繰り返しながら、また徐々に村落パンチャーヤトを巻き込みながら継続している。そのなかで日々翻訳を通して知識の「所有」をめぐる新たな思想が生み出され続けているだろう。

その一方でウッタラーカンドでは近年、「所有」をめぐる別の新たな動きが大きな注目を集めている。それはインド人、とりわけヒンドゥー教徒にとっての「聖なる川」ガンジス川と支流のヤムナー川を誰が所有し、その管理の責任主体となるのかという問題である。ウッタラーカンドが独立州となって一五年以上が経っても、隣接するウッタル・プラデーシュ州との間で、両州を横断するこれらの河川に対する権利の配分をめぐって争いが続いているのだ。その間、未処理の下水や産業廃棄物が川に流れ込むことで、その水質は悪化し続けていた。

二〇一七年三月、ウッタラーカンド高等裁判所が導いた判決は、画期的なものだった。それは、これらの川にも人間と同じ「生きた存在（living entities）」としての法的地位を認めるというものである。ここに、川は人間に所有される対象ではなく、みずからに対して所有権を持つ主体となる。この判決は、第3章で触れたような植民地期よりヒンドゥー神に法人格を認めてきたインドの歴史的文脈[1]と、直前にニュージーランドで出されたマオリの先祖伝来のワンガヌイ（Whanganui）川に対する同様の判決[2]の双方の影響を受けている。

この判決の理由について、判事であるラジーヴ・シャルマーは、「これらの河川は（度重なる汚染により）存在そのものを失いつつあるような状態であり、その保全には常識を超えた手段がとられなくてはならない」と話している。

川に法人格が認められたことで、川はみずからの「身体」とそれが生み出す経済的成果に対する「権利」を持つようになる。人間は（不法投棄などによって）川の身体を傷つけたり、また（採掘などによって）それが生み出す利益を強奪したりすることはできない。一方でこの判決の興味深い点は、川が人間に対して持つ「権利」だけでなく、「義務」や「責任」についても強調されていることである。端的に言えば、川はみずからの身体をもって人間の生活を支え続ける義務を持つ。そしてたとえば洪水など、川がそうした義務を無視して人間の生活を破壊した場合には、川は当の人々によって訴訟を起こされ、補償金を請求される。(3)

この風変わりな判決はさまざまな波紋を呼び、「不法開発を禁止する実際の効果がどの程度あるのか」「農民が生活のために水を汲み出した場合、彼らは罰せられるというのか」などと批判も多く寄せられている。一方で私には、川を所有対象ではなく主体としてみるという実験的なプロジェクトのなかにこそ、所有主体としてのあるべき姿、とりわけウッタラーカンドの関係者たちの抱く理想が映し出されているように思えてならない。「生きた存在」は、みずからの身体を用いて生み出した価値に対する権利を持つが、それと同時にその価値をもって他の存在や環境に対して肯定的に働きかけ、効果を生み出し続ける義務をも持つ。過去から現在にかけてインドの神々と人間生活の源泉であり続けてきたガンジス川は、今後未来へ向けても流れ続けていくものだ。

主任弁護士であるマノージ・パントゥは、「判決は人々の意識を変え、未来へ働きかけるためのものだ」と胸を張る。続けて彼は、「日本にも聖なる山、富士山があるだろう。その国から来た君にこの判決について語ることは、私の使命（*lakshya*）なのだ」と私の目をまっすぐ見据えて話した。マノージ・パントゥにとって未来へ向けた働きかけとは、抽象的な未来世代に対する義務や責任ではない。それは、目の前にいる私との間に生み出された関係であり、またその私に対して判決について語り伝えるような、ささやかで具体的な貢献である。そのような行為によって、マノージは私が彼自身やガンジス川に対してなんらかの報償をもたらすことを期待してはいない。ただしその代わりに、私が別の文脈で他の存在に対して（たとえば日本の富士山に対して）なんらかの肯定的な働きかけを行なう「未来」については大いに期待しているのだろう。

二〇一八年三月、折しも私は広島大学大学院国際協力研究科に職を得て、初めて正式な「教員」という立場になった。あたたかく誠実で個性豊かな同僚に支えられ、アジア・アフリカ諸国出身の院生と向き合う日々を送っている。ウッタラーカンドと同様に山に囲まれ、また折しも二〇一八年未曾有の豪雨と河川の氾濫などの水害に見舞われた東広島の地で、私は自分が過去の多様な関係性のなかで受け取ってきた「人類学」を伝えようとしている。おそらく私の伝えた「知識」は、多様なバックグラウンドを持つ学生たちに思いもよらないかたちで受け取られ、新たな知識と関係性の生成を促していくのだろう。誠実で真摯な彼らは、それぞれの現場で、そうして得た知識をもとに他者や他の存在に対してさまざまに働きかけていくのだろう。そのようにして未来へ向けた関係性を紡いでいくことこそが、本書の主役であるウッタラーカンドの人たちに対して今、私が果たせる責任なのかもしれない。

# 謝　辞——関係性の中で知を生み出すということ

序章で触れたように、知識の「所有」というプロジェクトは、アボリジニの人たちとの偶然の出会いから始まった。その一つの区切りである本書は、当然のことながら私「個人」の産物ではなく、今まで私が置かれてきた環境のなかで「関係的に」作られてきたものである。

まず人類学者としての私の学術的基礎は、間違いなく東京大学大学院で養われた。とりわけ指導教員の渡邊日日先生には、研究テーマもフィールドも定まらなかった修士時代に指導学生として受け入れていただき、一貫して手厚く、親切な指導をしていただいた。渡邊先生の鋭く的確な助言と温かい励ましの言葉がなければ、これまで研究を続けることができなかっただろう。その他の研究室の先生方、特に本書のもととなった博士論文の審査に加わっていただいた田辺明生先生、名和克郎先生、箭内匠先生は、一流の学者としての凄みと圧倒的な個性で常に私たち学生を導いてくださった。中でも狭い一時代の学問的流行にとらわれずに、本質的なメッセージを発するようにという田辺先生の励ましは、私の今後の研究者としての指針であり続けるだろう。

そのほか先輩方、同期の友人、後輩のみなさんにも本当にお世話になった。とりわけ先輩の高野さやかさんは、育児と研究の両立で忙しいなか、博士論文の執筆を支えてくださった。唯一の同期である田中孝枝さんには、研究者としての段階を共有するなかで、いつも行き詰まるたびに話を聞いてもらい、寛大な心で支えてもらった。

日本学術振興会特別研究員（PD）として在籍した京都大学、特任研究員として在籍した大阪大学でも多くの知的刺激と出会いに恵まれた。中でもPD、特任研究員それぞれの受け入れ教員となっていただいた石井美保先生と森田敦郎先生に感謝申し上げたい。本書に少しでも新しい学術的貢献があるとしたら、それはまさしく気鋭の研究者であるお二人との対話の産物である。また森田先生、大村敬一先生（現放送大学）には、それぞれが代表者を務めておられる国際的な共同研究にお誘いいただいた。さらにＰＤ時代の同僚の田口陽子さんと「分人（dividual）」概念について共同で論文を執筆できたこと、それに対して中川理先生（立教大学）から的確なコメントをいただけたことはとても良かった。

インドでフィールドワークを行なっている間には、開発途上社会研究所（Centre for Study in Developing Societies, CSDS）のブリッジ・タンカー先生に客員研究員として受け入れていただいたほか、生活上のさまざまな面で力になっていただいた。宮本隆史さんには、現地で何か問題が起こるたびに相談に乗っていただき、調査に行き詰まったときに励ましていただいた。

本書の刊行時期には、広島大学の同僚である関恒樹先生にさまざまな面で配慮していただいたおかげで、改稿のための時間をつくることができた。サンスクリット表記のチェックを松岡寛子さん（ライプツィヒ大学）、地図作成を勝又悠太朗さん（広島大学）にお願いした。またわかりにくい博士論文の原稿を、専門外の読者に向けて丁寧に「翻訳」してくださったのは、世界思想社の望月幸治さんである。

しかし誰より感謝すべきなのはやはり、ウッタラーカンドの「フィールド」の方々である。特に実の娘のように可愛がってくださったデーヘラードゥーンでの滞在先のプラダーン夫妻（Pradhan uncle & aunty）、チャモーリーでの滞在を全面的にサポートしてくださったアーガーシュの代表メイターニーさん（J.P. Maithani ji）と妻アニータさん（Anita didi）、スタッフのメンバーの方々、とりわけジャスワン（Jaswant Negi）、本書に匿名で登場する多くの「ヴァイディヤ」と「アロマ栽培者」の方々、薬草研究機構アロマセンターのチャウハーンさん（Dr. Nirendra Chauhan）とローハーニーさん（Dr. Hema Lohani）。そして調査助手であり、親友であるラクシュミー・ファイルブス（Luxmi Failbus）。思えば（デーヘラードゥーンに滞在する多くの外国人がそうであるように）ヨーガなどのコースを受講するわけでもＮＧＯで働いているのでもなく、人類学者と名乗りながら、特定農村の調査をするわけではない、そして薬草にかかわる調査をするはずなのに現地の有名な薬草の学名も知らないで来た私は、現地のどの立場の人にとっても明らかに怪しい存在であった。しかしそんななか、政治的に複雑な、多地点的な調査が不完全なりにも可能となったのは、「人」としての私をシンプルに受け入れてくださる、ウッタラーカンドの方々の寛大で温かい心があったからである。

このように、私の持つ「知識」が多様な環境と関係性との対話のなかで作られてきたことは、この本が私自身の「著作」であることを否定するものではない。この民族誌の著作者と名乗ること、それは書かれたすべての内容について、権利というよりは、責任を持つこと、そしてこれからも「未来へ向けて」新たな知識を生み出し続けていこうと決意することに他ならない。

最後に、終わりの見えない私の知識生成の旅をいつも心配しつつも見守り、支え続けてくれる両親、気づけば人生の半分以上のあいだ喜怒哀楽を共有してきた親友たち、そして「未来」を共につくっていく、新しい家族である夫に、心からの感謝を込めて。

**付記**　本書の刊行にあたって、平成三〇年度科学研究費補助金（研究成果公開促進費、課題番号18HP5122）の助成を受けた。記して、感謝いたします。

## 初出一覧

本書の以下の章は、これまでに出版した投稿論文や書籍原稿、報告書などの内容をもとにしている。ただし、いずれも本書への収載に際して、データの追加や理論的枠組みの変更も含めて、大幅に加筆修正した。その他の章は本書のための書き下ろしである。

第 1 章　「「所有の主体」生成のプロセスをめぐる人類学的試論――権利から関係性へ」『文化人類学』74(1): 73-85（2009a）

第 2 章　「「知識」が誰かのものになるとき――民俗的知識と知的所有権をめぐる人類学的考察」『超域文化科学紀要』14: 31-50（2009b）

Nature-Cultures in Translation: Japanese Nature Guides Encountering Canadian Landscape. *Science as Culture* 25(1): 149-156（2016a）

第 3 章　「翻訳可能性と不可能性の間――生物医療、代替医療、知的所有権制度との接触領域における「アーユルヴェーダ」の生成」『人文学報』107: 159-187（2015）

第 4 章　「ポストコロニアリズムをとりこむ科学者たち――インド・ウッタラーカンド州における薬草種データベース化プロジェクトを事例として」『社会人類学年報』38: 129-149（2012）

第 5 章　Infrastructural Inversion and Reflexivity: A "Postcolonial" Biodiversity Project in India. In Harvey, Penelope, Casper Bruun Jensen & Atsuro Morita (eds.), *Infrastructures and Social Complexity*. Routledge（2016b）

第 6 章　Pure Gifts for Future Benefit ?: Giving Form to the Subject in the Biodiversity Databasing Project in India. *NatureCulture* 3: 106-121（2015）

第 8 章　Cultural Anthropological Analysis on Subject Formation in "Herbal State" Policy of Uttarkhand: Based on Field Research in the Project Sites of Centre for Aromatic Plants (CAP). Research report submitted to Centre for Aromatic Plants (CAP) Herbal Research Development Institute (HRDI)（2009）

University Press.

Verdery, Katherine and Caroline Humphrey

2004 *Property in Question: Value Transformation in the Global Economy*. Oxford University Press.

Verran, Helen

2001 *Science and an African Logic*. University of Chicago Press.

Viveiros de Castro, Eduardo

1998 Cosmological Deixis and Amerindian Perspectivism. *Journal of the Royal Anthropological Institute* 4(3): 469-488.

Wagner, Roy

1975 *The Invention of Culture*. Prentice Hall.（『文化のインベンション』山崎美惠・谷口佳子訳、玉川大学出版部、2000年）

Walters, Stuart Max

1986 The Name of the Rose: A Review of Ideas on the European Bias in Angiosperm Classification. *New Phytologist* 104(4): 527-546.

Waterton, Claire

2010 Experimenting with the Archive: STS-ers as Analysts and Co-constructors of Databases and Other Archival Forms. *Science Technology, and Human Values* 35(5): 645-676.

Waxman, Denny

2014 Mona Schwartz Memorial. URL: http://www.dennywaxman.com/mona-schwartz-memorial/（2019年2月6日現在）

Weiner, Annette B.

1992 *Inalienable Possessions: The Paradox of Keeping—While—Giving*. University of California Press.

World Intellectual Property Organization (WIPO)

2002 Committee Report: WIPO Task Force on Classification of Traditional Knowledge 31st Session.

2004 Committee Report: WIPO Task Force on Classification of Traditional Knowledge 35th Session.

World Intellectual Property Organization & Council of Scientific & Industrial Research (WIPO & CSIR)

2011 Report on International Conference of the Traditional Knowledge Digital Library (TKDL) as a Model for Protection of Traditional Knowledge.

Zhan, Mei

2009 *Other-Worldly: Making Chinese Medicine through Transnational Frames*. Duke University Press.

Zimmermann, Francis

1987 *The Jungle and the Aroma of Meats: An Ecological Theme in Hindu Medicine*. University of California Press.

1992 Gentle Purge: The Flower Power of Āyurveda. In *Paths to Asian Medical Knowledge*. Charles Leslie & Allan Young (eds.), pp. 209-223. University of California Press.

Singh, Harish

2008 Importance of Local Names of Some Useful Plants in Ethnobotanical Study. *Indian Journal of Traditional Knowledge* 7 (2): 365–370.

Sisodia, V. and A. Sisodia

2009 Demo-Ethnic Structure of Dehradun City. In M. B. Sharma (ed.), *Bio-Cultural Profile of Dehradun City*, pp. 26–40, Serials Publications.

Star, Susan Leigh and James R. Griesemer

1989 Institutional Ecology, "Translations" and Boundary Objects: Amateurs and Professionals in Berkeley's Museum of Vertebrate Zoology 1907–39. *Social Studies of Science* 19 (3): 387–420.

Strathern, Marilyn

1988 *The Gender of the Gift: Problems with Women and Problems with Society in Melanesia*. University of California Press.

1991 *Partial Connections*. Rowman & Littlefield.

1996a Cutting the Network. *The Journal of the Royal Anthropological Institute* 2 (3): 517–535.

1996b Potential Property: Intellectual Rights and Property in Persons. *Social Anthropology* 4 (1): 17–32.

1999 *Property, Substance, and Effect: Anthropological Essays on Persons and Things*. Athlone Press.

2003 Emergent Relations. In *Scientific Authorship: Credit and Intellectual Property in Science*. Mario Biagioli & Peter Galison (eds.), pp. 165–194. Routledge.

Sullivan, Mark

1986 In What Sense Is Contemporary Medicine Dualistic ? *Culture, Medicine and Psychiatry* 10 (4): 331–350.

Svoboda, Robert E.

1998 *Prakriti: Your Ayurvedic Constitution*. Sadhana Pubns.

Traditional Knowledge Digital Library (TKDL)

2002 General Description. URL: www.tkdl.res.in/（2019 年 2 月 6 日現在）

Trawick, Margaret

1987 The Ayurvedic Physician as Scientist. *Social Science and Medicine* 24 (12): 1031–1050.

1991 An Ayurvedic Theory of Cancer. *Medical Anthropology* 13 (1–2): 121–136.

Utkarsh, Ghate

1999 People's Biodiversity Register. COMPAS Newsletter October 1999: 16–17.

Uttaranchal Forest Development Corporation

2008 *Value Addition, Warehousing and Marketing, Project for Herbal Center*. Uttaranchal Forest Development Corporation.

Verdery, Katherine

1999 Fuzzy Property: Rights, Power, and Identity in Transylvania's Decollectivization. In *Uncertain Transition: Ethnographies of Change in the Postsocialist World*. Michael Burawoy & Katherine Verdery (eds.), pp. 53–81. Rowman and Littlefield.

2003 *The Vanishing Hectare: Property and Value in Postsocialist Transylvania*. Cornell

2007 Good Gifts for the Common Good: Blood and Bioethics in the Market of Genetic Research. *Cultural Anthropology* 22(3): 429-472.

Reddy, Sita

2002 Asian Medicine in America: the Ayurvedic Case. *The ANNALS of the American Academy of Political and Social Science* 583(1): 97-121.

2006 Making Heritage Legible. Who Owns Traditional Medical Knowledge? *International Journal of Cultural Property* 13(2): 161-188.

Riles, Annelise

2000 *The Network Inside Out*. University of Michigan Press.

Riles, Annelise (ed.)

2006 *Documents: Artifacts of Modern Knowledge*. University of Michigan Press.

Roy, Ellen and Holly Harris

2000 Introduction. In *Indigenous Environmental Knowledge and its Transformations: Critical Anthropological Perspectives*. Roy Ellen, Peter Parkes & Alan Bicker (eds.), pp. 1-33. Harwood Academic Publishers.

Satsuka, Shiho

2015 *Nature in Translation: Japanese Tourism Encounters the Canadian Rockies*. Duke University Press.

Saxena, N. C.

1996 *Towards Sustainable Forestry in the U. P. Hills*. Centre for Sustainable Development, Lal Bahadur Shastri National Academy of Administration.

Schneirov, Matthew & Jonathan David Geczik

2004 Beyond the Culture Wars: The Politics of Alternative Health. In *The Politics of Healing: Histories of Alternative Medicine in Twentieth-Century North America*, Robert D. Johnston (ed.), pp. 245-258. Routledge.

Scott, Colin

1988 Property, Practice, and Aboriginal Rights among Quebec Cree Hunters. In *Hunters and Gatherers 2: Property, Power, and Ideology*. Ingold, Tim, David Riches & James Woodburn (eds.), pp-35-51. Berg.

1996 Science for the West, Myth for the Rest? The Case of James Bay Cree Knowledge Construction. In *Naked Science: Anthropological Inquiry into Boundaries, Power, and Knowledge*. Laura Nader (ed.), pp. 69-86, Routledge.

Shah, Rakesh

2003 *Nature's Medicinal Plants of Uttaranchal*. Gyanodaya Prakashan.

Sher, Singh, OM Narayan, R. K. Yadav, N. K.Chauhan, and H. Lohani

2008 Effect of Different Planting Geometry on Growth, Yield, and Quality of Citronella [Cymbopogon winteriaunus (Jowitt.)]. *Journal of Medicinal and Aromatic Plant Sciences* 30: 267-269.

Simpson, R. David, Roger A. Sedjo and John W. Reid

1996 Valuing Biodiversity for Use in Pharmaceutical Research. *Journal of Political Economy* 104(1): 163-185.

Singh, D., R. K. Srivastava and V. P. Khanduri

2005 Marketing Strategies and Trade of Medicinal Plants in Uttaranchal: Present and Future Prospects. *The Indian Forester* 131(3): 438-448.

2010 *Report for Minutes of the State Biodiversity Board Interactive and Review Meeting.* (28 and 29 April 2010).

Nichter, Mark & Carolyn R. Nordstrom

1989 A Question of Medicine Answering: Health Commodification and the Social Relations of Healing in Sri Lanka. *Culture, Medicine and Psychiatry* 13 (4): 367–390.

Nordstrom, Carolyn R.

1989 Ayurveda: A Multilectic Interpretation. *Social Science and Medicine* 28 (9): 963–970.

Novak, Michael

1996 *The Fire of Invention, the Fuel of Interest: On Intellectual Property.* AEI Press.

Pant, Govind Ballabh & Ajay Singh Rawat

1922 *The Forest Problems in Kumaon: Forest Problems and National Uprising in the Himalayan Region.* Gyanodaya Prakashan.

Parry, Bronwyn

2004 Bodily Transactions: Regulating a New Space of Flows in 'Bio-information'. In *Property in Question: Value Transformation in the Global Economy.* Verdery, Katherine and Caroline Humphrey (eds.), pp. 29–48. Berg Publishers.

2005 From the Corporeal to the Informational: Exploring the Scope of Benefit Sharing Agreements and Their Applicability to Sequence Databases. In *Bioethics in a Small World.* Theile, Felix and Richard E. Ashcroft (eds.), pp. 73–91. Springer Verlag.

Parry, Jonathan

1986 The Gift, the Indian Gift and the 'Indian Gift.' *Man* (*New Series*) 21 (3): 453–473.

Pickering, Andrew

1995 The Mangle of Practice. In *The Mangle of Practice: Time, Agency, and Science*, pp. 1–36. University of Chicago Press.

Pigg, Stacy

2001 Language of Sex and AIDS in Nepal: Notes on the Social Production of Commensurability. *Cultural Anthropology* 16 (4): 481–541.

Posey, Darrel and Graham Dutfield

1996 *Beyond Intellectual Property: Toward Traditional Resource Rights for Indigenous Peoples and Local Communities.* International Development Research Centre.

Povinelli, Elizabeth

2002 *The Cunning of Recognition: Indigenous Alterities and the Making of Australian Multiculturalism.* Duke University Press.

Pratt, Mary Louise

1992 *Imperial Eyes: Travel Writing and Transculturation.* Routledge.

Rajiv Gandhi Foundation (RGF)

2007 *Annual Report 2006–2007.* Rajiv Gandhi Foundation.

Rau, Mysore Anantaswamy

1975 *High Altitude Flowering Plants of West Himalaya.* Botanical Survey of India.

Reddy, Deepa

2006 *Wild Profusion: Biodiversity Conservation in an Indonesian Archipelago*. Princeton University Press.

Marriott, McKim

1976 Hindu Transactions: Diversity without Dualism. In *Transaction and Meaning: Direction in the Anthropology of Exchange and Symbolic Behavior*. Bruce Kapferer (ed.), pp. 109–142. Institute for the Study of Human Issues.

Marriott, McKim & Ronald B. Inden

1977 Toward an Ethnosociology of South Asian Caste Systems. In *The New Wind: Changing Identities in South Asia*. Kenneth David (ed.), pp. 227–238. Mouton.

Masco, Joseph

2006 *The Nuclear Borderlands: The Manhattan Project in Post-Cold War New Mexico*. Princeton University Press.

Mishra, Manoj Kumar (ed.)

2003 *Base Line Information on Medicinal Plants Conservation and Sustainable Utilization: Uttaranchal*. Sponsered by UNDP/GEF, MoEF, Government of India and Coordinated by Foundation for Revitalization of Local Health Traditions.

Morphy, Howard

1991 *Ancestral Connections: Art and an Aboriginal System of Knowledge*. University of Chicago Press.

Morris-Suzuki, Tessa

1998 *Re-inventing Japan: Time, Space, and Nation*. M. E.Sharpe.

Myers, Fred

1988 Burning the Truck and Holding the Country: Property, Time, and the Negotiation of Identity among Pintupi Aborigies. In *Hunters and Gatherers: Property, Power, and Ideology*. Ingold, Tim., David Riches and James Woodburn (eds.), pp. 52–74. Berg University Press.

Naithani, Ambika

2006 Aromatic Plants Smell a Success Story. *Economic Times* (*New Delhi*), May 15, 2006.

Nakazora, Moe

2009 Cultural Anthropological Analysis on Subject Formation in "Herbal State" Policy of Uttarkhand: Based on Field Research in the Project Sites of Centre for Aromatic Plants (CAP). Research report submitted to Centre for Aromatic Plants (CAP) Herbal Research Development Institute (HRDI).

2015 Pure Gifts for Future Benefit ?: Giving Form to the Subject in a Biodiversity Databasing Project in India. *NatureCulture* 3: 106–121.

2016a Nature-Cultures in Translation: Japanese Nature Guides Encountering Canadian Landscape. *Science as Culture* 25 (1): 149–156.

2016b Infrastructural Inversion and Reflexivity: A "Postcolonial" Biodiversity Databasing Project in India. In *Infrastructures and Social Complexity*. Harvey, Penelope, Casper Bruun Jensen & Atsuro Morita (eds.). Routledge.

National Biodiversity Authority (NBA)

2008 *People's Biodiversity Register: Simplified Methodology*.

*Life of things: Commodities in Cultural perspective*. Arjun Appadurai (ed.), pp. 64-91. Cambridge University Press.

Krishna Venni Venkata

1997 A Portrait of the Scientific Community in India: Historical Growth and Contemporary Problems. In *Scientific Communities in the Developing World*, Jacques Gaillard, Venni Venkata Krishna, and Roland Waast (eds.), pp. 236-280. Sage Publications.

Laidlaw, James

2000 A Free Gift Makes No Friends. *Journal of the Royal Anthropological Institute* 6(4): 617-634.

Langford, Jean

1995 Ayurvedic Interiors: Person, Space, and Episteme in Three Medical Practices. *Cultural Anthropology* 10(3): 330-366.

1999 Medical Mimesis: Healing Signs of a Cosmopolitan "Quack." *American Ethnologist* 26(1): 24-46.

2002 *Fluent Bodies: Ayurvedic Remedies for Postcolonial Imbalance*. Duke University Press.

2003 Traces of Folk Medicine in Jaunpur. *Cultural Anthropology* 18(3): 271-303.

Latour, Bruno

1983 Give Me a Laboratory and I Will Raise the World. In *Science Observed: Perspectives on the Social Study of Science*. Karin Knorr-Cetina & Michael Joseph Mulkay (eds.), pp. 141-170. Sage Publications.

1987 *Science in Action: How to Follow Scientists and Engineers through Society*. Harvard University Press.（『科学が作られているとき——人類学的考察』川崎勝・高田紀代志訳、産業図書、1999 年）

2007 *Reassembling the Social*: An Introduction to Actor-network-theory. Oxford University Press.

Leslie, Charles

1973 The Professionalizing Ideology of Medical Revivalism. In *Entrepreneurship and Modernization of Occupational Cultures in South Asia*. Milton Singer (ed.), pp. 216-242. Duke University Press.

1976 The Ambiguities of Medical Revivalism in Modern India. In *Asian Medical Systems: A Comparative Study*. Charles Leslie (ed.), pp. 356-367. University of California Press.

1992 Interpretations of Illness: Syncretism in Modern Āyurveda. In *Paths to Asian Medical Knowledge*. Leslie, Charles & Allan Young (eds.), pp. 177-208. University of California Press.

Linkenbach, Antje

2007 *Forest Futures: Global Representations and Ground Realities in the Himalayas*. Seagull Books.

Love, Amit and C. R. Babu

2009 Management of Lantana, an Invasive Alien Weed, in Forest Ecosystems of India. *Current Science* 97(10): 1421-1429.

Lowe, Celia

Humphrey, Caroline
1983 *Karl Marx Collective: Economy, Society, and Religion in a Siberian Collective Farm*. Cambridge University Press.
2002 Rituals of Death as a Context for Understanding Personal Property in Socialist Mongolia. *Journal of the Royal Anthropological Institute* (N. S.) 8(1): 65-87.

Indian Sub-continent Times (IST)
2008 Scientists Succeeded in Cultivation of Artemesia. *Indian Sub Continent Times* (November 23, 2008.)

Jeffrey, Charles
1982 *An Introduction to Plant Taxonomy*. Cambridge University Press.

Josephides, Lisette
1985 *The Production of Inequality: Gender and Exchange among the Kewa*. Tavistock Publications.

Joshi, P. C.
1993 Culture, Health and Illness: Aspects of Ethnomedicine in Jaunsar-Bawar. In *The Central Himalayan Panorama*. S. K. Biswas (ed.), pp. 253-280. Institute of Social Research and Applied Anthropology.

Kakkar, M. L.
1977 *Ghar kā Vaidya* (*Asan Ilaj*). Mohalla Atarpura Hapur.

Kakar, Sudhir
1982 *Shamans, Mystics and Doctors: A Psychological Inquiry into India and its Healing Traditions*. Knopf.

Kala, Chandra Prakash
2005 Current Status of Medicinal Plants Used by Traditional Vaidyas in Uttaranchal State of India. *Ethnobotany Research and Applications* 3: 267-278.
2010 *Medicinal Plants of Diversity, Livelihood and Conservation*. Biotech Books.

Kalyan, Vinod
2009 Open the Traditional Knowledge Digital Library.
URL http://www.sinapseblog.com/ (2016年3月19日現在)

Kanwar, Raj
2014 In Her Dimise, Doon will Miss Iconic Mona Schwartz. *Garhwal Post* (Januray 5, 2014.)

Keen, Ian
1994 *Knowledge and Secrecy in an Aboriginal Religion*. Clarendon Press.

Kleinman, Arthur
1988 *The Illness Narratives: Suffering, Healing, and the Human Condition*. Basic Books. (『病の語り——慢性の病いをめぐる臨床人類学』江口重幸訳、誠信書房、1996年)

Kloppenburg, Jack
1991 No Hunting! Biodiversity, Indigenous Rights, and Scientific Poaching. *Cultural Survival Quarterly* 15(3): 14-18.

Koerner, Lisbet
1994 Linnaeus' Floral Transplants. *Representation* 47: 144-169.

Kopytoff, Igor
1986 The Cultural Biography of Things: Commoditization as Process. In *The Social*

*of West Africa*. Stanford University Press.

Government of India (Ministry of Health)

1959 Report of the Committee to Assess and Evaluate the Present Status of Ayurvedic System of Medicine [Udupa Report].

Government of Uttarakhand

2001 Uttarakhand Government Portal. URL: http://uk.gov.in/contactus/ (2019年2月6日現在)

Graeber, David

2001 Current Directions in Exchange Theory. In *Toward An Anthropological Theory of Value: The False Coin of Our Own Dreams*, pp. 23-47. Palgrave Macmillian.

Greaves, Thomas C.

1994 *Intellectual Property Rights for Indigenous Peoples: A Sourcebook*. Society for Applied Anthropology.

Grove, Richard H.

1995 *Green Imperialism: Colonial Expansion, Tropical Island Edens and the Origins of Environmentalism* 1600-1860. Cambridge University Press.

Guha, Ramachandra

2000 *The Unquiet Woods: Ecological Change and Peasant Resistance in the Himalaya*. Oxford University Press.

Gupta, Akhil

1998 *Postcolonial Developments: Agriculture in the Making of Modern India*. Duke University Press.

Gupta, Vinod K.

2002 Presentation on Traditional Knowledge Digital Library. Powerpoint material for the third session of inter-governmental committee, World Intellectual Property Organization.

Hann, Chris

1998 *Property Relations: Renewing the Anthropological Tradition*. Cambridge Unviersity Press.

Harloe, Michael

1996 Cities in the Transition. In *Cities after Socialism: Urban and Regional Changes and Conflict in Post-Socialist Societies*. Andrusz Gregory, Michael Harloe & Ivan Szelenyi (eds.), pp. 1-29. Blackwell.

Harrison, Simon

1992 Ritual as Intellectual Property. *Man* (N. S.) 27(2): 225-244.

Hayden, Cori

2003 *When Nature Goes Public: The Making and Unmaking of Bioprospecting in Mexico*. Princeton University Press.

Heine, Bernd

1997 *Possession: Cognitive Sources, Forces, and Grammaticalization*. Cambridge University Press.

Herbal Research & Development Institute (HRDI)

2008 *Annual Report 2005-2006 and 2006-2007*. Herbal Research & Development Institute.

2010 *Short Term Training Course on Management of Herbarium and Arboretum*. Forest Research Institute (FRI).

Chatterjee, Partha

1997 Beyond the Nation ? Or within ? *Economic and Political Weekly* 32(1-2): 30-34.

2004 *The Politics of the Governed: Reflections on Popular Politics in Most of the World*. Columbia University Press.（『統治される人びとのデモクラシー——サバルタンによる民衆政治についての省察』田辺明生・新部亨子訳、世界思想社、2015 年）

Choy, Timothy

2011 *Ecologies of Comparison: An Ethnography of Endangerment in Hong Kong*. Duke University Press.

Coombe, Rosemary

1998 *The Cultural Life of Intellectual Properties: Authorship, Appropriation and the Law*. Duke University Press.

Daniel, E. Valentine

1984 *Fluid Signs: Being a Person the Tamil Way*. University of California Press.

D'Andrade, Roy

1995 *The Development of Cognitive Anthropology*. Cambridge University Press.

Davis, Richard

1999 *Lives of Indian Images*. Princeton University Press.

de la Cadena, Marisol

2010 Indigenous Cosmopolitics in the Andes: Conceptual Reflections beyond "politics". *Cultural Anthropology* 25(2): 334-370.

Dwarkanath, Chandragiri

1954 *Fundamental Principles of Ayurveda*. The Hindusthan Press.

1959 *Introduction to Kāyachikitsā*. Popular Book Depot.

Ferry, Elizabeth E.

2002 Inalienable Commodities: The Production and Circulation of Silver and Patrimony in a Mexican Mining Cooperative. *Cultural Anthropology* 17(3): 331-358.

Foster, George M. & Barbara G. Anderson

1978 *Medical Anthropology*. John Wiley and Sons.

Frawley, David

1989 *Ayurvedic Healing: A Comprehensive Guide*. Passage press.

Gairola, Yogesh and Sas Biswas

2008 Bioprospecting in Garhwal Himalaya. *Current Science* 94(9): 1139-1143.

Gaudillière, Jean-Paul

2014 An Indian Path to Biocapital ?: The Traditional Knowledge Digital Library, Drug Patents, and the Reformulation Regime of Contemporary Ayurveda. *East Asian Science, Technology, and Society* 8(4): 391-415.

Gluckman, Max

1965 *Politics, Law, and Ritual in Tribal Soceity*. Basil Blackwell.

1968 *Essays on Lozi Land and Royal Property*. Manchester University Press.

Goody, Jack

1962 *Death, Property, and the Ancestors: A Study of the Mortuary Customs of the LoDagaa*

Bhabha, Homi
1984 Of Mimicry and Man: The Ambivalence of Colonial Discourse. *October* 28: 125-133.
Bhatt S. C.
2003 *The District Gazetteer of Uttaranchal*. Gyan Publishing House.
Boyle, James
1996 *Shamans, Software, and Spleens: Law and the Construction of the Information Society*. Harvard University Press.
Bowker, Geoffrey C.
2000 Biodiversity Datadiversity. *Social Studies of Science* 30(5): 643-683.
Brahmi, Pratibha, R. P. Dua & B. S. Dhillon
2004 The Biological Diversity Act of India and Agro-biodiversity Management. *Current Science* 86(5): 659-664.
Brass, Paul
1972 The Politics of Ayurvedic Education: A Case Study of Revivalism and Modernization in India. In *Education and Politics in India: Studies in Organization, Society, and Policy*. Susanne Hoeber Rudolph & Lloyd I. Rudolph (eds.), pp. 342-371. Harvard University Press.
Brokensha, David, Dennis M. Warren & Oswald Werner (eds.)
1980 *Indigenous Knowledge Systems and Development*. University Press of America.
Brown, Michael
1998 Can Culture Be Copyrighted? *Current Anthropology* 39(2): 193-222.
Brush, Stephen and Doreen Stanbinsky
1996 *Valuing Local Knowledge: Indigenous People and Intellectual Property Rights*. Island Press.
Burkill, Issac Henry
1965 *Chapters on the History of Botany in India*. Botanical Survey of India.
Callon, Michel
1986 Some Elements of a Sociology of Translation: Domestication of the Scallops and the Fishermen of St. Brieuc Bay. *Sociological Review Monograph* 32: 196-233.
Carrier, James
1998 Property and Social Relations in Melanesian Anthropology. In *Property Relations: Renewing the Anthropological Tradition*, Chris Hann (ed.), pp. 85-103. Cambridge University Press.
Census of India
2001 Census of India. URL: http://www.censusindia.gov.in/2011-Common/CensusData_2001.html（2019年2月6日現在）
2011 Census of India. URL: http://censusindia.gov.in/2011-Common/CensusData2011.html（2019年2月6日現在）
Centre for Aromatic Plants (CAP)
2003 *Research, Development and Extension Plan*. Centre for Aromatic Plants (CAP).
Chandra, Veena
2008 Plant Taxonomy. *Current Science* 94(10): 1239-1240.
2009 Digitalization of the Dehradun Herbarium. *Plant Systematics World*: 679-680.

University Press.

Alam, Ghayur & Lucian Peppelenbos

2009 Cultivation of Medicinal Plants in Uttarakhand. *Economic & Political Weekly* 44 (10): 100–104.

Alam, Ghayur, Petra van de Kop, and Bart de Steenhuijsen Piters

2006 Developing a Sustainable Medicinal-Plant Chain in India: Linking People, Markets, and Values. In *Agro-food Chains and Networks for Development*. Ruerd Ruben, Maja Slingerland and Hans Nijhoff (eds.), pp. 191–202. Springer Netherlands.

Altschul, Siri von Reis

1968 Unusual Food Plants in Herbarium Records. *Economic Botany* 22(3): 293–296.

Anderson, David

1998 Property as a Way of Knowing on Evenki Lands in Arctic Siberia. In *Property Relations: Renewing the Anthropological Tradition*. Chris Hann (ed.), pp. 64–84. Cambridge University Press.

Aoki, Keith

1998 Neocolonialism, Anticommons Property, and Biopiracy in the (Not-So-Brave) New World Order of International Intellectual Property Protection. *Indiana Journal of Global Legal Studies* 6(1): 11–58.

Appadurai, Arjun

1986 Introduction: Commodities and the Politics of Values. In *The Social Life of things: Commodities in Cultural Perspective*. Arjun Appadurai (ed.), pp. 1–63. Cambridge University Press.

2011 Our corruption, Our selves. *Kafila*, 30 August.

Armstrong, David

1987 Bodies of Knowledge: Foucault and the Problem of Human Anatomy. In *Sociological Theory and Medical Sociology*, Graham Scambler (ed.), pp. 59–76. Tavistock.

Babu, C. R.

1977 *Herbaceous Flora of Dehra Dun*. Publications and Information Directorate, CSIR.

Badoni, Arun and Kiran Badoni

2001 Ethnobotanical Heritage. In *Garhwal Himalaya: Nature, Culture and Society*, O. P. Kandari and O. P. Gusain. (eds.), pp. 127–147. Transmedia, Media House, Srinagar, Garhwal.

von Benda-Beckmann, Franz and Keebet von Benda-Beckmann

1999 A Functional Analysis of Property Rights, with Special Reference to Indonesia. In *Property Rights and Economic Development: Land and Natural Resources in Southeast Asia and Oceania*. Toon Van Meijl and Franz von Benda-Beckmann (eds.), pp. 15–56. Kegan Paul International.

Berkes, Fikret

1998 Learning to design reslilent resource manegement: Indigenous systems in the Canadian Subarctic. In *Linking Social and Ecological Systems: Management Practices and Social Mechanisms for Building Resilience*. Fikret Berkes & Carl Folke (eds.), pp. 98–128. Cambridge University Press.

1997　『ロック所有権論の再生』有斐閣。
山名美加
2002　「知的財産権と先住民の知識——遺伝資源・伝統的知識における「財産的情報」をめぐる考察」『現代思想』30(11): 152-164。
山根崇邦
2010a　「知的財産権の正当化根拠論の現代的意義(2)」『知的財産法政策学研究』30: 163-200。
2010b　「知的財産権の正当化根拠論の現代的意義(3)」『知的財産法政策学研究』31: 125-145。
由井義通
2014　「ナイニータールにおける都市開発とその課題」『現代インドにおける地方の発展——ウッタラーカンド州の挑戦』岡橋秀典編、pp. 123-144、海青社。
ヨーン、キャロル・キサク
2013　『自然を名づける——なぜ生物分類では直感と科学が衝突するのか』三中信宏・野中香方子訳、NTT 出版。
吉田栄人
2004　「先住民伝統医療の再編成——メキシコにおけるプライマリーヘルスケア政策の現状から」『ラテンアメリカ・カリブ研究』11: 12-26。
ラジャン、カウシック・S
2011　『バイオ・キャピタル——ポストゲノム時代の資本主義』塚原東吾訳、青土社。
ラッド、ヴァサント
1992　『現代に生きるアーユルヴェーダ』上馬場和男訳、平河出版社。
ロック、ジョン
2010　『完訳　統治二論』加藤節訳、岩波文庫。
渡邊日日
2000　「所有構造の変容と集団主義の軌跡——民営化過程におけるロシア連邦ブリヤート共和国のコルホーズについて」『アジア経済』41(8): 20-56。
2010　『社会の探究としての民族誌——ポスト・ソヴィエト社会主義期南シベリア、セレンガ・ブリヤート人に於ける集団範疇と民族的知識の記述と解析、準拠概念に向けての試論』三元社。
渡邊欣雄
1990　『民俗知識論の課題——沖縄の知識人類学』凱風社。

## 外国語文献

Adams, Vincanne
2002　Randomized Controlled Crime: Postcolonial Sciences in Alternative Medicine Research. *Social Studies of Science* 32: 659-690.
Agrawal, Arun
1995　Dismantling the Divide between Indigenous and Scientific Knowledge. *Development and Change* 26(3): 413-439.
2002　Indigenous Knowledge and the Politics of Classification. *International Social Science Journal* 54(173): 287-297.
2005　*Environmentality: Technologies of Government and the Making of Subjects*. Duke

浅野房一訳、言叢社。
寺戸宏嗣
2005　「魚・実践・科学的知識——ニューファンドランド北方タラ資源評価への人類学的アプローチ」東京大学大学院総合文化研究科修士学位論文。
長濱和代
2015　「北インドの森林パンチャーヤトにおける資源管理への住民参加」『民族植物学ノオト』8: 11-16。
中川理
2011　「どうとでもありえる世界のための記述——プラグマティック社会学と批判について」『現実批判の人類学——新世代のエスノグラフィへ』春日直樹編、pp. 74-94、世界思想社。
中空萌
2009a　「「所有の主体」生成のプロセスをめぐる人類学的試論——権利から関係性へ」『文化人類学』74(1): 73-85。
2009b　「「知識」が誰かのものになるとき——民俗的知識と知的所有権をめぐる人類学的考察」『超域文化科学紀要』14: 31-50。
2012　「ポストコロニアリズムをとりこむ科学者たち——インド・ウッタラーカンド州における薬草種データベース化プロジェクトを事例として」『社会人類学年報』38: 129-149。
中空萌・田口陽子
2016　「人類学における「分人」概念の展開——比較の様式と概念生成の過程をめぐって」『文化人類学』81(1): 80-92。
名和克郎
2002　『ネパール、ビャンスおよび周辺地域における儀礼と社会範疇に関する民族誌的研究——もう一つの〈近代〉の布置』三元社。
ブルデュー、ピエール & 今村仁司 & 廣松渉
1990　「ハビトゥス・戦略・権力」『ピエール・ブルデュー——超領域の人間学』加藤晴久編、藤原書店。
松村圭一郎
2008　『所有と分配の人類学——エチオピア農村社会の土地と富をめぐる力学』世界思想社。
マリノフスキー、ブロニスワフ
1955　『未開社會における犯罪と慣習』青山道夫訳、日本評論新社。
2010(1967)　『西太平洋の遠洋航海者——メラネシアのニュー・ギニア諸島における、住民たちの事業と冒険の報告』増田義郎訳、講談社。
メイン、ヘンリー・サムナー
1990　『古代法』安西文夫訳、信山社出版。
モハーチ、ゲルゲイ & 森田敦郎
2011　「比較を生きることについて——ポストプルーラル人類学へ向けて」『哲學』125: 263-284.
モルガン、ルイス・ヘンリー
1958　『古代社会（上)』青山道夫訳、岩波文庫。
1961　『古代社会（下)』青山道夫訳、岩波文庫。
森村進

鹿野勝彦
1997　「インドにおける住民運動と国家――森林利用と林政をめぐって」『紛争と運動（岩波講座文化人類学第6巻）』青木保ほか編、pp. 201-227、岩波書店。
辛島昇・応地利明・坂田貞二・前田専学・江島惠教ほか監修
2012　『新版　南アジアを知る事典』平凡社。
クーン、トーマス・サミュエル
1971　『科学革命の構造』中山茂訳、みすず書房。
久司道夫・久司アヴェリン偕代
1998　『マクロビオティック食事法　下』アレックス・ジャック編、田村源二訳、日貿出版社。
古賀万由里
2002　「インドにおける民俗医療の諸相――ケーララの部族医療を中心として」『哲學』107: 261-275。
櫻井武司・高橋大輔
2007　「インドの食料配給制度改革と穀物貿易」『行政対応特別研究［交渉戦略］研究資料』第4号。
シヴァ、ヴァンダナ
1997　『生物多様性の危機――精神のモノカルチャー』高橋由紀・戸田清訳、三一書房。
2002　『バイオパイラシー――グローバル化による生命と文化の略奪』松本丈二訳、緑風出版。
島薗進
1999　「食――マクロビオティックの世界観」『癒しを生きた人々――近代知のオルタナティブ』田邉信太郎・島薗進・弓山達也編、pp. 167-214、専修大学出版局。
杉島敬史編
1999　「序論 土地・身体・文化の所有」『土地所有の政治史』、pp. 11-52、風響社。
高倉成男
2002　「資源アクセスと利用を巡る法制度――生物多様性条約と知的財産権」『生物資源アクセス――バイオインダストリーとアジア』バイオインダストリー協会監修・渡辺幹彦編、東洋経済新報社。
立岩真也
1997　『私的所有論』勁草書房。
田辺明生
2006　「デモクラシーと生モラル政治――中間集団の現代的可能性に関する一考察」『文化人類学』71(1): 94-118。
2010　『カーストと平等性――インド社会の歴史人類学』東京大学出版会。
チェンバース、ロバート
1995　『第三世界の農村開発：貧困の解決――私たちにできること』穂積智夫&甲斐田万智子監訳、明石書店。
出口顯
2011　『神話論理の思想――レヴィ=ストロースとその双子たち』みすず書房。
デュモン、ルイ
1993(1983)『個人主義論考――近代イデオロギーについての人類学的展望』渡辺公三・

# 参照文献

## 日本語文献


石坂晋哉

2011　『現代インドの環境思想と環境運動——ガーンディー主義と〈つながりの政治〉』昭和堂。

宇根義己・岡橋秀典

2014　「ウッタラーカンド州の地域的特性と開発問題」『現代インドにおける地方の発展——ウッタラーカンド州の挑戦』岡崎秀典編、pp. 33-47、海青社。

大田真彦

2012　「中部インドの共同森林管理における政府——住民関係とその森林保全および村落開発への影響」筑波大学博士（環境学）学位論文。

大田真彦・増田美砂

2014　「林野制度の変遷と住民組織による森林管理」『現代インドにおける地方の発展——ウッタラーカンド州の挑戦』岡崎秀典編、pp. 249-269、海青社。

太田好信

2001　『民族誌的近代への介入——文化を語る権利は誰にあるのか』人文書院。

大塚善樹

2002　「生物多様性から知的財産権の多様性へ」『現代思想』30(11): 136-151。

大原昌宏

2010　「分類学者の養成——パラタクソノミスト養成講座について」『昆蟲（ニューシリーズ）』13(2): 83-92。

大村敬一

2002　「「伝統的な生態学的知識」という名の神話を超えて——交差点としての民族誌の提言」『国立民族学博物館研究報告』27(1): 25-120。

岡崎秀典編

2014　『現代インドにおける地方の発展——ウッタラーカンド州の挑戦』海青社。

加瀬澤雅人

2005　「アーユルヴェーダは誰のものか——「伝統」医療・知的財産権・国家」『文化人類学』70(2): 157-176。

2006　「現代インドの民族医療——グローバル状況におけるアーユルヴェーダの変容」京都大学大学院アジア・アフリカ地域研究研究科提出博士論文。

2009　「「アーユルヴェーダ」をいかに現代に活かすか——インド、アメリカ、日本における実践からの一考察」*Kyoto Working Papers on Area Studies*: G-COE Series (2009): 16。

加藤雅信

2001　『「所有権」の誕生』三省堂。

加戸守行

2006　『著作権法逐条講義［5訂新版］』著作権情報センター。

金森修

2000　『サイエンス・ウォーズ』東京大学出版会。

## アルファベット

## タ行



## ナ行



## ハ行



## マ行



## ヤ行



## ラ行

## 事項索引

# 索　引

・頻出する語については, 定義にかかわる頁のみを掲載している。

## 人名索引

### ア行



### カ行



### サ行



### タ行



### ハ行



### マ行



### ラ行



### ワ行

**中空 萌**（なかぞら もえ）

1983 年東京都生まれ。
東京大学大学院総合文化研究科博士課程修了。博士（学術）。
現在、広島大学大学院国際協力研究科講師。
専門は、文化人類学、科学技術社会論。

おもな著作

2017 Infrastructural Inversion and Reflexivity: A 'Postcolonial' Biodiversity Databasing Project in India. In *Infrastructures and Social Complexity* (Penny Harvey, Casper Bruun Jensen, and Atsuro Morita (eds.)), Routledge, pp. 309-322.

2016 Infrastructuring Environments. *Science as Culture* 25 (1): 1-22. (共著)

2015 Pure Gifts for Future Benefit ?: Giving Form to the Subject in the Biodiversity Databasing Project in India. *NatureCulture* 3: 106-121.

知的所有権の人類学
——現代インドの生物資源をめぐる科学と在来知

2019 年 2 月 28 日　第 1 刷発行　　定価はカバーに表示しています

著 者　中《なか》 空《ぞら》　萌《もえ》

発行者　上 原 寿 明

世界思想社
京都市左京区岩倉南桑原町 56　〒 606-0031
電話 075 (721) 6500
振替 01000-6-2908
http://sekaishisosha.jp/


（印刷・製本 太洋社）



ISBN978-4-7907-1727-0